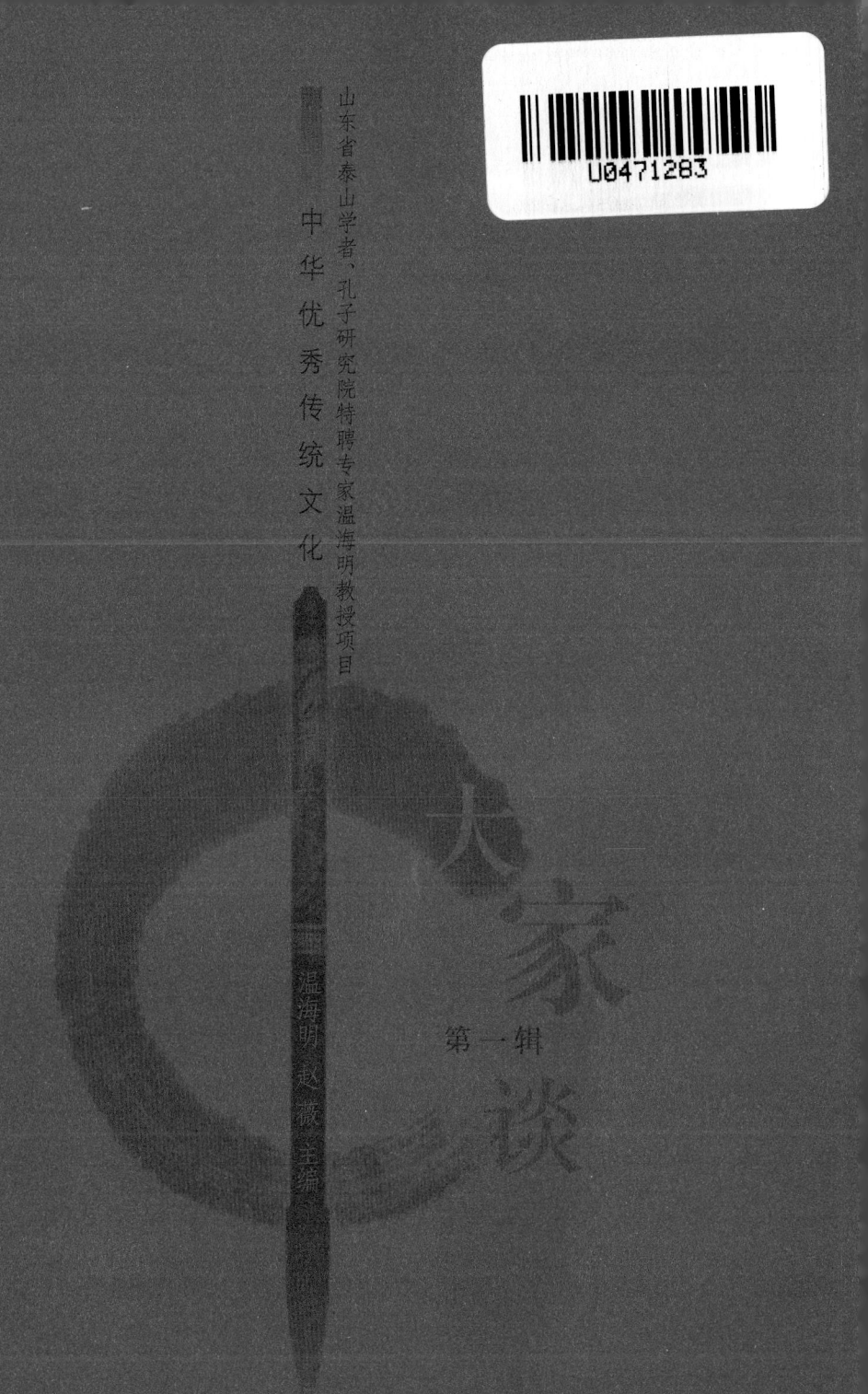

山东省泰山学者、孔子研究院特聘专家温海明教授项目

——中华优秀传统文化

大家谈

第一辑

温海明 赵薇 主编

儒家的治政文化精神

中华优秀传统文化大家谈 —第一辑—

温海明 赵薇 主编

傅永聚 著

从以儒家为主要代表的中华优秀治政文化中汲取重要精神滋养，即将儒家的德治主张、民本关怀、伦理精神（政德观念）、贵和理念等优秀治政文化资源创造性地落实于当代治国理政的实践中，体现了中国传统文化价值的时代重拾。

国家出版基金项目
NATIONAL PUBLICATION FOUNDATION

山东城市出版传媒集团·济南出版社

图书在版编目(CIP)数据

儒家的治政文化精神/傅永聚著. —济南:济南出版社,2020.1

(中华优秀传统文化大家谈/温海明,赵薇主编. 第一辑)

ISBN 978-7-5488-3839-5

Ⅰ.①儒… Ⅱ.①傅… Ⅲ.①儒学—研究 Ⅳ.①B222.05

中国版本图书馆 CIP 数据核字(2019)第 276726 号

图书策划	杨　峰
出 版 人	崔　刚
责任编辑	刘召燕
装帧设计	侯文英

出版发行	济南出版社
地　　址	山东省济南市二环南路1号(250002)
编辑热线	0531-82803191
发行热线	0531-86131728　86922073　86131701
印　　刷	山东临沂新华印刷物流集团有限责任公司
版　　次	2020年1月第1版
印　　次	2020年3月第1次印刷
成品尺寸	170mm×240mm　16开
印　　张	18.75
字　　数	288千字
印　　数	1—3000册
定　　价	49.00元

(济南版图书,如有印装错误,请与出版社联系调换。联系电话:0531-86131736)

出版前言

"文化是一个国家、一个民族的灵魂。文化兴国运兴,文化强民族强。"党的十九大报告强调,中国特色社会主义文化源自中华民族五千多年文明历史所孕育的中华优秀传统文化,要加强对中华优秀传统文化的研究阐释与普及教育。中共中央办公厅、国务院办公厅印发的《关于实施中华优秀传统文化传承发展工程的意见》,明确要求加强中华文化研究阐释工作,深入研究阐释中华文化的历史渊源、发展脉络、基本走向,着力构建有中国底蕴、中国特色的思想体系、学术体系和话语体系。深入研究和阐发中华优秀传统文化,彰显中华文化魅力,坚定文化自信,成为摆在每一个从事文化研究和出版传播者面前的重要课题。

当前,对中华优秀传统文化的研究阐释正形成一股全国热潮,涌现出一大批有影响力的专家学者。他们从不同视角深研中国传统文化,汲取精华,关照现实,展望未来,取得丰硕研究成果。系统地挖掘整理他们的研究成果,集中展示他们的学术观点,有助于推动中华优秀传统文化研究的纵深发展。

为此,我们精心策划了《中华优秀传统文化大家谈》项目,搭建中华优秀传统文化研究平台,集中介绍国内名家学者关于中华优秀传统文化研究的核心思想、观点,较为系统、全面地反映当前中国传统文化研究尤其是儒学研究的整体状况和发展趋势,以期推动学术交流,服务学术创新,同时使广大读者能够了解、感受、领略中华优秀传统文化的深邃内涵和精神魅力。名为"大家谈",意在汇聚名家、大家,选取的作品均为当代中华传统文化研究的名家名作;同时也有"众人谈"之意,意在百家争鸣,繁荣学术研究。

却顾所来径,苍苍横翠微。项目从策划到出版,皆赖专家学者们的学术热情与鼎力支持。对此,我们深为感佩,并衷心感谢!同时也希望更多学界大家加入我们的行列,使更多高水平、高质量的研究成果能够与广大读者见面。

《中华优秀传统文化大家谈》项目组

2019年12月

目录

上篇 儒家思想的当代价值研究

儒家治政文化精神与当代治国理政实践 / 3

20 世纪中国儒学研究的回顾与反思 / 10

百年中国文化研究的回顾与展望 / 19

儒家"天人合一"的政治学阐释 / 34

儒家和谐思想的当下价值 / 45

儒家诚信伦理及其时代重构 / 62

文化发展的"变"与"常"
——儒法"述""作"之义的现代启示 / 68

国无德不兴,人无德不立
——访曲阜师范大学校长兼孔子研究所所长傅永聚 / 71

日积一善,渐成圣贤 / 76

以德立人,以德兴国
——中华伦理文化的现代价值 / 81

论依法治国进程中的政德建设 / 96

中国德治思想传承与当代社会治理 / 101

中国传统社会伦理法中的德治思想研究 / 112

历代社会中良治建设的理论与实践 / 115

开启人生伦理学研究之门的一把金钥匙
——读安乐哲大作《儒家角色伦理学》 / 126

下篇　孔孟思想研究

《"君子"、"野人"辨》质疑 / 137

试析《孟子》中的"民" / 139

先秦儒家忧患意识探源
　　——兼论忧患意识与民族精神之关系 / 143

孔子思想的五大智慧 / 152

孔子仁学的文化精神论纲 / 155

孔子言说的"道" / 176

"夫子之道,忠恕而已矣"辨析 / 180

孟子对孔子仁学意义的开显及其伦理意蕴 / 190

孟子"养气"说浅析 / 203

论正统儒学对东汉史学的影响
　　——以《汉书》《汉纪》为中心 / 210

董仲舒与儒家政治理论的建构 / 221

经学发展视域下儒学的"汉宋之变" / 231

"形中"生活儒学与儒学的重构 / 240

理一分殊与儒学重建
　　——兼与蒋国保先生商榷 / 262

谁是轴心时代文化突破的主体 / 276

颜母的教子智慧 / 279

儒家生生不息思想是中华传统革新思想的动力源 / 282

上篇

儒家思想的当代价值研究

儒家治政文化精神与当代治国理政实践

党的十八大以来，习近平总书记围绕治国理政发表了一系列重要讲话，提出了许多新思想、新观点、新论断，逐步形成了马克思主义基本原理与中国优秀传统文化相结合的新型治国理政思想和理论体系，集中展示了中国共产党作为成熟的执政党在新时期的文化自觉和文化自信。这种崭新的治国理念和执政方略植根于作为种子的马克思主义和中国传统文化这一丰厚土壤的有机结合，体现了在由革命党向执政党转换背景下实现国家长治久安发展的必然要求。从以儒家为主要代表的中华优秀治政文化中汲取重要精神滋养，即将儒家的德治主张、民本关怀、伦理精神（政德观念）、贵和理念等优秀治政文化资源创造性地落实于当代治国理政的实践中，正是对中国传统文化价值的时代重拾。

一、当代治国理政要从中华优秀治政文化中汲取精神滋养

儒家思想在治国理政方面的作用是长期被忽视的价值源："入其国，其教可知也。其为人也，温柔敦厚，《诗》教也。疏通知远，《书》教也。广博易良，《乐》教也。絜静精微，《易》教也。恭俭庄敬，《礼》教也。属辞比事，《春秋》教也。故《诗》之失愚，《书》之失诬，《乐》之失奢，《易》之失贼，《礼》之失烦，《春秋》之失乱。其为人也，温柔敦厚而不愚，则深于《诗》者也。疏通知远而不诬，则深于《书》者也。广博易良而不奢，则深于《乐》者也。絜静精微而不贼，则深于《易》者也。恭俭

庄敬而不烦,则深于《礼》者也。属辞比事而不乱,则深于《春秋》者也。"① 在漫长的历史进程中,儒家思想不仅蕴含着深邃的安顿人心、整齐风尚的教化价值,而且有治国理政的丰富经验,是中华民族数千年自强不息、领先于世界民族之林的根与魂。

鸦片战争以后,中国传统文化在西方文化的凌厉攻势下,被严重"污名化"。体现自己民族根与魂的本土文化,落得个"吃人礼教""封建落后""反动统治帮凶"的罪名。长达一个多世纪的被抹黑、被"革命",造成了传统的几近断裂。尤其是清亡之后,儒学失去了制度上的依托,一度"花果飘零",成为"孤魂野鬼"。治理国家必反传统,这一悖论和怪圈,危害既深且广,甚至也是今天社会治理中遇到的许多难题的根源。历史证明:在治理国家和社会方面,今天遇到的很多事情都可以在历史上找到影子,历史上发生过的很多事情也都可以作为今天的镜鉴。中国的今天是从中国的昨天和前天发展而来的。

党的十八大以来,习近平总书记围绕治国理政发表了一系列重要讲话,提出了许多新思想、新观点、新论断,正在逐步形成马克思主义普遍原理与中国优秀传统文化相结合的新型治国理政思想和理论体系,集中展示了中国共产党作为成熟的执政党在新时期的文化自觉与文化自信:"中国共产党从成立之日起,就既是中华优秀传统文化的忠实传承者和弘扬者,又是中国先进文化的积极倡导者和发展者。""我们有我们的传统。孔子集中代表中国传统文化重要部分,在历史上发挥了重要作用。历史上尊孔、反孔、贬孔的很多,争辩很多,现在我们看得很清楚了,对孔子精华思想形成了一致的共识。对人类进步思想,马克思主义中国化,孔子影响很大。"弘扬传统文化,找回民族自信,有效地解决了社会主义核心价值观与中华民族传统文化、马克思主义中国化接地气的关系,使走中国道路、建设中国特色社会主义文化牢牢建立在自己民族的文化基础之上,使传统文化成为凝聚人心、实现中国梦的精气神。"站立在960万平方公里的广袤土地上,吸吮着中华民族漫长奋斗积累的文化养分(即自己的传统),拥有13亿中国人民聚合的磅礴之力,我们走自己的路,具有无比广阔的舞台,具有无比

---

① 《孔子家语·问玉》。

深厚的历史底蕴，具有无比强大的前进定力。中国人民应该有这个信心，每一个中国人都应该有这个信心。"走自己的路，民族文化是自信源泉之一。面对传统文化，传承而不是抛弃，接续而不是断裂，否则文化就会成为无根之木、无源之水。中国传统文化的最大价值就是为当代中国道路的选择提供了文化支撑和文化自信。

这种崭新的治国理念和执政方略来源于作为种子的马克思主义和中国传统文化这一丰厚土壤的有机结合，体现了中国共产党在由革命党向执政党转换背景下谋求国家长治久安的必然要求。刘云山同志指出："中国共产党之所以能在中国扎根、成长、发展、执政，离不开中华优秀传统文化的滋养。中国共产党倡导的价值观、秉持的执政理念，与中华优秀传统文化的内涵是一脉相承的。比如，中华民族提倡的讲仁义、守诚信、崇正义等，与中国共产党提出的核心价值观是一致的；中华传统文化的以民为本的理念，与中国共产党为人民服务的宗旨是相通的；中华文化提倡的讲和合、求大同等思想，也体现在中国共产党的执政理念中。我们党推进马克思主义中国化，实际上就是坚持马克思主义与中国传统文化的有机结合。"

战争年代，我们依靠人民的信任和支持，"枪杆子里出政权"，建立了新中国；执政时期，我们仍然离不开人民的支持和信任，从而实现长治久安。治国理政是一门大智慧。国家的性质或许不同，但执政者们在治国理政时遇到的问题却往往极为相似，如怎样对待"民"的问题、如何将前人的哲学智慧转变为政治智慧，成为化解政治危机、打造清明政治局面的成功对策，是任何统治集团都会遇到的普遍难题。因此，执政党的思维就不能简单地等同于革命党，从上马打天下向下马治天下转变，"为民"就是这一转变中不变的法宝。

由此可见，当代治国理政完全可以从中华优秀治政文化，尤其是儒家治政文化中汲取精神滋养；将儒家的德治主张、民本关怀、伦理精神（政德观念）、贵和理念等优秀治政文化资源创造性地落实于当代治国理政的实践，正是对中国传统文化价值的时代重拾。

二、儒家治政文化精神与当代治国理政实践

中华文明是轴心文明的杰出代表，展现了中华民族原创性的思想智慧。

其中，中国传统治政文化所蕴藏的丰富治理智慧，是推动国家治理体系和治理能力现代化的重要思想来源。弘扬中华优秀传统文化，"向古人借智慧"，要把古人的治理智慧同治理现代化的当代实践密切结合起来，将以儒家思想为主要代表的中华优秀治政文化的价值理念转化为当代治国理政的重要精神指引。概言之，当代治国理政应从以儒家思想为主要代表的中华优秀治政文化中汲取精神滋养，也就是将儒家的德治主张、民本关怀、伦理精神（政德观念）、贵和理念等优秀治政文化资源创造性地运用于当代治国理政的实践中。这主要表现在：

其一，坚持依法治国和以德治国相结合，要借鉴儒家"为政以德""道之以德，齐之以礼"的德治主张，大力弘扬儒家的优秀传统美德。党的十八届四中全会提出，坚持依法治国和以德治国相结合。国家和社会治理需要法律和道德共同发挥作用。必须坚持一手抓法治，一手抓德治。以法治体现道德理念，强化法律对道德建设的促进作用；以道德滋养法治精神，强化道德对法治文化的支撑作用。对此，我们认为，要实现依法治国和以德治国的有机结合，就要切实加强道德教育和引导，大力培育和弘扬社会主义核心价值观，提升社会成员的思想道德觉悟，以道德滋养法治精神、强化法治意识，为此可以而且应该借鉴儒家"为政以德""道之以德，齐之以礼"的德治主张。正如有论者指出的，单纯依靠法治重新构建社会在整体性、稳定性、确定性方面困难重重。因而，在今日之中国，决不能忽视礼治。"加强以社会主义核心价值观为中心的道德建设的重要性，已为越来越多的人所认知，而要使社会主义道德、理想、信仰、情操体系乃至整个社会价值体系、人生价值体系深入人心，变成人们的日常生活准则，在今日之中国，同样决不能忽视礼治。"因此，儒家的"礼治"主张理应成为当代坚持以德治国的合理借鉴。

要实现依法治国和以德治国的有机结合，除了要完善社会主义法治外，还要切实加强道德教育和引导，提升社会成员的思想道德觉悟，为此应该合理借鉴儒家"礼法并用"的德治主张。儒家治国理政思想既强调以德治国，又不完全排斥法治，主张德法结合、德主刑辅。孔子说："道之以政，齐之以刑，民免而无耻；道之以德，齐之以礼，有耻且格。"国家治理既要以德治为基础，又要以法治为重要补充。荀子援法入儒，从人性恶的观点出发，认为人有好利恶害的私心倾向，有追求耳目之欲的自然本性，必须用法律加以规制。纵观历史，法治和德治在国家治理中各自起着独特的、不可替代的作用，只有把两者紧密结合起来，国家才能治理有序，社会才能健康运行。我国从春秋战国时期孔子提出"宽猛相济"、荀子提出"隆礼而重法"到汉代董仲舒强调"阳为德，阴为刑"，从唐代提出"制礼以崇敬，立刑以明威"到宋元明清时期一直延续德法合治，都体现了德治和法治相结合的治国之道，都被实践证明是行之有效的。

当然，需要特别指出的是，我们虽然强调要坚持依法治国和以德治国相结合，但这并不意味着二者是平行并列的。应该说，依法治国和以德治国的主次地位是不同的。也就是说，依法治国的"依"和以德治国的"以"不是一个意思，不能并列，更不能颠倒。法治是大方向，是顶层设计，而德治只是手段。前者是治国的基本方略，后者是辅助的治理方式，二者确实需要密切结合，但必须主次分明。如果将德治上升到治国方略，片面强调"自勉而修""明德而圣"，缺乏刚性的监督和他律，则人易陷入泛道德主义的泥沼，国家必将走向人治的危险境地。必须明白，只有在法治的统摄下，德治才有意义。

其二，坚持为人民服务的宗旨和以人为本的执政理念，要继承和弘扬儒家民本、仁政的思想精神。在新时代语境下，继承儒家的民本关怀、仁政主张，就是始终不忘党的为人民服务的宗旨，心系人民、想民所想、急民所急，坚持党的群众路线，建设服务型政府。

2012年11月15日，在党的十八大后的首次公开讲话中，习近平总书记就明确宣示："人民对美好生活的向往，就是我们的奋斗目标。"2014年2月7日，在接受俄罗斯电视台专访时，他深情地说："我的执政理念，概括起来说就是：为人民服务，担当起该担当的责任"；"人民把我放在这样的工作岗位上，我就要始终把人民放在心中最高的位置，牢记责任重于泰山，时刻把人民群众的安危冷暖放在心上。"

"人民对美好生活的向往，就是我们的奋斗目标""为人民服务，担当起该担当的责任"等等，这些掷地有声的话语反映了习近平爱民利民的民本情怀。习近平治国理政思想中这种为人民服务、为人民担当的执政理念既是对中国共产党全心全意为人民服务的根本宗旨的坚守，更是对儒家民本仁政观念的重要继承和发扬。

其三，培育和弘扬社会主义核心价值观，提升领导干部的道德修养要植根于儒家伦理资源宝库。培育和弘扬核心价值观，有效整合社会意识，是社会系统得以正常运转、社会秩序得以有效维护的重要途径，也是国家治理体系和治理能力的重要方面。习近平总书记提出，培育和弘扬核心价值观，"要认真汲取中华优秀传统文化的思想精华和道德精髓，大力弘扬以爱国主义为核心的民族精神和以改革创新为核心的时代精神，深入挖掘和阐发中华优秀传统文化讲仁爱、重民本、守诚信、崇正义、尚和合、求大同的时代价值，使中华优秀传统文化成为涵养社会主义核心价值观的重要源泉"。汲取以儒家思想为主要代表的中华优秀传统文化的思想精华和道德精髓，要将中华民族传统的思想智慧、道德精神转化为涵养社会主义核心价值观的丰厚精神营养，将社会主义核心价值观深深植根于儒家伦理资源宝库。

除了可以以儒家伦理资源来涵养社会主义核心价值观外，儒家的政德观念也可以成为当代推进全面从严治党的重要精神力量。从儒家的廉德中，我们尤其可以挖掘出全面从严治党、加强党风廉政建设、提升领导干部道德修养的新内涵。正如习总书记在主持中央政治局第五次集体学习时所指出的，"为了更好地推动这一工作，需要积极借鉴我国历史上反腐倡廉的宝贵遗产。研究我国反腐倡廉历史，了解我国古代廉政文化，考察我国历史上反腐倡廉的成败得失，可以给人以深刻启迪，有利于我们运用历史智慧推进反腐倡廉建设"。

其四，坚持走和平发展道路、贯彻睦邻友好的外交原则，要充分借鉴儒家"和而不同"的和谐思维和智慧。"和"是中国文化的精髓，是中华民族原创思想智慧的重要体现，是儒家文化系统中的重要核心主张。习总书记指出，"有着5000多年历史的中华文明，始终崇尚和平，和平、和睦、和谐的追求深深植根于中华民族的精神世界之中，深深溶化在中国人民的血脉之中"。植根于中华民族精神世界中的和平、和睦、和谐的追求是形成我们民族凝聚力、创造力的重要基础。正如总书记所说："这种'贵和尚中、善解能容、厚德载物、和而不同'的宽容品格，是我们民族所追求的一种文化理念。自然与社会的和谐、个体与群体的和谐，我们民族的理想正在于此，我们民族的凝聚力、创造力也正基于此，甚至还可以毫不夸张地说，我们中华民族传统文化的精髓也正是在于这种伟大的和谐思想。"

其实，"以儒家为主要代表的中国传统文化中的文明观的基础是'和'，核心是'和而不同'"。可以说，以儒家思想为主要代表的中国文化就是一种持中贵和的和文化。中央高层曾在多个场合引用儒家文化中"和"的思想，如"协和万邦""和而不同""以和为贵"等等。"这些阐述向全世界再次表明，中华民族历来注重敦亲睦邻，讲信修睦、协和万邦是中国一以贯之的外交理念。中国视周边为安身立命之所、发展繁荣之基，中国珍视和平、珍爱和平、维护和平的决心是不可动摇的。"当代中国坚持走和平发展道路，是中国对国际社会关注中国发展走向的回应，更是中国人民对实现自身发展目标的自信和自觉。"这种自信和自觉，来源于中华文明的深厚渊源，来源于对实现中国发展目标条件的认知，来源于对世界发展大势的把握。"

（原载于《理论学习》2016年第11期）

20世纪中国儒学研究的回顾与反思

儒学是中华文化的主流。两千多年来，儒学一直对中华文化的各个层面产生着巨大而又深远的影响。中华民族的民族精神、民族性格、民族心理结构的形成与构成，与儒学的长期影响和积淀有着密切的关系。进入20世纪，占据中华文化主流地位的儒学遇到空前的危机、严峻的挑战，也面临着重建与复兴的历史机遇。百年之间，中国思想界和学术界围绕孔子、儒家及儒学的命运和前景问题展开了持久、广泛、深入的争鸣，而且将其直接或间接地和中学与西学、东方智慧与西方智慧、科学主义与人文主义、传统性与现代性、全球化与中国化、文明冲突与文明对话等论题联系起来，使争鸣远远超出了儒学的范围，成为20世纪中国思想史的重要组成部分。

（一）

20世纪中国知识精英对儒学的重新评估、研究或慧命相续，与各种思潮、学派、主义之间的思想争鸣、学术论辩交织在一起，更与中国思想文化的现代化乃至于中国文化的命运与前途紧密相连，使其呈现出罕见的复杂性、丰富性和严肃性。百年儒学的发展与研究，大致经历了五个阶段：

一、19世纪末至1911年辛亥革命为第一阶段。被萧公权称为"开拓儒学第四期"的康有为发表了《新学伪经考》与《孔子改制考》，如思想飓风，如火山大喷，以复古为解放，既开辟儒学新方向，又引发西潮，预示后经学时代的来临。西学输入高潮的到来、诸子学的复兴、政治革命的风暴席卷神州以及社会解体和重建进程的加速，既使儒学步入困境，又让儒学遇到命运转折的契机。思想界、学术界先觉之士以西方哲学、宗教、学术思想与方法为参照系，以诸子学为比较对象，对儒学展开批判或重新诠释。

二、从辛亥革命至1928年国民党形式上统一中国为第二阶段。"五四"期间"打倒孔家店"口号的提出，康有为、陈焕章等创建的孔教会，以梁启超、梁漱溟、杜亚泉等为代表的文化保守主义的崛起，学衡派梅光迪、吴宓等与《新青年》派展开的思想文化论辩，以丁文江、胡适为代表的科学主义与张君劢、梁启超为代表的人文主义之间的论争，使自由主义、文化保守主义与马克思主义三大思潮的互动与冲突形成，通过批判儒学、重释儒学、复兴儒学赋予儒学现代哲学、现代学术的新形态。钱穆在《现代中国学术论衡》"序言"中说："民国以来，中国学术界分门别类，务为专家，与中国传统通人通儒之学大相违异。"以西方现代学术为参照系，即分哲学、史学、政治学、伦理学、宗教学、文艺学、心理学、经济学、教育学等等，将数千年的儒学、经学作为学术思想资源或资料，分门别类地纳入专题研究之中，使以"内圣外王之道"为精神内核的通人之学一变而为专家之学，这一转变一直延续到今天。

三、1928年至1949年新中国成立是第三阶段。抗日战争的爆发、救亡运动的高涨，使民族文化复兴运动形成高潮，儒学获得创造性重建的历史机缘。不少有识之士都指出，当时的中国已进入"一个民族复兴的时代"，而民族复兴本质上应该是民族文化的复兴、儒家文化的复兴。如果中华民族不能以儒家思想或民族精神为主体去儒化或华化西洋文化，那么中国将失掉文化上的自主权，而沦为文化上的殖民地。上接宋明新儒学的传统，援西学入儒学，创造性地诠释、融合儒学与西学，使古典儒学成功地向现代思想、学术形态转换，促进儒学的新发展。这一时期，以熊十力、贺麟、牟宗三等为代表的新心学和以冯友兰为代表的新理学的出现，是现代儒学走向成熟的标志。在儒学研究方面，胡适的《说儒》（1934年）以及其他作品，在发现儒家理性主义与人文主义精神方面有了新的突破。张申府反思"五四"时期启蒙运动的意义与限制，提出"打倒孔家店，揪出孔夫子"的口号，认为新的启蒙运动既要继承与弘扬科学与民主精神，又要提倡民族的自觉与自信，进而进行文化上的综合创造，超越"五四"。此外，王新命、何炳松等10位教授发表的《中国本位的文化建设宣言》（1935年1月

10日）和张岱年的《关于中国本位的文化建设》（1935年3月18日），都强调了中国文化不同于西方文化的特色之处在于中国本位的文化建设是创造的或创造新的中国本位文化，这是中华民族走向复兴的唯一出路。在民族复兴、文化复兴的精神氛围中，一种"后五四建设"心态已经形成，儒学精神之展开与儒学研究也朝建设的趋向发展，儒学研究取得了举世瞩目的学术成果。

四、1949年至1976年为第四阶段。余英时在《现代儒学论》"序言"中指出：20世纪上半叶，无论是反对或同情儒家的知识分子都曾是儒家文化的参与者，因为他们的生活经验中都渗透了不同程度的儒家价值。但1949年以后，儒家的中心价值在中国人的日常生活中已不再公开露面。中国的知识分子无论对儒学抱着肯定还是否定的态度，都已没有做参与者的机会了。儒学和制度之间的联系中断了，儒学成为陷于困境的"游魂"。就实际情况而言，这一阶段儒学精神的开展或儒学研究比余英时所分析的还要复杂，而且值得重视的是出现了分化现象。中国大陆出现了批判儒学的新趋向，前期是以批判性的研究为主，原来被视为现代儒学的代表人物，除梁漱溟、熊十力等少数人外，像冯友兰、贺麟等都改造思想，脱胎换骨，以致批判自己前期的新理学和新心学，即使他们研究孔子、儒学的文章，也离不开批判性研究的框框。而当时的思想界、学术界以唯心与唯物、反动与革命等教条对从孔子至康有为的儒家代表人物进行划线，断章取义的批判是司空见惯之事。20世纪70年代中期则出现群众性的批孔批儒运动，连冯友兰也迫于形势撰写批孔文章，研究根本无学术性可言。而在港台地区与海外华人社区，儒学却得到不同程度的认同，移居港台以及旅美的学者，如张君劢、钱穆、唐君毅、牟宗三、徐复观、陈荣捷等，立足于教育界、学术界，继续以弘扬儒家精神为己任，开拓儒家精神的新方向。新亚书院的创建、《民主评论》《人生》等杂志的创办、东方人文学会的成立、张君劢的环球讲学，特别是牟宗三、唐君毅、徐复观、张君劢四人联名发表的《为中国文化敬告世界人士宣言》（1958年），显示了儒学精神与儒学的生命力。

五、20世纪70年代后期至21世纪初为第五阶段。中国的改革开放，传统文化与现代化的论争，东亚经济奇迹或东亚现代化模式的出现，全球化进程中文化多元格局的形成，文明对话、全球伦理的倡导，这一切都使得人们对孔子、儒学的估价出现了戏剧性的转变。在中国大陆，孔子、儒学研究逐渐成为显学，论文、专著大批量产生，有关孔子、儒学、中国传统文化的学术会议频繁举办，中国孔子基金会、中华孔子学会、国际儒学联合会、中国文化书院、孔子研究院等学术团体和研究机构纷纷建立，儒家经典的现代诠释，儒学与佛教、道教、西方哲学及西方宗教的比较研究，中国儒学史的研究，现代新儒学的研究，儒学与马克思主义、自由主义的论辩、对话与互动，儒学与21世纪等等论题，先后成为中外学界关注的热点。虽然总的来说，儒门淡泊的境况仍然存在，但恰如杜维明所称的已有一阳来复的态势。有关"儒学第三期""儒学第四期"的展望，在海内外思想界已经流行，儒学在多元化的世界文化格局中将成为文明对话的重要角色。

（二）

儒学自汉代被定为"独尊"以来，一直是官方哲学，是统治者治国平天下的指导思想，在中国社会具有特殊的地位和意义。据学者们的研究，在传统社会，儒学不只是一种单纯的哲学或宗教，更是一套全面安排人生秩序的思想体系，从一个人自生至死的生命过程，到家、国、天下的组成与治理，都在儒学规范的范围内，儒学渗透到中国文化各个层面。就其系统性而言，儒学大致有四个层面：超越性儒学、制度化儒学、社会化儒学与深层化儒学。换一个角度看，儒学又有道德化儒学或生命儒学与政治化儒学或政治儒学以及综合形成的儒学之分。儒家的"外王"理想，在现实贯彻中，由于社会与政治的影响，也会形成不同的侧重点，如牟宗三分析的政治、事功与学术三个层面。刘述先将儒家分为三种类型：精神的儒家、政治化的儒家与民间的儒家。上述理解有助于对儒家、儒学及其与中国文化的关系做深入的研究。

古代儒学大师的学术精神以宏博、会通、综合为特色，所谓通儒、通人之学，文史哲不分家等，皆指此特色而言。而自20世纪初开始，确如马克斯·韦伯所描述的，现代化是合理化、分化、专业化与职业化。"中国学术界分门别类，务为专家，与中国传统通人通儒之学大相违异。"① 以西方人文社会科学的学科分类为范式，突破儒家以六艺统摄一切学术的通儒之学的界限，移植与改造西方的学科建制、学科分类、研究方法及概念、范畴等等，逐步形成"分门别类，务为专家"的现代学术系统；即使对儒家、经学或儒学的研究也不例外。章太炎、梁启超、王国维、胡适、陈寅恪、钱穆、汤用彤、金岳霖、贺麟、冯友兰等深知"一事不知，儒者之耻"的传统是可贵的，有"求为一专家，不如求为一通人"的学术志向，但在传统学术向现代性学术转型的大势下，仍然以专一二门学科为主，在专上求会通或旁通。纵观百年儒学的演变历程与儒学研究的学术成果，专门之学代替通儒之学乃是大势所趋。这既表明了儒学由"道"向"术"转变的特征，也是分门别类总结百年儒学研究的现实依据。

冯友兰在《中国中古近古哲学与经学之关系》中，将中国哲学史划分为子学时代与经学时代。自孔子至淮南王为子学时代，自董仲舒至康有为为经学时代。以孔子、子思、孟子、荀子为代表的儒家学派创建于子学时代，至董仲舒以后，儒学逐渐取得主流地位，孔子教人的课程"六艺"也相应成为经典，儒家之学被确定为经学。董仲舒在《春秋繁露》中说："君子知在位者之不能以恶服人也，是故简六艺以赡养之。诗、书，序其志；礼、乐，纯其美；易、春秋，明其知。六学皆大，而各有所长；诗道志，故长于质；礼制节，故长于文；乐咏德，故长于风；书著功，故长于事；易本天地，故长于数；春秋正是非，故长于治人。"《汉书·儒林传》则说："古之儒者，博学乎六艺之文。六艺者，王教之典籍，先圣所以明天道，正人伦，致至治之成法也。"

儒家的典籍一旦成为"经"，成为人们思想与行为必须遵循的准则，则儒家学派创始人的原则与精神就难以得到真正、全面的发扬了。从董仲舒到康有为，大多数著书立说的人，都坚持以经为根据、标准，方能为一般人所接受或信服。即使像朱熹、王阳明、王夫之、戴震那样富有创造精神的思想家，也常是"寓创造于注疏之中"，或者说"六经责我开生面"。所以，近两千年来的思想史、学术史主要是以经学为中心而展开的，所谓

---

① 钱穆：《现代中国学术论衡》，北京：生活·读书·新知三联书店，2001年版。

"今文家之经学，古文家之经学，清谈家之经学，理学家之经学，考据家之经学，经世家之经学"，皆是经学在不同时代的变化。如晚清儒家"经世"精神觉醒，从庄存与、龚自珍到廖平、康有为等复兴今文经学，在中国思想史上再一次确立了与理学家之经学、考据家之经学等等不同的经世家之经学。

康有为的《新学伪经考》《孔子改制考》体现了一种改革精神，而孔子在他的心目中则是一个最伟大的改革家、救世者。面对西方文化的挑战与传统儒学内部变革的要求所形成的交互影响，铸成康有为经世家之经学的独特风格；而君主立宪与国家富强的政治目标，又是他对儒家"内圣外王之道"的外王精神的新开展。因此，从主导因素看，20世纪中国的思想学术虽然已走出经学时代，进入后经学时代，但从思想学术演进的内在理路看，恰恰又是从经学的变革启端的。

援西学入儒学。辛亥革命以来，以西方近现代人文社会科学的学科分类为范式、参照系，对儒家所推崇的六艺以至经学进行改造或做新的诠释与分类，就成为20世纪儒学精神之开展或儒学研究的一大特色。所谓儒学现代化，所谓传统学术向现代学术转型，都与西方思想学术的冲击及儒学内部变革要求的交互影响有关。如梁漱溟的《东西文化及其哲学》《中国文化要义》《人心与人生》，梁启超的《先秦政治思想史》《儒家哲学》《孔子学案》《游欧心影录》，冯友兰的《中国哲学史》《新理学》《新原道》等"贞元之际所著书"，贺麟的《当代中国哲学》《文化与人生》，张君劢的《民族复兴之学术基础》《新儒学思想史》《中印西哲学文集》《义理学十讲纲要》，方东美的《中国人生哲学》《生生之德》《新儒家哲学十八讲》，唐君毅的《人文精神之重建》《生命存在与心灵境界》，牟宗三的《道德理想主义》《心体与性体》《智的直觉与中国哲学》《现象与物自身》，徐复观的《中国人性论史》《两汉思想史》《儒家政治思想与民主自由人权》，杜维明的《宋明儒学思想之旅》《论儒学的宗教性》《现代精神与儒家传统》等等，基本上都是创造性地回应西方思想学术的挑战、重新诠释或重建儒学的论著，其精神风貌已不同于传统经学或传统学术，是20世纪中国现代思想学术的一部分，是中西思想学术交流对话、互相诠释及会通融合的产物。

沈有鼎所展望的中国文化第三期"是要以儒家哲学的自觉为动因"，建构"穷理尽性的唯心论大系统"。贺麟断言的"中国现代的文化动向和思想趋势",将是"儒家思想的新开展",以儒家思想或民族精神为主体去儒化或华化西洋文化,"转化、利用、陶熔西洋文化以形成新的儒家思想、新的民族文化"。牟宗三强调说,"儒学第三期之发扬",将为积极的、建构的、综合的、充实饱满的和更为逻辑的,重点即在于其内在的目的,要求科学与民主政治的出现,要求现代化。刘述先所说的"儒家理想与中国现实的互动""儒家思想的现代化",以儒家"理一分殊"的精神回应当代西方哲学的挑战。杜维明所说的"儒家传统的现代转化""创造的转化""儒家人文主义的第三期发展""植根儒家传统和充分吸取西方现代精神""多元文化背景中的儒学创新",李泽厚论"儒学四期"时所称的"必须面对当代现实问题的挑战,这才是儒学发展的真正动力","在今天承续发展儒学传统,至少需要从马克思主义、自由主义以及后现代这些方面吸收营养和资源,理解而同化之",所有这些都展示了中国学人为儒学的新发展所设计的路径、开示的方向,以及所做的努力。

列文森在《儒教中国及其现代命运》中运用了博物馆的比喻,以象征儒家传统的终结或死亡。当我们回顾与反思20世纪中国儒学精神开展的历程时,当然会感到其命运的曲折坎坷与艰难困苦,但其精神并没有像列文森所称的"博物馆化",在三四十年代有"贞下起元"之象,在八九十年代出现一阳来复之运,儒学成为文明对话、全球伦理以及多元文化中的重要角色。在新轴心时代的文明对话中,人们珍重的不仅仅是儒家的"学"或"学术",更重要的是儒家的"道"或人文精神。儒学面向当代,面向未来,仍然能够提供有独特价值的精神资源,这就是儒学常变常新的生命活力。

(三)

20世纪中国儒学的精神开展与儒学研究,与近百年中国思想文化演进的脉络,特别是中国文化现代化的历史进程联系尤为密切。围绕着传统文化与现代化、中学与西学、旧学与新学、西化或俄化与中国化或本土化、文化的时代性与民族性、中国文化的命运及文明的对话与会通等等问题展开的论争,都涉及孔子、儒家学派及儒学的课题,并形成不同的观点、思潮及学术流派。

从总的趋势看，在中国文化转型的历史进程中，儒学的命运大致经历了受到怀疑、批判、解构、重新诠释转为现代学术形态或获得创造性转换，以至汇入多元的世界文化大流之中的历程。中国在20世纪曾出现过比唐宋之际更严重的"儒门淡泊，收拾不住"的低谷现象，也出现过否极泰来、一阳回复的儒学思想新开展的局面。至20世纪末，儒学又成为文明对话的重要角色，成为文化中国、全球伦理建设的重要资源。"儒学的第三期发展""儒学第四期"等课题已成为中国思想学术界讨论的显性论题，儒学与21世纪也成为国际学术界关注的话题，西方文明的危机与东方智慧的再发现，是儒学在文明对话中充当建设性角色及多元化文化背景下创新的契机。因此，对20世纪儒学研究的回顾与反思，不仅仅是历史性的课题，而且是一项具有现实性、前瞻性的课题。

王国维在《国学丛刊》"序"中曾说："学之义，不明于天下久矣！今之言学者，有新旧之争，有中西之争，有有用之学与无用之学之争。余正告天下曰：学无新旧也，无中西也，无有用无用也。"他又说："余谓中西二学，盛则俱盛，衰则俱衰，风气既开，互相推助。"站在通人之学或通儒之学的立场上，王国维所论是有道理的；而从现实层面做具体分析，在百年来中国思想文化之演进中，古今中西之争恰恰是焦点所在，这是制约百年思想文化发展特别是儒学研究的重要因素。古今、中西之争，也是导致学派分化及不同学派对儒学持有不同看法的原因之一。

百年来，就儒学与西学、与新学、与现代化的关系而言，大致上出现了如下思想观点：一、国粹论，如章太炎之著《国故论衡》，研治经史的学者编印《国粹学报》等；二、中西会通论，如蔡元培、杜亚泉、梁启超、汤用彤、吴宓等主张会通中西智慧；三、中国文化本位论，如王新命、何炳松、萨孟武等10位教授发表的《中国本位的文化建设宣言》；四、中体西用论，如张之洞的《劝学篇》、陈寅恪的《冯友兰〈中国哲学史〉审查报告》，新儒家的代表人物也偏于中体西用论；五、西化论及全盘西化论，如陈独秀、胡适、陈序经等人的文化观；六、西体中用论，如李泽厚有《漫说"西体中用"》之专文，而劳干在《追悼胡适之先生异论"全盘西化"问题》（1962年）一文中已有"西学为体，中学为用"的提法；七、中国本位的中西互为体用论，傅伟勋在《中国文化重建课题的哲学省察》中提出此论；八、创造性转化论，林毓生、傅伟勋及杜维明等都有类似的论述，相近的提法但内涵不尽相同的还有李泽厚的"转换性的创造"论；九、综合创新论，张申府、张岱年、苏渊富、方克立等提出与发展了综合创新论；十、现代化论，这是30年代以来一种比较普遍的观点，用以代替欧化、西化、俄化等提法，如潘光旦、胡适赞同"充分现代化"，张君劢、牟宗三、杜维明等也倡导儒学现代化；十一、世界化或全球化论，金耀基在《从传统到现代》一书中就发挥了胡适"充分世界化"的观点，并强调世界主义是中国文化的特质之一，李慎之在《全球化与中国文化》《辨同异、合东西》等文中则提倡全球化。当然，百年来有关古今、中西之争的论述并不止于上述观点，但这些观点是最具代表性的。百年来有关孔子、儒家、儒学的研究，之所以出现批判、否定、复兴、重新诠释、创造性的转化等现象，固然有复杂的历史原因与现实原因，但与不同学派所持的文化观也有内在联系。即使在21世纪，全盘否定儒学的观点也已不占主导地位，但类似的论争还会延续下去。而此类论争的延续与深化，恰恰说明儒学并没有"博物馆化"，儒学的生命力一直在延伸着。儒学好比一棵充满生命力的老树，它会生生不息，于忧患中奋然挺立，以广大和谐的人文精神化育人生、泽惠万方。

唐君毅在《中国之乱与中国文化精神之潜力》一文中说："中国文化精神，不主在人与人间造成壁垒，乃早超过了种族民族狭隘的国家观念。中国文化之一特别伟大之一好处，我们可以借《水浒》中一人之外号'没遮拦'名之，中国人之受苦与吃亏，都是由于没遮拦之精神。"所谓"没遮拦之精神"，即是开放的、宽容的、海纳百川的精神。植根于中国文化土壤之中的儒学，具有这种没遮拦的精神或品格。从孔子到康有为、梁启超，历代大儒也持守这种开放精神。主体独创性、包容涵摄性、精神延续性及传播辐射性是儒学的重要特征。儒学犹如波澜壮阔的黄河、长江，经过两千五百多年的流淌，不知经历了多少曲折、困顿，流过多少险滩，从曲阜到中原，从中国到东亚各国，还辐射欧美，流向全球。展望21世纪，儒学将像过去创造性地回应印度文化挑战一样，经历一百多年西方现代文化的挑战之后而获得再生。

（原载于《孔子研究》2003年第1期；合作者：韩钟文）

百年中国文化研究的回顾与展望

风云激荡的20世纪已成为历史。跨进新世纪门槛后,对百年来的中国文化研究做一鸟瞰式的回顾与反思,不仅是21世纪中国文化建设的新起点,也是中国文化人应尽的学术责任与历史责任。确如钱穆在《文化学大义》中所说:"一切问题,由文化问题产生;一切问题,由文化问题解决。"[①] 从章太炎、康有为、梁启超、严复一代,到今天新生代知识分子,中国六代知识分子对中国文化的关注、探究、争鸣一直在延续着,虽时有曲折,但常高潮迭起,蔚为壮观。旧学与新学、中学与西学、传统与现代、欧化与华化、全盘西化与中国本位、全球化与民族文化复兴,所谓"古今中西之争""中国文化向何处去"的反思,成了六代知识分子或文化人研究中国文化的热点或焦点,深刻地影响着中国文化研究的心态视野与发展进程。中国传统文化的现代性转型、西方文化的本土化或中国化,新的文化秩序的建构,则是六代知识分子研究中国文化的主导精神与基本目标,中国文化研究体现的是一种积极进取的经世精神。

一

20世纪中国文化研究的历程,大致可分为五个历史阶段,从打破华夏中心主义、输入西方文化,再到欧化、西化与华化、中国化之争,进而形成中国文化现代化的理念,又到世纪末的重新发现东方、重释中国文化、文化输出及东方或中国文化复兴。百年来中国文化研究经历了曲折而又艰

---

① 钱穆:《文化学大义》,台北:中正书局,1983年版。

难的探究历程，并形成了三次学术性、现代性的研究高潮，分述如下。

（一）从19世纪末至1915年是中国文化研究的第一阶段。西方文化的输入、列强的入侵、戊戌变法、民族革命，外部的挑战与内部的改革使中国进入急遽转型的时代，所谓"三千年一大变局"，既充满危机又孕育着新的希望。梁启超称"过渡朝代者，希望之涌泉也，人间所最难遇而可贵也"①。这一阶段的中国文化研究具有过渡时代或文化转型的特征，与当时的政治变革、民族革命的思潮有着内在的联系。新型知识分子诞生后，以西方文化为参照系，以国民为本位，引进西方进化论的文化观，采用理性的、客观的、科学的研究方法，使当时的中国文化研究开始走出经学时代，使其成为现代学术的有机组成部分。文化研究与中华民族由"自在的民族"向"自觉的民族"的转型、与中国新的文明秩序建构或现代民族国家的创立大致同步发展。

王国维在《沈乙庵先生七十寿序》中说："国初之学大，乾嘉之学精，道咸以降之学新。"②晚清"时势又剧变矣，学术之必变盖不待言"。"国家与学术为存亡，天而未厌中国也，必不亡其学术；天不欲亡中国之学术，则于学术所寄之人必因而笃之。世变愈亟，则所以笃之者愈至。"③王国维所说的"中国之学术"，从广义角度看即是中国文化，"学术所寄之人"，即中国文化的传承者、研究者与弘扬者。从广义的学术或文化与国家的关系看，清末民初，大体经历了从保存国粹到整理国故再发展为具有现代性的中国文化研究的历程。国粹、国学、国故、中国之学术、中国文化、中国文明等概念，几乎是近义词或同义词。邓实在《国学讲习记》中说："国以有学而存，学以有国而昌。"④当时的士人自觉意识到文化与国家的关系是十分密切的，现代民族国家的建构与现代中国文化的形成，几乎是一个铜币的两面，缺一不可。保存国粹、弘扬国学，是一番文化大任的承担，也是一番文化业绩的护持，更是中国文化复兴的基础。萧一山在《清代史》中说："一部清史，就是一部中国近代史。"民族革命整个支配了中国近代

---

① 梁启超：《过渡时代论》，《清议报》第83期，1901年6月20日。
② 王国维：《观堂集林》，石家庄：河北教育出版社，2001年版，第720页。
③ 王国维：《观堂集林》，第721—722页。
④ 邓实：《国学讲习记》，《国粹学报》1906年第7期。

社会，一切都是以它为枢纽而变动的。"三百年来的社会变迁，其端由爱新入主发之，道咸而后，才走到剧烈变动的时期，民国则急转直下了。"民族革命的主要使命，是"要建设一个近代国家"①，即现代民族国家，或建构一个新的文明秩序。因此，19世纪末到20世纪初，中国文化研究涌出初潮，与民族革命的巨流激荡有关。从某种意义上说，当时的中国文化研究是民族革命的有机组成部分。国粹学社的成立（约1904年），《国粹学报》的创刊（1905年），邓实、黄节、章太炎、刘师培等一大批知名学者在国粹的旗帜下研究中国文化，并形成国粹学派，既强调国学与君学的区分，主张国民本位的文化，又提出"国粹不阻欧化"，以开放的心态吸收西方文化，力求创造性地回应西方文化的挑战，复兴中国文化。蔡元培称乾嘉时期是"中国文艺中兴的开端"，称清季民初为"中国文艺中兴发展的初期"②，大致是指这一阶段中国文化研究的初潮兴起。梁启超的《清代学术概论》《中国近三百年学术史》、钱穆的《中国近三百年学术史》、王国维的《论年近之学术界》、顾颉刚的《中国近代学术思想变迁观》等论著，都描述了清季民初中国文化研究的基本特征，以"古学复兴""文艺复兴""文化复兴"来诠释此一时期中国文化研究的大势，乃是新学的真正内涵；晚清民初新学的重要性在于肇中国文化研究现代性转型之始。

清季民初，正如蒋梦麟在《西潮》一书中所描述的，东渐的西学至此时期达到高潮。康有为"是最早开启水闸，引发潮水者之一"③，是他"启导了1910年代和1920年代的思想界"④，使许多思想家转向西方寻求文化上的启蒙。梁启超称，戊戌变法之后，"青年学子，相率求学海外，而日本以接境故，赴者尤众"。"新思想之输入，无组织、无选择，本末不具，派别不明，惟以多为贵，而社会亦欢迎之。"⑤ 西方文化的大量输入激起欧化的高潮。国粹派"痛吾国之不国，痛吾学之不学"，称"不自主其国，而奴

---

① 邓实：《国学讲习记》，《国粹学报》1906年第7期。
② 蔡元培：《中国的文艺中兴》，载高平叔编《蔡元培全集》第4卷，北京：中华书局，1984年版，第341—342页。
③ [美]萧公权：《近代中国与新世界：康有为变法与大同思想研究》，南京：江苏人民出版社，1997年版，第122页。
④ [美]萧公权：《近代中国与新世界：康有为变法与大同思想研究》，南京：江苏人民出版社，1997年版，第122页。
⑤ 梁启超：《清代学术概论》，中华书局，1936年版，第71页。

隶于人之国,谓之国奴;不自主其学,而奴隶于人之学,谓之学奴"①,其目的是抵御"醉心欧化"的狂潮。然而,连国粹派也认为"国粹不阻欧化",以开放的心态输入西洋文明,国势利导,使"两大文明结婚",催生世界文明。可见,当时的中国文化研究者的心态,是处于东方与西方、世界性与民族性、传统性与现代性、西学与中学、新学与旧学、欧化与国粹等观念的张力之中,恰如傅斯年所说:"西洋学问渐渐入中国,相逢之下,此消彼长的时机已熟了。"②

西潮、西学之进入中国,其来也渐,其兴也骤;由渐进到高潮,并以中国文艺复兴或中国文化复兴为内发动力,并形成各种为西化或欧化辩护及有助于西学输入的理论。如"西学源出于中国说""托古改制论""中体两用论""因势变通论""悉从泰西论"等,为新思潮、新学说、新思想的诞生拓开道路,西化的高潮已潜伏于这一阶段。国粹派与西化派的争鸣,预示欧化或西化的高潮即将到来。以进化论为内核的历史观、文化观的形成,使中国文化研究走出了经学时代,成为现代中国学术的重要组成部分。章太炎、康有为、谭嗣同、严复、梁启超、王国维、刘师培、辜鸿铭、邓实、黄节、宋恕、樊锥、易鼐、曾纪泽、孙中山、蔡元培等人对中国文化的研究,已经难以归属于传统经学范围,尽管他们的政治思想、学术观点不尽相同,但以西方文化或西学为参照系研究中国文化,探求中国文化复兴或变革重建的思路却有相通之处。

(二)1915年至1927年为第二个阶段。以"五四"新文化运动开始,中国思想界形成以思想启蒙、文艺复兴为主导的文化思潮。当时的启蒙思想家陈独秀、胡适、吴稚晖、吴虞、鲁迅、周作人等提倡西方式的文艺复兴,主张以西方文化中的科学、民主、自由、人权、法治、人道主义、个性解放等为价值取向,全面批判中国传统文化,并形成反传统思潮。同时,中国思想界又出现主张东西方文化调和的东方文化派,以杜亚泉、钱智修为代表,主张复兴中国礼乐文化的文化保守主义,以梁漱溟为代表,以及主张"昌明国粹,融化新知"的新人文主义,以学衡派的吴宓、汤用彤、

---

① 黄节:《〈国粹学报〉叙》;邓实:《古学复兴论》,《国粹学报》1905年第9期。
② 傅斯年:《清代学问的门径书几种》,《新潮》1卷4号,第701—702页。

梅光迪、柳诒徵等为代表，不同思想流派围绕着中国文化及其未来的命运展开了争鸣。至1923年，中国思想界又出现了科学主义与人文主义的论争。以张君劢、梁启超为代表的玄学派，以丁文江、胡适、吴稚晖、王星拱为代表的科学派，就科学与人生观问题展开了辩论，以陈独秀、瞿秋白为代表的唯物史观派也介入争鸣。这场学术思想的论战是"五四"时期东西方文化论战的继续与深化。科学与玄学的论战是20世纪中国文化研究成为现代学术的重要开端，科学主义、马克思主义及现代新儒家的先驱和奠基者以科学与玄学论战为契机，各自拓展了中国文化研究的思路，后"五四"建设心态由此逐渐形成。

从19世纪末至科学与玄学论战之后，中国文化研究由于介于东西文化大交流、大论战的历史境遇中，大致经历了以中学解释西学、以西学解释中学、中西互相诠释、综合创新诸阶段，从输入西方文化的"拿来主义"，到重释中国的文化复兴，从全盘欧化的反传统论，到以"了解之同情"的心态去重释中国文化。寻求中华民族文化复兴之路，即探究民族复兴的学术基础，在西化的大潮中重新发现东方智慧、中国智慧，倡导东西方文化以平等的姿态对话，以及中国文化输出的可能性与途径，如梁启超在《欧游心影录》、梁漱溟在《东西文化及其哲学》、杜亚泉在《静的文明与动的文明》《迷乱之现代人心》、吴宓在《论新文化运动》《再论新文化运动》、汤用彤在《评近人之文化研究》等等，对第一次世界大战之后西洋文明、"露显著之破绽"有所反思，对新文化运动中出现的反传统文化的思想有所批评，对中西文化的关系、文艺复兴及启蒙运动做了不同于西化派的诠释，"渴望真正新文化运动得以发生"，强调"今欲造成中国之新文化，自当兼取中西文明之精华而铸之、贯通之"①。因此，这一阶段的中国文化研究者，在精神、心态与方法等方面不尽相同，典型的有主张欧化或西化、反传统的文化激进主义；有主张"昌明国粹，融化新知""撷精立极，造成一种学说"的文化整体主义；有主张动静互补、会通中西、调适渐进、融合创新的文化调和主义；也有主张重释中国传统，摄纳西方文化的精华，复兴孔学或儒学，返本开新的文化保守主义。20世纪中国文化研究的第一个高潮，

---

① 吴宓：《论新文化运动》，《学衡》1922年第10期。

是由"五四"新文化运动期间不同思想流派的文化论战激发和推动的，面对中国文化的精神、特质与未来命运的探讨，成了这一阶段后期的重点。梁启超、王国维、陈寅恪、柳诒徵、吴宓、汤用彤、杜亚泉、梁漱溟、熊十力、张君劢、钱穆等文化大师有关中国文化及中国文化史的论著，即是围绕着这一主题开展的。

　　欧洲的文化研究或文化史研究与文艺复兴、启蒙运动有关。伏尔泰的《论风俗》将民族精神及风俗习惯列入史学研究的课题，他的《路易十四时代》堪称"近代文化史的滥觞"。此后西方学人写文化概论、文化史、文明史的著作渐多，如英国巴克尔的《英国文明史》、瑞士布克哈特的《意大利文艺复兴时期的文化》、德国斯宾格勒的《西方的没落》等等。"五四"新文化运动前夕，流亡日本的梁启超、章太炎等人对日本学界的文化研究、特别是有关中国文化史的研究极感兴趣也有所批评。梁启超曾拟写《中国文化史目录》，构想中国文化研究的计划，发表《中国文化史稿》（1921年），他为蒋方震的《欧洲文艺复兴时代史》作序，思绪兴起，一发难收，竟写成中国近代文化学术复兴史：《清代学术概论》。另外，他的《论中国学术思想变迁之大势》《中国近三百年学术史》，以及章太炎的《訄书》《国故论衡》等论著，都是中国文化、中国文化史研究具有现代性特色的开山之作。梁漱溟的《东西文化及其哲学》（1921年）、顾康伯的《中国文化史》（1924年）、杨明斋的《评中西文化观》（1924年）、柳诒徵的《中国文化史》（1925年）等论著的相继问世，北京大学研究所国学门、清华大学国学研究院等机构的创建，大批一流学者将研究方向集中于中国文化、中国文化史、中西文化比较等课题上，以阐发中国文化精神和重建民族的自尊为己任，推动中国式的文艺复兴或文化复兴，此乃20世纪中国文化研究第一次高潮到来的标志。

　　中国式的文艺复兴或文化复兴，其实质是中国文化意识的觉醒，是民族革命的思潮在文化领域的体现，是受西方式的文艺复兴、文化复兴运动启迪之后，重新发现东方智慧、中国智慧、以复古为解放的文化精神自觉。当时不仅梁启超以古学复兴、文艺复兴来诠释清代文化学术，蔡元培、胡适、傅斯年等人论中国文艺复兴，基本上也是在梁启超的范式之中。胡适用英文写成的《中国的文艺复兴时代》，将广义的中国文艺复兴，上溯到唐宋之际。古文复兴运动与禅宗的诞生，是中国文化的第一次复兴；11 世纪的伟大改革运动与新儒学的形成，是第二次文艺复兴；13 世纪戏曲、小说的涌现，对爱情、人生乐趣的赞美是第三次文艺复兴；17 世纪汉学对宋明理学的反动，新的科学的研究方法的产生，则是第四次文艺复兴。每次文艺复兴对周期性复活一个古老文明的生气与活力都起了重要作用。而 20 世纪初期的新文化、新思潮运动与前四次文艺复兴运动不同之处在于它是完全自觉的、有意识的运动，没有与西方文化的接触、冲突与交流，就不可能有这场类似欧洲的文艺复兴运动。这个时代有点像欧洲的再生时代。然而，梁漱溟则对胡适的诠释提出挑战，他认为"有人以五四而来的新文化运动为中国的文艺复兴，其实这新运动只是西洋化在中国的兴起，怎能算得中国的文艺复兴？若真中国的文艺复兴，应当是中国自己人生态度的复兴。"① 对文艺复兴的不同理解直接影响着文化研究的路向。

（三）1928 年至 1949 年，即南京政府建立至中华人民共和国诞生，为中国文化研究的第三阶段。这是中国文化研究真正进入现代性学术建设时期，又因抗战爆发、民族救亡运动高涨，中国文化研究事业既遭遇艰难曲折又孕育贞下起元的新生希望的时期。以 1937 年为界，前十年是中国文化研究第二个高潮到来并结出丰硕果实的时期；后十多年，战火使已繁荣的文化学术备受摧残，但伟大的民族复兴运动，又为中国文化研究向纵深发展提供了新的动力与历史机缘，在忧患之中崛起一代如《国立西南联合大学纪念碑文》所说的"以文化力量与日本争持"的文化人，将中国文化研究与中华民族复兴运动有机结合在一起，体现了高度的历史责任感与文化使命感。陈寅恪说："吾国近年之学术，如考古历史文艺及思想史等，以世局激荡及外缘薰习之故，咸有显著之变迁。将来所止之境，今固未敢断论。惟可一言蔽之曰，宋代学术之复兴，或新宋学之建立是已。华夏民族之文化，历数千载之演进，造极于赵宋之世。后渐衰微，终必复振。譬诸冬季之树木，虽已凋落，而本根未死，阳春气暖，萌芽日长，及至盛夏，枝叶扶疏，亭亭如车盖，又可庇荫百十人矣。"② 此文写于 1943 年避难桂林时。

---

① 梁漱溟：《东西文化及其哲学》，《梁漱溟全集》第 1 卷，济南：山东人民出版社，1989 年版，第 539 页。
② 陈寅恪：《邓广铭宋史职官志考证序》，《读书通讯》1943 年第 62 期。

在民族危难之际，仍然对华夏民族之文化的复兴抱乐观的心态，愿以生命护持华夏民族文化不坠，使之不绝如缕，薪火相传，贞下起元，再创辉煌。"独立之精神，自由之思想"是"华夏民族之文化"的本根，以此精神去研究中国文化，是陈寅恪及其他文化大师成就卓著的内在原因。

这一阶段的中国文化研究之所以出现新的高潮，与后"五四"文化建设心态的形成有关，也与文化学术研究的机构、组织逐步建立与完善有关。1928年6月，国立中央研究院创建，蔡元培出任院长。不久，历史语言研究所建成，傅斯年任所长。全国各地大学也相继建立文化学术研究机构。即使在抗日战争期间，国立中央研究院、国立西南联合大学、国立西北联合大学、浙江大学、中山大学、东吴大学、复旦大学、广西大学等高校中的研究机构，还有大理民族文化书院、四川乐山复性书院、重庆北碚勉仁书院等书院，集结了许多研究中国文化的学者、教授，他们致力于中国文化研究，怀忧患意识，为开拓"中国第三期文化"（沈有鼎语）而耕耘不休。因此，制度化、专业化的研究机构的普遍设立为中国文化研究第二次高潮的形成创造了十分有利的条件。

20世纪中国文化研究开拓性的、系统性的论著，比较集中地出现在此一阶段的前期和中期，即20世纪30至40年代。学术研究实乃一重建民族精神寄命之地与个体安身立命的事业，研究中国文化者以此为职志创作，故多收获。如中国文化史的研究，有常乃德的《中国文化小史》（1928年），杨东莼《本国文化史大纲》（1931年），陈国强的《物观中国文化史》（1931年），丁留余的《中国文化史问答》（1933年），陈登原的《中国文化史》（1935年、1937年），梁启超的《中国文化史》（社会组织篇）（1936年），王德华的《中国文化史略》（1936年），陈安仁的《中国近世文化史》（1936年），《中国上古文化史》（1938年），《中国文化演进史观》（1942年），王云五的《编纂中国文化史之研究》（1937年），雷海宗的《中国文化史与中国的兵》（1940年），李建文的《中国文化史讲话》（1941年），蒋星煜的《中国隐士与中国文化》（1943年），王活心的《中国文化史类编》（1943年），陈竺同的《中国文化史略》（1948年），钱穆的《中国文化史导论》（1948年）等。

关于中国文化的精神、特质，中国文化的现代性转型，中国文化与西方文化的对话与沟通，中国文化的前景等理论探讨，特别是中国文化复兴与抗日救亡、民主建国的关系，新文化运动及中国新的文明秩序如何创建等等论题的研究，也是当时自由主义、马克思主义、新人文主义、现代新儒家、现代新道家、现代佛教学者及战国派等所讨论、争鸣的论题。不同思想学派的代表人物围绕着这类问题发表论文，撰写论著，或进行演讲，编成教材。如蔡元培的《中华民族与中庸之道》《三十五年来中国之新文化》、胡适的《中国的文艺复兴》《评所谓"中国本位的文化建设"》《充分世界化与全盘西化》《说儒》《论禅宗史的纲领》、陈序经的《全盘西化的理由》《从西化问题的讨论里求得一个共同信仰》、傅斯年的《历史语言研究所工作之旨趣》《夷复东西说》、汤用彤的《文化思想之冲突与调和》、吴宓的《中华民族在抗战苦战中所应持之信仰及态度》《孔诞小言》、陈寅恪的《王观堂先生挽词并序》《冯友兰〈中国哲学史〉审查报告》、李思纯的《论文化》、胡先骕的《中国今日救亡所需之新文化运动》、熊十力的《中国历史讲话》《略说中西文化》、梁漱溟《朝话》中的《中国本位文化宣言》《中西学术之不同》《东方学术之根本》、张君劢的《民族复兴运动》《中华民族复兴之精神的基础》《今后文化建设问题——现代化与本位文化》《中国现代文艺复兴》、贺麟的《儒家思想的新开展》《文化、武化与工商化》《论民族哲学》、沈有鼎的《中国哲学今后的开展》、潘光旦的《中国人文思想的骨干》《人文学科必须东山再起》、张东荪的《现代的中国怎样要孔子》《政治的自由主义与文化的自由主义》《知识分子与文化的自由》、王新命等十教授的《中国本位的文化建设宣言》《我们的总答复》、张申府的《什么是新启蒙运动》《论中国化》、张岱年的《世界文化与中国文化》《关于本位的文化建设》《西化与创造》、洛甫的《抗战以来中华民族的新文化运动与今后任务》、嵇文甫的《漫谈学术中国化问题》、陈高的《怎样使中国文化现代化》、吴世昌的《中国文化与现代化问题》、雷海宗《无兵的文化》《历史的形态——文化历程的讨论》《中国文化的两周》、林同济的《民族主义与二十世纪——列国阶段的形态观》《士的蜕变——文化再造中的核心问题》、牟宗三的《重振鹅湖书院缘起》《儒家学术的发展及其使命》等等。

这一阶段有关中国文化的理论著作也不少。如梁漱溟的《乡村建设理论》（一名《中国民族之前途》《中国文化要义》），张君劢的《民族复兴之学术基础》《明日之中国文化》、伍启元的《中国新文化运动概观》、陈序经的《中国文化的出路》、缪风林的《中华民族之文化》、李麦麦的《中国文化问题导言》、陈安仁的《中国文化问题之探讨》、吴世昌的《中国文化与现代化问题》、陈高佣的《中国文化问题研究》、胡秋原的《中西文化与文化复兴》、马芳若编的《中国文化建设讨论集》、姚红旗的《民族文化史论》、贺麟的《文化与人生》、林同济和雷海宗的《文化形态史观》、张东荪的《知识与文化》《思想与社会》、郭湛波《近五十年中国思想史》等等。此外，这一阶段的中国文化研究者受西方近现代人文社会科学的学科分类的影响，移植与改造了西方的学科建制、分类与研究方法，对中国文化进行分门别类的专题或专史研究，如冯友兰的《中国哲学史》、蔡元培的《中国伦理学史》、陈寅恪的《隋唐制度渊源略论稿》《唐代政治史述论稿》、王活心的《中国宗教思想大纲》、钱穆的《中国近三百年学术史》《国史大纲》、张荫麟的《中国史纲》、汤用彤的《汉魏两晋南北朝佛教史》、吕思逸的《中国民族史》等等，都是中国文化研究的有关论著，也是怀有生命的价值关怀、要对中华民族文化有传承和创生的学术杰作。

（四）1949年至1976年为第四阶段。中华人民共和国建立后，确立了建设民族的、民主的、大众的、科学的新文化的方向，并进而为创建社会主义文化体系奠定基础。在这一阶段，大陆的文化研究，坚持以马克思主义唯物史观为普遍指导思想与研究方法论，主张批判继承的文化方针。毛泽东在《中国共产党在民族战争中的地位》中说："今天的中国是历史的中国的一个发展，我们是马克思主义的历史主义者，我们不应当割断历史，从孔夫子到孙中山，我们应当给以总结，承继这一份宝贵的遗产。"他在《新民主主义论》中又强调："清理古代文化的发展过程，剔除其封建性的糟粕，吸收其民主性的精华，是发展新文化、提高民族自信心的必要条件，但是决不能无批判地兼收并蓄。"中华人民共和国成立初期，中国化了的马克思主义作为一种整合性的意识形态，其影响与作用远远超过了文化保守主义和文化自由主义。毛泽东关于文化研究的指示，也成为这一阶段中国文化研究的方针。

马克思主义的哲学家、史学家、理论家如李达、艾思奇、郭沫若、侯外庐、吕振羽、范文澜、翦伯赞、嵇文甫、向达、胡绳、蔡尚思、杨荣国、刘大年、陈垣、吴晗、罗尔纲、季羡林等，经思想改造后接受或信仰马克思主义的哲学家、史学家如冯友兰、贺麟、金岳霖、朱光潜、宗白华、陈天挺、朱谦之、汤用彤、周予同、周谷城等，还有持守自己的学术信念与研究方法的梁漱溟、熊十力、陈寅恪、吴宓、顾颉刚、钱钟书等，在中国文化研究的相关领域中取得不少成果。如郭沫若的《奴隶制时代》、范文澜的《修订本中国通史简编》、陈垣的《中国佛教史籍概论》、吕振羽的《中国民族简史》《殷周时代的中国社会》、侯外庐的《中国早期启蒙思想史》《中国思想通史》、尹达的《中国新石器时代》、季羡林的《中印文化关系史论丛》、向达的《唐代长安与西域文明》、李长之的《中国文学史略稿》《孔子传》、岑仲勉的《隋唐史》《黄河变迁史》、熊十力的《原儒》《读经示要》、汤用彤的《魏晋玄学论稿》、朱谦之的《中国古代乐律对于希腊之影响》《日本的朱子学》《日本古学及阳明学》、姜亮夫的《敦煌——伟大的文化宝库》、张岱年的《中国哲学大纲》、罗常培的《语言与文化》、顾颉刚的《史林杂识初编》、陈寅恪的《元白诗笺证稿》《论再生缘》《柳如是别传》、贾兰坡的《"北京人"的故居》、杨树达的《积微居全文说》、陈梦家的《古史新探》、何兹全的《秦汉史略》《魏晋南北朝史略》、陈竺同《两汉和西域等地的经济文化交流》、尚钺的《中国历史纲要》、唐长孺的《魏晋南北朝史论》《魏晋南北朝史论丛续编》、周一良的《魏晋南北朝史论集》、杨志玖的《隋唐五代史纲要》、吕思勉的《隋唐五代史》、韩国磐的《隋唐五代史纲》、谢国桢的《南明史略》、李光璧的《明朝史略》、李洵的《明清史》等等，都是这一阶段涉及中国文化研究的论著。与前三个阶段相比较，这一阶段前期的研究有一个鲜明的特点，即广义的文化史研究被社会发展史研究所取代，狭义的文化史研究或者被纳入中国通史、各朝断代史的研究之中，或者被分解于中国哲学史、中国宗教史、中国文学史、中国艺术史、中国科技史、中国政治史、中国经济史、中国语言文学史等专史之中。有关广义的文化或狭义的文化理论研究及史的研究论著并不多，直至80年代改革开放，中西文化大交流、大争鸣的又一高潮出现，这种状态才得以改变，中国文化及中国文化史研究才又获得空前规模的发展，并形成20世纪第三次研究高潮。

从20世纪50年代中期开始，大陆的文化学术界深受"左倾"思潮与苏联的教条主义的影响，文化研究政治化、教条化，以阶级分析法为唯一正确的研究方法，摆脱"欧洲中心论"又陷入"苏俄中心论"。斯大林关于人类社会发展五个阶段的公式，日丹诺夫关于唯心主义与唯物主义斗争史的公式，成了研究中国历史、中国文化的意识形态准则，对号入座，按模剪裁，丰富多彩、活生生的中国历史与中国文化被简单化了，中国历史、中国文化的独特性、创造性被抹杀了。这种状况发展至"文化大革命"期间尤为严重，政治批判代替了学术研究，中国传统文化被歪曲为"四旧"，除法家外，历代伟大的思想家、教育家、史学家等都成为批判对象，都难逃大批判的劫难。中国文化研究陷入了一个沉沦的时代，也被迫边缘化了。

所谓中国文化研究的边缘化，主要是指在这个阶段的研究因"文化大革命"被迫暂时中断了，而退居于边缘地位。在香港、台湾地区的中国学人，旅居海外的华人学者，他们继续沿着"五四"一代、"抗战"一代中国文化研究者的思路，探求中国传统文化的现代性转型与西方文化本土化、中国化以及现代中国新文化的创建问题，取得不少新的研究成果。如殷海光的《中国文化的展望》、金耀基的《从传统到现代》《中国现代化与知识分子》、张灏的《梁启超与中国思想的过渡》、林毓生的《中国意识的危机——"五四"激烈的反传统主义》、韦政通的《传统的透视》《中国文化概论》《传统与现代化》《中国文化与现代生活》、钱穆的《中国历史精神》《民族与文化》《中华文化十二讲》《中国文化精神》《世界局势与中国文化》、唐君毅的《中国文化之精神价值》《人文精神之重建》《中国人文精神之发展》《文化意识与道德理性》《说中华文化之花果飘零》《中华人文与当今世界》、牟宗三的《历史哲学》《道德的理想主义》《中国哲学的特质》《心体与性体》《中国文化的省察》、方东美的《哲学三慧》《中国哲学之精神及其发展》《生生之德》、徐复观的《中国人性论史》《中国艺术精神》《两汉思想史》《心的文化》《论传统》、张君劢的《义理学十讲纲要》《新儒家思想史》、何健的《中国文化论丛》、吴华盛的《中华文化的基础》、张其昀的《中华文化新论》、吴疏潭的《文化复兴与中华文物》、李国良编的《复兴中华文化论文专辑》、张文伯等《中国文化之综合研究》、李甲孚的《中华文化谈苑》、王邦雄的《文化复兴与现代化》、胡秋原的《古代中国文化与知识分子》《文化复兴与超越前进论》、虞君质主编的《中国文化史》、高祖永的《中国文化史纲》、吴敏之的《中国文化创造史》、郑德坤的《中国的专统文化》、曾乃敦的《中华文化概论》、李鎏的《中国文化概论》、陈来奇主编的《中华民族与中华文化》；此外，还编印了《中华文化概述》《中华文化复兴论丛》《中华文化总论书目》等等。

内地批孔、批儒、批中国传统文化期间，港台及旅居海外的执着热爱与信仰中国文化精神的学人，怀"中华民族之花果飘零"的悲情，寻求"灵根自植"之路。徐复观说"在悲剧时代所形成的一颗感愤之心，此时又逼着我不断地思考文化上的问题，探讨文化上的问题。"[1] 他与张君劢、唐君毅、牟宗三联合发表的《为中国文化敬告世界人士宣言——我们对中国学术研究及中国文化与世界文化前途之共同认识》，是一篇具有震撼力的宣言。他们强调以平等的眼光重新审视中西文化，提出"发现东方""重释中国"的观点，"中国文化之精神于立本以持末，求绝乱源于机先，以拨乱反正、长治久安之道，实高于世界任何民族之文化"[2]。因此，对中国历史文化之精神生命的肯定、发掘与弘扬，重新发现、阐释东方之智慧，不仅有利于各种文化互相并存，互相学习，而且能够启发"西方人反省自身文化的缺点，而求有以学习于东方，东西方人共同担负人类的艰难，开出人类文化的新路"。尤其值得注意的是，港台地区的中国文化研究，还出现自由主义、现代新儒家、新士林学派等代表人物的文化论战，论战的激烈、涉及问题的广度与深度并不亚于第二阶段与第三阶段，同时还形成自由主义与现代新儒家在文化问题上的互动、互补趋向。如徐复观明显有自由主义的精神，思想界称他为"儒家自由主义"；而自由主义的代表人物殷海光晚年对中国传统文化"有重大的改变"；胡适晚年也称孔子、孟子是提倡自由主义的先驱、具有苏格拉底传统的思想家。后来，自由主义者林毓生强调：中国自由主义者的现代课题，不是对传统的全面否定，而是对传统进行创造的转化。张灏则提出"以传统批判现代化，以现代化批判传统"，认为应该沟通新儒家和"五四"的思想，才是我们未来文化发展的应有基础。这种新思路、新观念的实质，是要克服前几个阶段占主导地位的二元对立的

---

[1] 徐复观：《文录自序》，台北：台湾学生书局，1980年版，第2页。
[2] 唐君毅：《文化意识与道德理性》，香港：友联出版社，1958年版，第667页。

文化观,即传统与现代化、东方文化与西方文化、旧学与新学等二元对立,这是对经典现代化理论的一种超越,其真正含义到了20世纪90年代才得以彰显。

(五)自1976年"文化大革命"结束至20世纪90年代末为第五阶段。这是中国文化研究进入反思、重建与创新的阶段,也是中国文化研究者希望走出东方主义与西方主义二元对立,真正超越"华夏中心论"与"欧洲中心论"的框架,以平等的眼光对待中西文化,重视东西对话、互动,在全球化的大潮中发现东方、重释中国,为新世纪的中国新文化创生拓路的阶段。

20世纪80年代中期以来,进入后"文革"时代的中国,在思想解放、改革开放的大潮推动下,又出现中国文化研究的高潮。20世纪第一次中国文化研究的高潮,占主导的是文化激进主义,文化研究的重点是文化批判,胡适虽然提出"研究问题,输入学理,整理国故,再造文明"的口号,但他一再强调"新思潮的意义"是"评判的态度",而尼采所说的"重新估定一切价值"是"评判的态度的最好解释"。因此"新思潮的精神"是文化批判。第二次高潮期间虽然出现后"五四"建设心态,文化建设引起人们的普遍重视,但在战火纷飞的年代,文化建设难以全面展开。经历了"文化大革命"的劫难后,国人对动乱期间中国文化及文化人遭遇的空前厄运进行了全面反思,把握住改革开放的历史机遇,在西方文化输入的新潮时期,自觉地以建设心态去研究中国文化,80年代中期的"文化热"、90年代的"国家热"、世纪之交的中国文化前景的大讨论,在理论方面对冲击—反应模式、传统—近代模式、帝国主义模式三种西方中心论的质疑,对美国学者柯文《在中国发现历史》中提出的"中国中心观"的赞赏,"发现东方""重释中国"与"文化输出"等观点的提出,围绕着季羡林所说的东西文化"十年河东,十年河西",杜维明所说的"文化中国"等问题的讨论,特别是"中华民族的伟大复兴"命题的提出,都是中国文化研究高潮到来的标志,20世纪第三次中国文化研究高潮是文化全面建设的阶段。

从20世纪80年代中期开始,文化建设心态逐渐抬头并取得主导地位。人们对百年来的文化激进主义进行全面反思,重新评价文化保守主义与文化调和主义,马克思主义、当代新儒家与当代自由主义在文化问题方面的对话、互动，中国与西方的学者、海峡两岸的学者联合举办的中国文化研讨会频繁召开，中国文化典籍及其研究论著的出版或重印，前四个阶段著名学者研究中国文化的著作再版或修订出版，特别是考古学方面的重大发现与文献研究方面的新成果，国人对中国文明起源、演进的独特性、创造性、延续性、开放性有了新的认识，对冯友兰早期所分类的信古、疑古、释古思潮也有了合理的评价。"走出疑古时代"，是为了"重建古代"，对"超百万年的文化根系、上万年的文明起步、五千年的文明古国、两千年的中华一统实体"① 有一全新的理解，对中华民族多元一体格局"及其兼容性、凝聚力有更深的体认，世纪之交中国人进行的中华民族伟大复兴运动，其根脉就深植于传统文化之中"。

此外，中国文化研究的组织机构重建与增设，全国各地大学文化研究所、中国思想文化研究所的恢复或创建，有关中国文化研究的新刊物逐渐流行，大学及广播电视台以中国文化为题的讲座频繁举办，中国文化的研究趋向大众化、普及化，大批有关中国文化的论著问世，区域文化的研究与当地经济、文化发展有机结合，都是这一阶段中国文化研究得以繁荣的条件。

（原载于《中国文化论坛》2005 年第 1 期）

---

① 苏秉琦：《中华文明起源新探》，北京：生活·读书·新知三联书店，2000 年版。

儒家"天人合一"的政治学阐释

一、引言

  天人观是传统儒家政治哲学的出发点，传统儒家提出了一整套的伦理政治学说，其思想学说的每一部分与天人观之间都有着逻辑上的联系。儒家在探究天人关系问题时，把"天"与"人"纳入一个统一的系统中进行思考，认为天人之间紧密相连、不可分割，是合二为一的。这样，就产生了儒家在天人关系上的"天人合一"说。在中国古代思想史上，"天人合一"这个命题是张载正式提出来的。他说："儒者则因明致诚，因诚致明，故天人合一，致学而可以成圣，得天而未始遗人。"[①] 在这里，张载虽然使用"天人合一"解释诚与明的关系，其实还是离不开天与人的关系。他说："天人异用，不足以言诚；天人异知，不足以尽明。所谓诚明者，性与天道不见乎小大之别也。"[②] 可见，天之用就是人之用，知人也就是知天，天道与人性是统一的。

  儒家天人之学讨论的核心并不是世界的本源与派生、精神与自然的关系，而是道德伦理和政治制度的合理性、神圣性等问题，本质上反映了个人同社会道德、现实政治与政治理想的关系。儒家以"内圣外王"为理想追求，而"内圣外王"的极致则是"圣王合一"。所谓"天人合一"，其实也就是"圣王合一"思想的放大。从某种意义上说，"天人合一"代表了儒

[①] ［宋］张载：《张载集》，北京：中华书局，1978年版，第65页。
[②] ［宋］张载：《张载集》，北京：中华书局，1978年版，第20页。

家文化的根本精神和最高境界。

二、儒家伦理政治的理想境界——"内圣外王"

"内圣外王"一词，语出《庄子·天下》："圣有所生，王有所成，皆原于一（道）。……是故内圣外王之道，暗而不明，郁而不发，天下之人各为所欲焉以自为方。"虽然"内圣外王"一词最早见于道家文献，不是儒家的发明，然而它确是儒家一贯奉行的人格理想和现实王道政治的经世方向。内圣外王之道作为一种以道德人本主义为基础的政治理想，其精神实质是将政治人格化、伦理化，把人的道德心性修养当作实现王道理想的根本前提或唯一途径。"内圣"是主体心性修养方面的要求，以达致仁、圣境界为极限；"外王"是社会政治教化方面的要求，以实现王道、仁政为目标。两者在儒家学说中是互为表里、浑然一体的。

"内圣外王"之学导源于儒家创始人孔子。"内圣外王"在孔子那里具体表述为"修己"与"安人""修己"与"安百姓"的统一。孔子提倡"为己之学"，他说："古之学者为己，今之学者为人。"按照孔子的主张，要想成为君子，就必须由"修己"推广到"安人"，把"修己"的"内圣"功夫与"安人"的"外王"事业有机地结合起来。据记载：

"子路问君子。子曰：'修己以敬。'曰：'如斯而已乎？'曰：'修己以安人。'曰：'如斯而已乎？'曰：'修己以安百姓，尧舜其犹病诸？'"[①]

"子贡曰：'如有博施于民，而能济众，如何？可谓仁乎？'子曰：'何事于仁？必也圣乎？尧舜其犹病诸！'"[②]

修己是培养主体内心之仁，其最高境界是圣。而主体一旦达到仁、圣的精神境界，必然要释放出巨大的精神力量，见之于政治实践，成就"外王"事业。这种"外王"事业，以博施济众为极致，虽然连尧舜也难以完全做到，但孔子将它树立为儒家最高的政治理想。"外王"实为"内圣"的

[①] 孔丘：《论语》（影印《十三经注疏》本），北京：中华书局，1980年版。
[②] 孔丘：《论语》（影印《十三经注疏》本），北京：中华书局，1980年版。

延长，即政治乃道德的延长。"内圣"与"外王"重叠于"怪"，其最高境界是合而为一的。

孔子之后，内圣之仁学与外王之礼学两个方面开始发生离异。孟子侧重发展了"内圣"一面，成为儒家理想派的代表；荀子侧重发展了"外王"的一面，成为儒家现实派的代表。

孟子主张以内圣启外王，即以个人修养为出发点来实现治国平天下的理想目标。就"内圣"而言，孟子明确提出"性善"论，认为只要人们把内心固有的仁、义、礼、智的"四端"扩充开来，便"足以保四海"（《孟子·公孙丑上》）。扩充善端，也就是所谓"养心"。孟子所谓心，既是内在的，又是超越的。他说："尽其心者，知其性也。知其性，则知天矣。存其心，养其性，所以事天也。夭寿不贰，修身以俟之，所以立命也。"（《孟子·尽心上》）天的超越与人的内在相互沟通，尽心知性即可知天。以至"万物皆备于我矣。反身而诚，乐莫大焉"。就"外王"而言，孟子在性善论的基础上提出"仁政"学说。他说："人皆有不忍人之心。先王有不忍人之心，斯有不忍人之政矣。以不忍人之心，行不忍人之政，治天下可运之掌上。"（《孟子·公孙丑上》）孟子的仁政理想，包括"制民恒产""保民而王""与民同忧乐"的思想。孟子认为，行仁政是王道政治的基本要求，是人所固有的恻隐之心的自然流露而已，"仁，人心也；义，仁路也。舍其路而弗由，放其心而不知求，哀哉！……学问之道无他，求其放心而已矣。"（《孟子·告子上》）

荀子主张行"王者之政"，并强调"庶人安政"。他说："传曰：'君者，舟也；民者，水也。水则载舟，水则覆舟。'此之谓也。"因此，国君必须讲求节操。他说："故君人者，欲安，则莫若平政爱民矣；欲荣，则莫若隆礼敬士矣；欲立功名，则莫若尚贤使能矣；是君人之大节也。三节者当，则其余莫不当矣。三节者不当，则其余虽曲当，犹将无益也。"[1] 荀子虽重"外王"，但并非不讲"内圣"，而是主张以"圣"而"王"。他说："天下者，至重也，非至强莫之能任至大也；非至辨莫之能分；至众也，非至明莫之能和。此三者，非圣人莫之能尽。故非圣人莫之能王。圣人备道

---

[1] ［清］王先谦：《荀子集解》，上海：上海书店，1986年版。

全美者也，是悬天下之权称也。"① 可见，荀子心目中的圣人，是能成就"一天下之功"即完成统一大业的诸侯王。这是典型的"圣王合一"论。

《中庸》也发挥了"内圣外王"思想，《中庸》首章即云："天命之谓性，率性之谓道，修道之谓教。道也者，不可须臾离也，可离非道也。是故君子戒慎乎其所不睹，恐惧乎其所不闻。莫见乎隐，莫显乎微，故君子慎其独也。喜怒哀乐之未发，谓之中；发而皆中节，谓之和。中也者，天下之大本也；和也者，天下之达道也。致中和，天地位焉，万物育焉。"② 显然，"慎独""致中和"是"内圣"功夫，通过它可以确立内圣至诚的道德主体，是推行参赞化育、成己成物的外王理想的根本保证："诚者物之终始，不诚无物。是故君子诚之为贵。诚者非自成己而已也，所以成物也。成己，仁也；成物，知也。性之德也，合内外之道也。"③

《大学》对先秦儒家的"内圣外王"思想做了一个总结，将其纲领、条目讲得更为具体。《大学》开宗明义云："大学之道，在明明德，在亲民，在止于至善。"④ 此即由内圣而外王的"三纲领"。《大学》又云："古之欲明明德于天下者，先治其国。欲治其国者，先齐其家。欲齐其家者，先修其身。欲修其身者，先正其心。欲正其心者，先诚其意。欲诚其意者，先致其知。致知在格物。物格而后知至，知至而后意诚，意诚而后心正，心正而后身修，身修而后家齐，齐家而后国治，国治而后天下平。自天子以至于庶人，壹是皆以修身为本。其本乱而末治者否矣，其所厚者薄，而其所薄者厚，未之有也。"⑤ 这里列出的"格物""致知""诚意""正心""修身""齐家""治国""平天下"八项内容，旧称《大学》"八条目"，实即内圣外王之道的八个步骤。"格""致""诚""正"为内圣功夫，"修""齐""治""平"为外王之道。按照《大学》的解释，内圣是外王的根据，外王是内圣的自然结果。这样，"内圣外王"就成为儒家普遍认同的理想诉求。

先秦儒家由"内圣外王"的观点出发，设想一国之君主应经由内圣的

---

① ［清］王先谦：《荀子集解》，上海：上海书店，1986年版。
② ［宋］朱熹：《四书章句集注》，北京：中华书局，1983年版。
③ ［宋］朱熹：《四书章句集注》，北京：中华书局，1983年版。
④ ［宋］朱熹：《四书章句集注》，北京：中华书局，1983年版。
⑤ ［宋］朱熹：《四书章句集注》，北京：中华书局，1983年版。

功夫而成为一个圣君。这在先秦的历史条件下，或许不失为一种理想的方案（尽管也是空想）。但是，汉以后，随着君主集权制帝国的建立，君主获得了"独制于天下而无所制"①的绝对权力，如何既能适应大一统专制的时代要求，又能坚持儒家"内圣外王"的理想？汉代儒学大师董仲舒于是提出一套"天人相与"的理论，以解决时代的新课题。董仲舒所主张的"外王"事业，是大一统的王权政治。他说："王者必受命而后王。王者必改正朔，易服色，制礼乐，一统于天下，所以明易性非继仁，通以己受之于天也。"②认为王权受之于天命，国家的统一是绝对必要的。但他又要求"为人君者，其法取象于天"③，强调"以天之端正王之政"④。"天之端"即天之始，指四时循环中的春。他说："春者天之所为也，正者王之所为也，其意曰：上承天之所为，而下以正其所为，正王道之端云尔。"⑤这里是要求王者法天之所为以行王道。而董仲舒所谓王道，主要是指以"三纲"说为核心内容的伦理政治。"三纲"说虽不是董仲舒的发明，然而他却为"三纲"说建立了天道观的形上学根据。他说："王道之三纲，可求于天。"⑥天的权威及于政治伦理的各个层面。至于内圣功夫，他说："以仁安人，以义正我。故仁之谓言人也，义之谓言我也。……仁之法，在爱人，不在爱我；义之法，在正我，不在正人。我不自正，虽能正人，弗予为义；人不被其爱，虽厚自爱，不予为仁。"⑦可见，董仲舒也重视个人的道德修养，仍然依循由内圣到外王的途径，但较之先秦儒家，内圣的理想则有所淡化。

宋代理学家从本末、内外的角度论述了内圣与外王、修身与治平的关系。指出："学莫大于知本末终始。致知格物，所谓本也，始也；治天下国家，所谓末也，终也。治天下国家，必本诸身。其身不正，而能治天下国家者，无之。"⑧程朱陆王均不否认"外王"的事功价值，如朱熹一再强调内圣之学兼有"修身"与"治平"两方面的功能，认为内圣之学的代表作

---

① [汉] 司马迁：《史记》，北京：中华书局，1959年版。
② [清] 苏舆撰、钟哲点校：《春秋繁露义证》，北京：中华书局，1992年版。
③ [清] 苏舆撰、钟哲点校：《春秋繁露义证》，北京：中华书局，1992年版。
④ [清] 苏舆撰、钟哲点校：《春秋繁露义证》，北京：中华书局，1992年版。
⑤ [汉] 班固：《汉书》，北京：中华书局，1962年版。
⑥ [清] 苏舆撰、钟哲点校：《春秋繁露义证》，北京：中华书局，1992年版。
⑦ [清] 苏舆撰、钟哲点校：《春秋繁露义证》，北京：中华书局，1992年版。
⑧ [宋] 杨时编：《二程粹言》，北京：中华书局，1985年版。

《中庸》"放之则弥六合,卷之则退藏于密,其味无穷,皆实学也"①。但是他们提倡的内圣外王之学,其理论重心在"内圣"一面,即以内圣启外王,具体表现在三个方面。第一,强调"内圣"是本,"外王"是末,必须先"正心诚意"于内,方可"修齐治平"于外。第二,有"内"自然有"外",明"体"自然达"用"。只要做到了"格致诚正"的内圣修养,自然就会有"家齐""国治""天下平"的外王局面,"外王"是"内圣"的自然延伸或发展。第三,过分强调"内圣",以至以心性修养代替一切。"凡学之道,正其心养其性而已。中正而诚,则圣矣。"②"格物致知者,尧舜所谓精一也。止心诚意者,尧舜所谓执中也。自古圣人口授心传而见于行事者,唯此而已。"③而阳明心学以"心"来主宰、统摄一切,就更是如此。由于过分强调以内圣驭外王,遂以内圣取代了外王,使儒家内圣外王之学沦为毫无经世作用的心性空谈。

明清之际,顾炎武、黄宗羲诸大儒鉴于程朱理学日益空疏、陆王心学流于禅释,力倡"明道救世",由内圣转向外王,经世实学再度勃兴。顾炎武面对明王朝覆灭的惨痛教训,批评当时的"清谈"之风,总结出一条历史教训:清谈误国。他又自述其为学旨趣说:"窃以为圣人之道,下学上达之方,其行在孝弟忠信,其职在洒扫应对进退,其文《诗》《书》《三礼》《周易》《春秋》,其用之身在出处辞受取与,其施之天下在政令教化刑法,其所著之书皆以拨乱反正、移风易俗、以训致乎治平,而无益者不谈。"④他还提出了"博学于文,行己有耻"的主张,力主求知与修养、学与用的统一,亦即"内圣"与"外王"的统一。以批判君主制著称的黄宗羲,进一步凸显了儒家的外王思想。在政治上,批判专制,倡言君臣共治。他指出:"君臣,共曳木之人也。……故我之出而任也,为天下,非为君也;为万民,非为一姓也。……天下之治乱,不在一姓之兴亡,而在万民之忧乐。"⑤他还批判人治,倡言法治,主张以"天下之法"取代君主的"一家

---

① [宋] 朱熹:《四书章句集注》,北京:中华书局,1983年版。
② 程颢、程颐:《二程文集》(影印本),上海:上海古籍出版社,1987年版。
③ [宋] 朱熹:《晦庵集:一百卷》,上海:上海古籍出版社,1987年版。
④ [明] 顾炎武:《亭林文集:卷十一》,《四部备要》本。
⑤ [明] 黄宗羲:《明夷待访录》,《四部备要》本。

之法"。他指出:"论者谓有治人无治法,吾以为有治法而后有治人。"① 要使法治取代人治,黄宗羲设想的政治原则是"必使治天下之具皆出于学校"或"公其非是于学校",把学校办成类似西方近代的代议机构。黄宗羲的新观念克服了宋明理学重道统而忽视政统,重内圣而轻外王的弊端,使儒家的外王理想在他这里达到前所未有的高度。然而,由于时代的限制,最终未能突破传统理论的束缚,开不出近代民主与科学的"新外王"之花。

三、君权天予

天是什么?在唯物主义哲学与科学尚不发达的时期,人类出于对自然现象的恐惧和崇拜,认为在人类之上,有一个至高无上、操纵一切、无所不能的存在物,它就是天。天被视为至上神,是人格人的上帝。天有思想,有意志,主宰和统治着天下的一切,是最高、最大的权威。

君主的权力从哪里来?由于君权是至高无上的,人世间就不会有它的来源,只有求之于人世之外的神,因而有"君权神授"之说。在古代,世界上的君主国家,多采取这样的说法。在我国古代,对于最高的神,或称帝,或称天。天,亦称天命,这一概念出现于商末周初。周人在灭殷之后,为了解释天命何以转移和如何保持天命的问题,提出了一套"敬天保民""尊礼尚德"的思想。他们把天命的得失与是否尚德联系起来,赋予天一种择德降命的理性和分辨是非的能力,使天带上了罚罪降丧和休善界命的道德品格。于是,天就有了人格化的理性和道德的属性。天与人之间也有了共同的好恶选择,天命与人事休戚相关。君主的敬德既可以上达于天,成为"降命"的根据;亦可以下达于民,起到保民的作用。不仅如此,周王又自称是皇天上帝的元子,使人间的天子与天国的上帝联成一气,成为一家人,这便是"天人合一"了。在这里,天仍然是至上神,明德固然有人文意味,但却是从敬天引申出来的,天人之间的平衡依靠统治者的敬德维持着。在这里需要指出的是,"德"是一个全新的政治范畴。"德"的提出意义重大,别看只一个"德"字,其实运化无穷:它源自天,流之于人;

---

① [明] 黄宗羲:《明夷待访录》,《四部备要》本。

内而为仁，外而为礼；体之在心，用之在行……中国古代"人文"全都由此发蘖，并与"天"共同构成传统政治思想的两翼。从殷人的"不慎厥德，乃早坠厥命"①、孔子的"与命""与仁"，孟子的"尽心""知天"，到董仲舒的"承天意""任德教"，宋儒的"存天理""灭人欲"，都是靠"天""德"这两翼翱翔的；再烦琐的体系也是围绕这两个基本观念进行阐释、发挥、论证的，可谓万变不离其宗。

"天子受命于天"的观念被儒家，特别是儒家中的思孟学派继承了下来。《孟子》："莫之为而为者，天也；莫之至而至者，命也。"（《孟子·万章上》）孟子在与万章谈及尧舜之所以有天下时说，舜之所以有天下是"天与之"，"非人之所能为也"（《孟子·万章上》）。

到了西汉，董仲舒杜撰了天的体系，通过天人合一完成了天的神秘主义人格化："天者，百神之大君也。"② 这是就意志之天的意义，把天看作主宰自然和社会的至上神。董仲舒的天人合一，只是天王合一，使统治者的地位神圣化、绝对化。他说："古之造文者，三画而连其中谓之王。三画者，天地与人也，而连其中者通其道也。取天地与人之中以为贯而参通之，非王者孰能当是？故王者唯天之施，施其时而成之，法其命而循诸人。"③ 按照董仲舒天人合一的内在逻辑；天是人的主宰，人是天的附属，人必须遵从天道的指引，服从天意的约束。董仲舒认为"王者天之所予也"，"王者承天意以从事"④，"唯天子受命于天，天下受命于天子"⑤。不仅如此，他还指出，全国臣民也都要无条件服从君主，必须"以人随君，以君随天"，"屈民而伸君"，"屈君而伸天"⑥。董仲舒的天人合一政治论为调节天人关系规定了基本模式，一切有关人类社会政治问题的解答都可以从中找到理论依据。尤其是"君权天予"说，借神权以尊君权，将君权天道化，天君同道、神权与王权合一，用神权、君权压制人权、民权，为强化君主专制提供了有利的理论依据。

---

① [唐] 孔颖达：《尚书正义》，北京：中华书局，1980年版。
② [清] 苏舆撰、钟哲点校：《春秋繁露义证》，北京：中华书局，1982年版。
③ [清] 苏舆撰、钟哲点校：《春秋繁露义证》，北京：中华书局，1982年版。
④ [清] 苏舆撰、钟哲点校：《春秋繁露义证》，北京：中华书局，1982年版。
⑤ [清] 苏舆撰、钟哲点校：《春秋繁露义证》，北京：中华书局，1982年版。
⑥ [清] 苏舆撰、钟哲点校：《春秋繁露义证》，北京：中华书局，1982年版。

四、以天道制约君主

解释君主权力来自天，只是儒家天道观与君主理论的一个侧面。历代儒家在论证君主的绝对权力的同时，也曾经试图用天道与天理限制和约束君主。按照"君权神授"的理论，天子既为天命所授，其权威自然至高无上，不容怀疑、不许染指。反观之，天既然授权于天子，自然也有权收回这种授命；天子既然从天那里获得了权力，自然应负有对天尽义务的责任。这个道理在殷周之际就被人发现了，那时叫作"天命靡常""以德配天"。天命并非常归一人、一家独得，有德者授天命，失德者失天命。

先秦儒家承继西周以来的礼和德，强调统治者与被统治者的同一性，力倡修身等于治国，主张统治者采用怀柔的统治手法："治国以礼"和"为政以德"。孔子认为"其身正，不令而行；其身不正，虽令不从"，"苟正其身矣，于从政乎何有？不能正其身，如正人何？"（《论语·子路》）孟子更进一步提出"民为贵，君为轻，社稷次之"（《孟子·尽心下》），要求统治者行"仁政"。荀子虽在一定程度上肯定了"以力兼人"的霸道，但他还是认为"以力兼人"不如"以德兼人"，"以德兼人者王，以力兼人者弱"[①]。荀子强调："王者之论，无德不贵，无官不能，无功不赏，无罪不罚。朝无幸位，民不幸生，尚贤使能而等位不遗。析愿禁悍而刑罚不过，百姓晓然皆知夫为善于家而取赏于朝也，为不善于幽而蒙刑于显也。"它还进一步引用古语"君者，舟也；庶人者，水也。水则载舟，水则覆舟"，以告诫统治者"欲安，则莫若平政爱民矣"[②]。可见，先秦儒家对君主权力的制约仅限于伦理的范畴之内。

在如何用天约束君主这一点上，西汉董仲舒进行过理论上的阐述。董仲舒在极力为君权至上张目的同时，也深知在实际政治生活中，君主个人的权力过于强大往往会使国家发展走向反面，造成政治动荡甚或政权倾覆，这是有悖于统治阶级整体利益的。有鉴于此，董仲舒试图利用天的权威给

---

① [清] 王先谦：《荀子集解》，上海：上海书店，1986年版。
② [清] 王先谦：《荀子集解》，上海：上海书店，1986年版。

君主以一定的约束。然而怎样运用天的权威来制约君权呢？董仲舒沿着"天人合一"的理论基线，提出了两套具体的办法。其一，利用天道规律及"四时之政"约束君主的政治活动。董仲舒说，"圣者法天"①，"圣人副天之所以为政"②。君主要以天道作为政治活动的摹本，君主的政治行为要遵循天的规律，不得随意扰乱。其二，利用天人感应即"天谴"说制约君主的行为和政策。董仲舒说："《春秋》之中，视前世已行之事，以观天人相与之际，甚可畏也。"③假如君主滥用权力，逆天道而行，致使"国家将有失道之败"，天就会给予责罚，这就是所谓"天谴"说。因此，当君主见到"五行变至，当救之以德，施之天下，则咎除"④。从总体上看，"天谴"说在当时条件下不无一定的意义。君主专制统治下的古代中国，天灾总是与人祸相伴而行，政治越黑暗，压榨越残酷，自然灾害带来的危害就越大，而且有些天灾就是由人祸引发的。同时，君主专制不允许反对政治的存在，人们常因批评君主招来杀身之祸。董仲舒利用天的权威批评君主，把君主视为天灾人祸的总根源，"王正则元气和顺，风雨时，景星见，黄龙下。王不正则上变天，贼气并见"⑤。这种理论虽然经不起推敲，但在当时不失为一种明智之论。然而，董仲舒试图在不损害君主绝对权威的前提下约束君权，提出的"四时之政"和"天谴"说并不具备法律效力，天的权威至多对君主形成某种观念上或道德上的威慑，并没有什么强制力。人类文明史早已证明，只有权力才能约束权力。因而，在政治实践中，"天谴"说和"四时之政"或许能对君主构成一定的心理或道德压力，却不能改变和抑制君主的独断专行。更多的情况是，君主一方面下诏罪己，以求得舆论压力的缓解，另一方面反而由于对过失做出了某种姿态而变得心安理得。⑥

君道关系也是宋明理学家较为重视的一个论题，诸如二程、朱熹、陆九渊等人都曾经在理论上论证过君主应该服从于天理。理学诸子虚构了一个凌驾于社会之上的、永恒的道统，从政治的角度看，是为"道高于君"

---

① [清] 苏舆撰、钟哲点校：《春秋繁露义证》，北京：中华书局，1992年版。
② [清] 苏舆撰、钟哲点校：《春秋繁露义证》，北京：中华书局，1992年版。
③ [汉] 班固：《汉书》，北京：中华书局，1962年版。
④ [清] 苏舆撰、钟哲点校：《春秋繁露义证》，北京：中华书局，1992年版。
⑤ [清] 苏舆撰、钟哲点校：《春秋繁露义证》，北京：中华书局，1992年版。
⑥ 刘泽华：《中国政治思想史（秦汉魏南北朝卷）》，杭州：浙江人民出版社，1996年版，第95页。

张本。陆九渊说:"道者,天下万世之公理而斯人之所共由者也,君有君道,臣有臣道,父有父道,子有子道,莫不有道。"①朱熹说:"古之圣人致诚心以顺天理,而天下自服,王者之道也。"②道统论对君主政治提出了极为严格的要求:我要做一个名副其实的王吗?那就必须做到不仅政治行为符合仁政德治的要求,而且政治理念也要完全符合天道伦理。然而,宋代理学家所说的天理在实际上是不存在的,他们没有任何切实可靠的措施促使君主遵守天理的约束,于是又回到先秦、两汉儒家所说的"修身、齐家、治国、平天下"那里,"天下之事,千变万化,其端无穷,而无一不本于人主之心者,此自然之理也,古人主之心正,则天下事无一不出于正。人主之心不正,则天下事无一得由于正"。③

传统儒家试图用天道、天理约束君主。但是,在儒家的政治哲学中,既然存在着君天一体、君道一体的前提,承认了君主的绝对权力,在事实上也就承认了君主专制制度的合理性。那么,希图用天或道来约束君主便是难以付诸实践的。

〔原载于《烟台师范学院学报》(哲学社会科学版),2002年第19卷第1期;合作者:任怀国〕

---

① [宋] 陆九渊:《陆九渊集:卷二一》,北京:中华书局,1980年版。
② [宋] 朱熹:《孟子或问》,清康熙吕氏宝诰堂刊本。
③ [宋] 朱熹:《晦庵集:一百卷》,上海:上海古籍出版社,1987年版。

儒家和谐思想的当下价值

本文拟分三个问题来讲：第一，建设和谐社会是时代的呼唤和民心所向；第二，儒家和谐思想范畴的历史演进；第三，儒家和谐思想的当下价值。另外，还会就大家普遍关心的某些热点问题谈些自己的看法。

一、建设和谐社会是时代的呼唤和民心所向

众所周知，十七大提出了建设和谐社会的任务，这一论断的提出并非空穴来风，而是整个时代发展呼唤的回应。中华民族有着五千年的辉煌历史，虽历经坎坷，但生生不息。我们曾经有汉唐盛世，有四大发明，一度领先于世界各民族。比如体现综合国力和科技水平的郑和船队的远洋航行就比麦哲伦早了一个多世纪。但是，1840年以来，随着资本主义列强的入侵，我国沦为半殖民地半封建社会，中华民族也几乎到了亡国亡种的地步。以孙中山先生为首的旧民主主义革命者虽结束了封建帝制，但依然没有改变军阀混战、民不聊生的状况。与此同时，中国共产党人则在马克思主义的指导下，领导中国人民进行了28年艰苦卓绝的斗争，最终推翻了三座大山，建立了中华人民共和国，才使中国人民真正站了起来。这主要是一个斗争的过程，但事物的发展不是只有对立，还有统一，而且统一是保持稳定的一个基本特征。这个稳定靠什么，笔者认为靠的不仅是除历代先进中国人的不懈努力，还有我们文化本身能够进行可持续发展的内在动力和中华文明自身独特的和谐潜质。这对维护和维持社会的和平与稳定、中华文明的延续发展都起着巨大的作用。

过去讲"半部《论语》治天下"，还讲"天不生仲尼，万古长如夜"，

好像有点夸张。但孔子确实是中华文化的一个符号、一个象征。试问：除了孔子，还有哪位中国人能赢得"世界十大历史文化名人之首"的桂冠？现在全世界已经建了200多所孔子学院，我们的目标是建500所。笔者曾到美国的两所孔子学院讲学，亲身体验了经济崛起后的中国所展现的文化魅力。现在，孔子学院主要从事对外汉语教学，但这还远远不够。我们的终极目标是通过主动提供和传播中华文化，加强中华文化与世界文化的相互了解、对接与融合，让中华文化能在世界舞台上有一定的话语权。所以对外派教师的思想文化培训十分重要，我们曾经申请过一个基地，名为"孔子文化体验基地"，目的就是对外派到世界各国的孔子学院的教师进行优秀传统文化和思想的教育培训。

可以肯定地说：五千年以来中华民族的精神、文化素质，或者叫文化品格，甚至生活习俗都跟孔子的思想有相当密切的关系。1988年1月，在巴黎召开的面向21世纪第一届诺贝尔奖获得者国际大会上，瑞典的诺贝尔物理学奖获得者汉内斯·阿尔文博士发表演讲说："人类要生存下去，就应该回到25个世纪以前去汲取孔子的智慧。"那么，向孔子汲取哪些智慧呢？笔者认为要汲取生存的智慧。

中华民族是一个热爱和平、自由的民族。已故著名哲学家张岱年先生在《20世纪儒学研究大系》的序中，把中华民族的基本精神归纳为四条，其中之一就是以和为贵。在近代中国，中华民族追求自由、和平、民主、独立的精神可歌可泣，然依然没有实现稳定；中华人民共和国建立后虽摆脱了亡国的危险，但也只是短暂的安宁，从1957年开始，"反右"、"大跃进"、三年自然灾害、"四清"到十年"文革"，何谈稳定与和谐！胡锦涛总书记在今年纪念改革开放30年的报告里提出了"三不"，其一就是"不折腾"。确乎其然，社会发展就怕瞎折腾。"文革"折腾到经济崩溃、文化衰落、人性扭曲、世风败坏，可以说是折腾得一贫如洗，不仅是物质上的折腾，而且是伦理道德上的折腾。现在经济发展了，"文化中国"的呼声越来越强。问题是，建设文化中国靠什么？就是把十七大提出的"建设中华民族共有精神家园"变成主线，而这条主线就是优秀的传统文化和现代文化的结合。

今天我们能够静下心来讲文化建设，是得益于改革开放30年来的经济实力。在社会发展的下一步目标中，文化建设最难，也最迫切。在市场经济相对发达的今天，功利色彩日浓，贫富分化的程度加大，社会分配不公，干群关系、上下级关系等矛盾激烈，弱势群体生活窘迫。而这种现实的不和谐，急切呼唤建设和谐社会，所以说这也是民心所向。不能为当下的文化建设提供价值资源的文化是没有生命力的。儒家的和谐思想有很多能为解决当下社会矛盾提供指导的思想资源，其中关于和睦、和谐、和平、和合、调和、和心等"和"的理论，都具有超时空的价值，是我们今天建设和谐社会的源头活水。时代呼唤和谐，民心呼唤和谐，所以我们要顺应时代民心，建设和谐社会。而理论工作者的任务就是为时代文化建设做出努力。我于2007年冬创作了一首208行的长诗——《孔子赞歌》，将在布赖恩特大学发表，然后以中、英、日、韩四种语言出版，现在节选一段献给大家：

啊，孔子！
二十多个世纪风雨的洗礼，
更显出您思想的博大精深。
您是我们的导师，
为我们筑牢道德长城的根基。
面对道德沦丧、人伦危机，
面对文化匮乏、精神缺失，
面对世风恶化、急功近利，
面对虚伪堕落、实用主义……
您大声疾呼：
坚定信仰，克制物欲，
自律以礼，行己有耻，
远小人，亲君子，
己所不欲，勿施于人，
己欲立而立人，
己欲达而达人。
您指点迷津，娓娓讲述人生的方式；
您驱除迷雾，全力呵护人类精神的家园。

您始终在我们身边，在我们中间。

地老天荒，

千年，万年，

无时无刻，

永远，永远……

孔子就是这样一个人，一个长者，一个智者，一个永远和我们在一起的文化巨人。

二、儒家和谐思想范畴的历史演进

首先来看"和"的含义。对此，很多学者做过论证，就好多不同的层面写过文章。实际上，上古仅有两个源头，一是五音调和，一是五味调和，都与生活有关。《说文解字》："和，相应也，从口禾声。"现在好多专家讲，禾字旁代表粮食，人人有饭吃；口字旁代表发言，人人能讲话，人人可以讲话。人人有粮食吃，人人都能讲话就是和谐。这有点儿牵强，都有饭吃的时候，不一定和谐，都可以讲话的时候也不一定和谐。"和"在甲骨文中类似管乐状，像箫，像笙，借喻乐器。五音调和也好，五味调和也好，讲究的是调和，本来是不和的，经过人为的协调才"和"，所以人类的主动协调起了关键的作用。总之，"和"就是平衡，就是度，从根本上源于人类生存的需要。

那么从人与人（即我与非我）的关系来看，人的社会性决定了人与人之间应该处理的一些影响我与非我、生命和生活的种种关系。孔子的思想里面不管"仁"是核心也好，"礼"是核心也好，或者"仁"和"礼"共同是核心，都涉及人类最难处理的人与人之间的关系。因为人与人之间总有不一致的一面需要协调，需要调和。只有经过调和与协调，人类才能更好地生存下去。第二个关系是人与自然的关系，远古人的生存环境非常恶劣，终日与狼虫虎豹共存。只有驯养或杀死了威胁人类生存的野兽，人类才能生存下去，这里又有一个如何和谐共存的问题。

孔子以前的《周易》与《尚书》保存了很多关于"和"的论说，记载孔子言语的《论语》就更多了——"和而不同""和为贵"等等。孔子去世后,"儒分为八","唯孟轲、荀卿守其所习"。荀子主要讲"礼",后代封建统治阶级也主要继承了这一面,试图从制度层面上调和社会矛盾,稳定社会秩序;而"在野"的知识分子,主要是太学生以及一些人们认可的清官,他们继承更多的是思孟学派的"仁者,人也"的思想,试图从思想文化层面上协调人与人间的关系,以缓和社会矛盾,保持社会安定,可谓异曲同工。所以一般人认为后代封建统治者全面继承了孔子的学说思想。其实不然,原始儒家和后来的儒家在思想上有相当大的差别。

到了魏晋时期,刘劭讲:"凡人之质量,中和最贵矣"。王弼也说:"物以和为常,故知和则得常矣。"隋唐大一统,气度非凡。现在,在国外,华人居住的地方都叫唐人街,这是因为在唐代中国文化达到了一个高峰,是明显的三教合一,这本身就是"和"。唐代最发达的年代当数开元之治,其中有个很典型的文化现象,就是皇帝把三教代表人物都召集来,在宫廷上展开辩论,三家可以互相辩论,乃至攻击,皇帝不下评判,完后大家一起用膳。这本身就是文化和谐共融的一个标志。至宋,在唐三教融合基础上形成了理学,讲求中和之论。

清代的康有为也讲"中和"论。后来由于中国遭到了资本主义列强的侵略,"和"就很少讲了,但是斗争的目的是"和"。所以今天中华民族复兴了,经济发展了,我们还要讲。如上所述,"和"来源于生活,源于生命存在的需要;历代文人对"和"都非常重视;第三就是按照对立统一规律,矛盾与统一都是事物的发展的互为运转的这个规律,当我们建立了自己的政权之后,我们希望稳定,希望和谐。所以说,和谐社会建设是中国历史和社会发展的必然要求,我们应当顺应这个潮流。

三、 儒家和谐思想的当下价值

(一)"仇必和而后解"的天下观

这里面的核心是"和而不同""天下大同"八个字,包括国家民族和文化这个宏观的视角。从太空来看,这颗蔚蓝色的星球,是迄今发现的唯一适合人类生存的地方,但这小小的地球非常不安宁,局部战争从来没有停息过，恐怖事件也是接连不断，"9·11"恐怖袭击和孟买大暴乱等事件皆是明证。由于长时间的强权思维和单边价值观，狭隘的国家、民族主义，狭隘的文化观等等造成的仇恨和对峙在不断伤害着人类的感情，威胁着和平。儒家历来主张友好往来、协和万邦，反对在国际关系中以自己的价值观称王称霸。在五千年的中华文明发展史中，我们虽然也存在很多宗教，但没有宗教之间的战争，也没有出现以宗教为名的危机，这就在相当程度上维护了祖国的统一。中华人民共和国建立后的外交路线也很好地体现了这一点，即使在反华势力对我国进行大包围的时代，周恩来总理提出的"和平共处五项原则"仍然是按照传统的和谐思想所定立的。以上这些都反映了儒家和谐共存思想的影响力。

儒家承认不同文化的差异，主张"和而不同"。著名的社会学家费孝通先生曾经说："各美其美，美人之美，美美与共，天下大同。"此言很妙，它在承认国家与民族不同利益和多元文化价值观的基础上，求大同，存小异，这就有助于维护世界的和平与人类的安宁，这是一种大智慧。记得杜维明先生讲过，要提倡五教对话，甚至多教对话。具体到中国来说，我认为应该有这几个原则：自省，即先认清自己文化的优势和不足，这是出发点；自立自强，这是基础；互相尊重，首先要尊重人家的文化，"美人之美，美美与共"，这是桥梁；文明的对话，这是手段；和平共处则是我们要达到的最终目的。通过征求专家意见及借用网络手段广泛征求大众的看法，我们选出五句话献给北京奥运会。第一句是"有朋自远方来，不亦乐乎"，即言我们要办出一场心态平和的、合作的、文明的、和谐的奥运会。第二句是"四海之内皆兄弟"，我们是尽兄弟之谊来办这次奥运会，虽在北京办，但它是我们中华民族共同的事情。第三句是"礼之用，和为贵"。把"和为贵"的原则体现在我们所有的活动之中，既为执教国家队并取胜的外籍教练而欢呼，也为执教他国并击败中国队的中国教练而欢呼。这就是一种平和的心态。"德不孤，必有邻"是第四句。最后一句是"己所不欲，勿施于人"，我们一般的理解是：你自己不愿意干的事，也不要施于别人身上。其实还有更深的价值层面：你希望别人不怎么对待你，你就不要怎么对待别人。这些提法都体现了我们承认差别，进而求同存异、相互借鉴、取长补短的理性认知。宋儒讲的"理一分殊"，用来指导文化价值的建设，很有现实意义。现实生活当中，不同民族、不同文化、不同国家之间确实存在着差异，甚至说存在着仇恨，这就需要想办法去和解。世界上没有不可止息的仇恨。苏美冷战对峙了几十年，最终还是和解了；东西德国的柏林墙，在经过激烈的对抗之后还是轰然倒塌了；中越发生过边境战争，后来修和了。以上事例都体现了"仇必和而后解"的天下观。

时代的特征是和平与发展，不同国家、民族、文化间的仇恨与冲突应该是越来越淡，和谐、合作、和平的呼声会越来越强烈。儒家讲"修齐治平"的"平"，过去理解为"平天下"，今天我们应理解为希望通过每个个体努力，去达到天下和平。中华民族愿意为实现这样的目标，做出自己的贡献。

(二)"天人合一"的自然观

"天人合一"即人与自然之和。跟茫茫的大自然相比，人类是多么的渺小。从生物的角度来说，人类只是无限生物链上的一环，和其他动物甚至植物之间都有着天然的联系。但是人一生下来，眼睛就往外看。为了生存，人类对自然产生了一种征服欲，残酷地对待自然。现今的黄土高原千沟万壑，而春秋战国时期却是水草丰美。到了秦汉时期，由于大兴土木，当地的树木几乎都被砍尽了。当时已有官员提出要禁止砍伐，但却没有起到实质性的效果。还有就是五胡南下对中原农林的破坏。中华人民共和国建立后，为了摆脱贫穷，我们走上了一条不惜以牺牲环境、破坏自然为代价的发展道路。那时的人怀着"人定胜天""与天斗与人斗其乐无穷"的无畏精神，片面地相信"人有多大胆，地有多高产"，大肆砍伐森林、破坏环境。后来又到处修大寨田，围海造田。这几年拼命追求GDP，污染非常严重，所以大自然的疯狂报复也随之而来。现在，北京市离最近的沙源只有几十公里，首都大有被吞没的危险。如果以牺牲人类的健康和生存为代价，发展又有何用！

我们呼吁：牺牲人类生存质量的非科学的发展必须坚决停下来，发展的速度宁肯慢一些，也要保障生存质量。儒家对自然的态度可以用"顺""道""和"三个字来概括。孔子说："天何言哉？四时行焉，百物生焉，天何言哉？"(《论语·阳货》)这里的"天"，肯定是自然意义的天。而且儒、道两家从来是互补的，道家讲"人法地，地法天，天法道，道法自然"，这个"天"是标准的天，这样一种精神也被后人融入儒家思想里面去了。至于儒家讲的，不要不按时砍伐树木，不要捕怀孕的母鸟，不要杀怀孕的母猪，万物就会兴盛，这里面都体现了可持续发展的理念，只是当时没有这个词罢了。到了宋儒讲"万物并育而不害""民胞物与"，都体现了希望人类与自然共生共存的原则。只有顺其自然，尊重自然，才能实现和谐；不要硬去违背规律改变自然，不能片面地强调发展，不能挖子孙根、断子孙饭，否则中华民族会在竞争中陷于被动。所以说非科学的发展就等于中华民族的"集体自杀"，人只能在顺应自然的基础上利用自然规律，而不能去强调改变自然规律，所以"人定胜天"的提法具有很大的非科学性。如果你想改变自然规律，就会遭到大自然的疯狂报复。2003年的"非典"及今年的三聚氰胺事件就是典型事例。

（三）"仁者爱人"的人际观

人是群体动物，处理好人与人之间的关系非常重要，在整个社会关系当中也是最重要的。笔者正在主编一套丛书，涵盖中华民族伦理道德的66个范畴，涉及人际关系的就有24个，比例超过1/3，可归纳为人与人、人与社会的关系。人与人，就是人的社会关系，核心在仁。仁，是果仁，是孕育生命的核心部分。所以人际交往应该从心开始。在仁、义、礼、智、信这一组关系中，仁最重要。人，即一撇一捺，怎么解释？《中华格言名录》里面收录了笔者的两句话，一句就是"人，男人是一撇，女人是一捺，人生和事业就需要这一撇一捺相互支撑"。我讲"仁在人心中"，是说没有仁，我们就没有正直的心，没有中庸之道，没有宽恕之德；没有仁，我们就没有"恭、宽、信、敏、惠"的人生境界。

按照做人的最高标准，所有儒家的思想，无一不是从有一颗和谐之心出发设计的。"仁者爱人"，首先要有一颗爱心，讲与人为善，讲宽容，讲团结。"愿望"的"愿"下面就是一个"心"，原心是最早的心，心的起点就是要有爱心，善于互谅。《周易》讲："二人同心，其利断金。"我们讲"万众一心""坚不可摧"，道理是相同的。

只有心和，才有行为的和。孟子讲，世间最宝贵的是人和。有了矛盾首先要反省自己,"吾日三省吾身"应当成为知识分子起码的品德。做一个正直优秀的知识分子,就要"见贤思齐,见不贤而内自省",而不是妒贤嫉能。一旦有了矛盾还要学会排解。排解的有效途径是学会退让。六尺巷的故事家喻户晓,是解决邻里纠纷的典范。用生活中发生在身边的小故事,对伦理心态进行哲学思考,可以增益我们的人生智慧,也是儒学普及应用的有效途径之一。另外,有了矛盾还要学会换位思考。"假如我是你"这五个字要牢记心间,经常扪心自问,这样矛盾自然会消融。一位学者说得好:生活中要学会把别人当成自己,把自己当成别人。前者是说要学会换位思考;后者是要让世界充满爱。因为在今天这个世界上,你中有我,我中有你,依据一定的条件又会你转化为我,我转化为你。古老的太极图早就揭示了这一秘密,这是我们中华民族的聪明智慧。

  对他人的尊重首先体现在对他人生命的尊重。"5·12"汶川大地震的时候解放军救人的场面始终在感动着我们。温总理嘶哑的声音回荡在苍穹之中:"第一是救人,第二是救人,第三还是救人,无论多大的损失我们都要去救!"这真正体现了以人为本的精神,因为尊重他人的生命重于一切。领导干部的人品一定要正。孔子讲:"政者,正也。子帅以正,孰敢不正?"(《论语·颜渊》)"其身正,不令而行;其身不正,虽令不从。"(《论语·子路》)当领导最忌讳双面人格。老百姓有一个顺口溜,讥讽那些双面人格的领导:"腐败就在前三排,根子就在主席台,做报告的那个人更厉害。"领导一定要懂得先做人,后当官。做人要先正心,而行正来自心正。有了好的念头和心态,事情才有一个好的开始,即使不一定都有一个好的结果,但也比一开始就生出恶心要好得多。另一方面,良心、良知是可以被唤起、被感染的。比如一个人开始没有这种意识也没有去做某种善心善行,但在大家的带动、鼓励下,抛弃犹豫,坚定地去实践善心善行了。募集捐款献出爱心,就是典型的例子。总是少数人先热血沸腾,带头捐献,然后大家受其感染,纷纷献出自己的爱心。

  我们弘扬儒学,传承优秀的传统文化,要从人自身做起。如果我们说一套,做一套,那传播儒学、修身立命都只能是一句空话。任何人都有自己的缺陷,老子曾经讲要"和其光,同其尘",就是做人一定不要张狂,一定要很随和,很低调,以柔克刚,尽量和他人保持良好的社交关系。

（四）"齐家之和"的家庭观

家庭是社会的细胞。家庭和谐安定是整个社会和谐安定的基础。孔子要求君子"修齐治平"，齐的目标就是齐家之和。北京的四合院是齐家之和的典型体现。家庭和谐包括两个方面的关系，一个是纵，一个是横。纵就是父母儿女两代之间，甚至祖孙三代之间的关系；横是指夫妻之间及兄弟姐妹之间的关系。

我们提倡的是父（母）慈子（女）孝，这是互动的。有的人讲天下没有不是的父母，只有狠心的儿女。没有狠心的父母，也未必，但不孝儿女是占主要的。据统计，我国现在有2300万空巢老人。他们的生活水平甚至不如儿女或者是儿媳家里养的一只狗。该怎样孝敬父母，是不是给点吃的就行了？郑板桥在潍县当知县，威信很高。临走的时候，士绅们送行，送到河边不能再送了，他们问郑板桥还有什么嘱咐的，郑实在无话可说。结果士绅们都跪下说："郑大人一定要最后嘱咐一句。"郑板桥说："你们回家把自己的父母当儿女养就行了。"当时士绅们听了不以为然，甚至有愤怒的，认为这是骂人的话。但等回到家看到自己儿女的时候才恍然大悟。世上儿女孝养父母的水平，恐怕连父母对儿女疼爱水平的10%也达不到，这是一个普遍而严重的社会问题。第二个方面，天下最难处理的关系是婆媳关系。有人把婆媳关系描述为"两个女人之间的战争"。反过来看翁婿关系，丈母娘和女婿的关系，一般很融洽，不存在势同水火的问题。母女也是两个女人，但关系非常融洽。可见问题的关键在于婆婆没有把儿媳当成亲女儿，儿媳也没有把婆婆当成亲母亲。说到底，这是人性修养、伦理心态在起作用。此外，在对独生子女进行教育的时候，父母的溺爱、纵容、失职也造成了很多矛盾，由此而引发的家庭失和的事例比比皆是。

在横着的关系中，最难处理的是夫妻关系。有哲人说，幸福的家庭都是相同的，不幸的家庭各有各的不幸，造成不幸的根源就在于心态的非伦理性，在于各种各样的利益、意气之争。而背叛首先是心的背叛。在家庭中要处理好夫妻关系，确属不易。家庭矛盾充斥在日常生活中，所谓"清官难断家务事"。处理家庭小事，最明显的一个原则就是忍。有个故事讲唐高宗常受武则天的气。他到河北一个地方视察，看到一张姓老人四代同堂，其乐融融，很是羡慕，就问老人：你家里四代同堂，难道没有矛盾，没有冲突啊？老人一句话也不说，用手指蘸些茶水在桌上连写了一串"忍、忍、忍"。可见处理家庭矛盾与纠纷的诀窍就是忍让，不忍让怎么和谐。横向的家庭矛盾之二，发生在兄弟姐妹之间。为了一点私利而大打出手，你死我活，甚至老死不相往来。人们习惯了用市场经济、商场战争的价值观念去对待亲情，使亲情沾满了铜臭味。亲情可以断绝，良心可以出卖，手足可以戮杀，如此骇人听闻的事例不胜枚举。孔子讲：兄弟姐妹之间应该"悌"，并把其与"孝"并提。"悌"的偏旁也是一个"心"字。用兄弟之心去处理兄弟姐妹之间的矛盾时，亲情才可以唤回；以钱作为判断亲疏的第一标准时，"亲"就死了。

整个社会是由一个个家庭构成的，只有搞好家庭的和谐，齐家之和，才可以达到社会的和谐。

（五）"人心之和"（和心）的人生价值观

爱心可称之为和的核心。爱心是起点，正心是君子与小人区别的界限，善心是高贵品质的源泉，平和之心是为人处世的基础，责任之心是维护好社会秩序的保证。

第一，人必须有爱心。像爱自己一样爱他人。这里讲个历史故事，唐代长安是一个国际化的大城市，好多外国使者来到此处就不想离开。好多大臣提意见，想撵他们走，因为他们是胡人，肯定有二心。但有学者就上书说，胡人虽然穿戴打扮、语言风俗与汉人还有区别，但他们已经有"华心"了。在这里明显看出：在长期民族混居的前提下，融入的胡人已经具有了爱心——爱大唐王朝；大唐王朝的人也对胡人具有了爱心。爱心的同一点是爱中华，所以说有"华心"。人心之和，是人生价值观的最高水平，简称和心。人要有爱心，要有正心，要有善心，要有真心，要有良心，关键是要有和心。爱心包括爱人与自爱。孟子讲的恻隐之心，就是同情心，就是爱心的起点，体现出对他人生命的关爱。在男女授受不亲的古代，嫂子掉进水中，眼看快要淹死时，孟子还主张"权变"，立即"援之以手"。但现代社会的人心却已经冷漠习惯了，许多人连起码的爱心、同情心都没有，见死不救、作壁上观的事情常有发生。"人异于禽兽者几希"，差别就在于道德心。要爱人，首先要自爱，这是做人的起点。

第二，就是人心要正，正心见人品。要清清白白做事，堂堂正正做人。"心正而后身修，身修而后家齐，家齐而后国治，国治而后天下平。"人都是有私心，有利益之心的。要正确地对待名利，不能只盯住个人名利，急功近利，争名夺利，甚至为了达到个人的私利，无所不用其极，不惜打击陷害他人！名利之前，人品自见。日常生活中人们的诈伪心态随处可见，如为防车辆超速，公路上设有电子眼，许多司机或想方设法把自己的车牌遮挡起来，或篡改车牌号，嫁祸于人。这些都冲击着公民伦理道德的底线。宋代大哲学家张载说："为天地立心，为生民立命，为往圣继绝学，为万世开太平。"其定位很高，不是一般人能做到的，但"穷则独善其身，达则兼济天下"应该是可以做到的。

第三，人要有善良之心。人最容易犯的毛病，也是骨子里的潜意识——"恨人有，笑人无"，或者叫"妒贤能，嘲无能"。本来世上之人，各有优劣，可谓"寸有所长，尺有所短"，正确的做法应当是"见贤思齐，见不贤而内省"。但现在相当多的人却是看见身边谁比自己好了，本能地产生一种妒忌心，不看人家的优点，尽说人家的坏话。编排夸大、捕风捉影、造谣污蔑，往往有之。在真、善、美三者当中，我认为最重要的是善。一，真需要一定的条件，需要时间和空间的限制。二，美是相对的，世上从来没有绝对的美。只有善，不管大善、中善、小善，只要行善就比不行善要好。刘备有名言："勿以恶小而为之，勿以善小而不为。"真和假是相对的，真心的谎言却往往是善意真诚的。有时候在特殊的情况下说谎，并不是坏事。以善作为人生价值的判断标准，中外古今皆然，而善心正是行善的起点。

第四，人要有中庸平和之心，不要偏激，不要整天琢磨与人斗。"极高明而道中庸"，中庸就是中用，找准处理事务的最佳平衡点，不偏不倚正好。过去讲中庸之道是和稀泥，那纯粹是不理解其本意。退一万步说，有了矛盾能够把这个稀泥和好那也是天大的本事。孔子讲，"躬自厚而薄责于人，则远怨矣"。宽恕他人的不足与过失，才是修养的最高境界。我们应该彻底铲除长期形成的根深蒂固的二元对立的思维模式，因为害人如害己。

在现实生活中，我们还发现了一种非常可怕的灰色心态，它广泛地存在于国民当中。其主要表现是：看到别人损公肥私、违法乱纪、贪污腐败，一些人心想与己无关，便束之高阁；另一些人则羡慕上述行为者，认为人家有本事，活得潇洒、成功，一旦有合适的机会，自己也仿效去捞一把。后一种心态不仅是相当一部分当权者具有，而且几乎所有"有用处的人以及有用处的岗位占有者"都具有。这种灰色心态是造成社会腐败的群体心理基础，是典型的小人品格造成的。

要求每一个人都成为君子，肯定是不现实的。但不断提高国民的君子修养，不断提高社会的君子化水平，是应该也可以达到的。如何保持人的伦理心态，我这里有三句话：第一句是心欲善斯善矣；第二句是心欲仁斯仁矣；第三句话是心欲和斯和矣。孔夫子也提倡君子行身做事之前要做到"九思"，他极为重视每做一件事前的心态。事先的心态道德了，事情才会做得道德；如果用心不良，结果只能是害人害己。

附带说一下，由于受当时科学知识的限制，我们的祖先尚不知人的大脑是思考的器官，而认为心是思考的器官。所以有关"心"的诸多造字都生动地反映了人的思想、情绪和心态的变化。

第五，人一定要有真心。言为心声，但不知何时起，这个社会兴起了一种不讲真话的歪风。对瞎忽悠的"能人"开始崇拜，对真心实意的老实人却加以鄙视。说心里话，被认为是傻瓜；而说废话、假大空的话被认为是有能耐。"谨慎"的"慎"，竖心旁，加一个"真"字，十分形象。真心待人，真心待物，我们这个社会才有希望。

我们每人每天都会遇到心灵的挑战，你在想什么、做什么，你的心都会先动，所谓"身未动，心先动"，"身未动，心已远"。心怎样动不要紧，人们必须先承认心在动的事实。你的心缘何而动，这是第一个问题；第二个问题，你的心动向何方；第三个问题，心动后结果如何。心反正不能盲动，想好了再动。一旦盲目动了，你就必须承担责任。所以不要让魔鬼闯入心中，否则心魔就会出现。它会消灭我们所有的爱，所有的正直、平和、善良，磨灭我们的人性。在心魔还没有发酵时，教化起作用了，就可以避免做恶事。说公道自在人心，是讲自律；说公道自有人心，是讲他律。自律、他律相结合，才能修养成为一个好人。

第六，人一定要有责任心。儒家强调一个人要知礼，强调"修齐治平"。修身是加强个人修养,提高个人素质,保证自己人生辱不加身;齐家是对父母、配偶、儿女、亲属负责,不给他们带来祸殃;治国平天下是对社会负责,对社会有所贡献,保证人类社会正常的生活和生存秩序。在中华传统文化中,道家与佛家由于对社会没有强烈的责任意识而没能长时期成为统治思想。与此相反,儒家思想有着积极的入世情怀,然而如今这种责任意识已逐渐丧失。火车相撞及矿井瓦斯爆炸等事件造成宝贵的生命白白断送,超标的食品添加剂给人民的生命带来巨大的危害,等等。这些事件不是不得已而为之,而是明知故犯。本应为人们生命和生活保驾护航的各级监管部门长期渎职放纵,得过且过,还心安理得。问责机制又十分淡薄,只要不出塌天大祸,一般不会追究责任。这次殃及全球的次贷危机,从表面上来看是一场经济危机,但从深处来看更是一场信用危机、一场责任伦理危机。就次贷危机发生的原因来分析,美联储货币政策的任意松紧、对经济发展和投资环境认识的盲目乐观以及金融机构的违规操作造成规范缺失、风险剧增、监管不力,都反映了这一点。

四、余论

余论一:弘扬中华民族优秀文化一定要有平和的心态、冷静的思考、博大的胸怀和广阔的视野。

中华民族优秀传统文化是一个宽广宏大的系统,不能简单地等同于儒学。它是以儒学为主体,以儒、释、道互融为主要内容,包括中华文学艺术、绘画、武术、风俗、习惯和其他中国化了的外来宗教,认识上决不能褊狭。儒学有精华也有糟粕,传统文化是财富也是包袱。我们只能弘扬其中的优秀部分,使其为社会主义精神文明建设服务,决不能不分良莠,简单地全部继承。

现在,我们简单地讲"弘扬国学"也并不科学。一方面因为对何谓"国学"及其时间断限,学界尚未有统一看法;另一方面,我们的文化不仅包括国学。胡锦涛总书记在十七大报告中说,中华文化是中华民族生生不息、团结奋进的不竭动力。中华文化包括1919年以前以经史子集为代表的传统文化,还包括1919年以后中国共产党人领导中国人民建立和建设新中国而创造的文化，还包括我们改革开放 30 年以来的第三次革命文化。关于儒学，笔者认为，社会主义文化建设没有儒学是万万不行的，但是仅有儒学也是不行的，因为儒学不是我们的指导思想。

一个民族绝不能搞文化霸权。我们反对西方的文化霸权和文化殖民主义，我们自己也不搞那一套，而是要树立一个讲信修睦、海纳百川的大国形象。可以说，中华民族从来都是一个愿意学习外来先进文化的民族。在一定意义上说，正是由于近现代以来不断向外来先进文化学习，我们才走上了民族复兴之路。因之，我们一定要学会用全球化的视野，心态平和地去看待外来文化，学人之长，补己之短，反对把一国的价值观强加给别国。实现和平崛起，就要树立"文化中国"和"文明中国"的良好形象。

在民族文化走向复兴的时代里，一定要大力汲取外国的先进文化，汲取国外先进的管理经验，"美人之美"，而不能眼光狭窄，坐井观天，只津津乐道于自己的东西。比如对待外国宗教，过去我们习惯于一笔抹杀，但实际上它的社会作用巨大，忽视不得。否则许多社会问题将无法解释。

谈到儒学，我认为不能无限夸大其社会功能，而是应将其定位在"学"上。孔子就是一个好学的典范，因为好学，才有智慧；因为有足够的智慧，才可以启迪、滋润、指导人生。儒学也能够在"学"和"教"的领域内发挥重大作用，学然后兴教化，教化兴则国人的基本素质日益提升。至于"儒教""政治儒学""儒学社会主义"之类提法，不仅不严肃，而且非科学。因为世界上任何一种文化都不是十全十美的，都具有时代性、局限性，比如：儒家的爱是等差之爱；儒家思想内部缺乏创新机制，缺乏有效惩治腐败的民主监督机制、法治精神等。所以，既不能用儒学的东西去狭隘地理解或者对接现实，也不能用现代理念去苛求儒学。对儒学，不去人为地拔高，也不去蓄意地贬低，而应实事求是，以平和的心态加以科学对待。

余论二：怎样看待于丹"论语热"。

首先，于丹以通俗的语言阐述自己对《论语》的感悟，受到了广泛的关注。她在中华优秀传统文化的普及方面所起的作用，功不可没。大家对于丹的指责主要是三条：一是商业化作秀、赚钱；二是缺乏文化修养，经常出错，浅薄得很；三就是"于大胆"，什么都敢讲，讲旅游，讲博物馆，讲茶道、讲风俗等等，涉及领域非常广。这些评价有没有一定的道理？有。

有没有过分的地方？也有。

　　于丹的贡献不容抹杀，她在海外的影响也很大。杜维明先生就当面肯定过，华盛顿的好多华人也都知道于丹的大名。于丹并非没缺失，她的缺失在于讲《论语》不够完整，只讲了一半！她只讲了心灵鸡汤，讲到生活中遇到困惑、困难的时候，回头反省自己，通过反思寻求心灵安宁，以达到和谐。这说法只对了一半，还有另外更重要的一半，就是和谐社会的核心价值必须是公平、正义。个人幸福靠个人去感觉可以，但公共幸福即和谐社会建设的要义首先应该是这四个大字：公平正义！如果没有社会普遍的公平、公正、正义，再多的心灵鸡汤也是没有用的。所以于丹的缺失在于少了儒学价值重要的另一部分，缺少了对儒家正义思想的解读，因此于丹的"论语热"只能是不完整的《论语》感悟。

　　有感于此，笔者正在着手组织撰写一部《儒家正义论》。"正义"这个词，其合称虽然首见于希腊哲学，但"正"和"义"这两个伦理范畴早已经分见于我国古代浩瀚的史册中。当年的孔子为救各国时弊，风尘仆仆，"知其不可而为之"——"志于道""杀身成仁""朝闻道，夕死可矣"，那是掷地有声的诤言！天下无道时，孔子为木铎，警世救人；天下有道时，孔子重教化，播善风良俗。后世一大批正直的知识分子以孔子为榜样，追求正义，追求真理，坚信道尊于势，敢于以道抗势，高扬"诛一夫"的革命反抗精神，揭露和反抗暴君的黑暗统治。"人能弘道，非道弘人"，他们保家卫国，抗击外侮，维护统一，反对侵略，正直清明，冒死上谏，打击贪贿，伸张正义，移风易俗，扶弱济贫，成为中华民族的脊梁，永远受到人民的爱戴和传颂，他们的伟大光辉永远闪烁在中华历史的浩浩长卷中！

　　历代都有先进的中国人，中国共产党人就是这样一批人。历代先进中国人的批判精神、革命精神、反抗精神、斗争精神、大义气节、革故鼎新的能力都离不开儒家正义理念的哺育和熏陶。在和平环境中，更要注意发挥儒家人格中正义、清正的因子，坚持原则，坚持正义，坚持做君子，不做小人，从自身做起，率身垂范，端正社会风气。因此，儒家的正义思想与和谐思想都是社会主义精神文明建设的源头活水，缺一不可。

　　余论三：儒学的普及应用必须坚持双轨运行的原则。

　　一是专家的学术研究，这是引领方向、保持高度的需要，是必不可少的，但只能是少数人的事业。二是亿万人的大众普及应用，这比前者更为重要。实际上，数千年儒学在中华文化中的传承在相当大的程度是在民间，在老百姓中口口相传，行为相袭，时代不泯。在这里，文化的群众性、草根性起了决定性的作用。文化的培根固本固然重要，但应用更为重要。一种理论再好，只是束之高阁，而不去应用，也没有用处，更不能只号召别人去做而自己置之度外。古人云：道不远人。我再加上一句：行必由心。《孟子·离娄》说："天下之本在国，国之本在家，家之本在身。"我也再给加上一句：身之本在心。在生活中，我们持一种什么心态，决定一切。所以我们必须从自身做起，多做养德小事、养德善事。儒学研究者、爱好者更不能口是心非、两张皮式地生存，要争取成为儒学实践的带头人，要以儒学的精神去践行儒学，做君子不做小人。当然，要提高国民的素质水平，仅有教育是不够的，必须同时完善制度约束机制，给道德以刚性，因为环境育人。

当儒学真正走出图书馆、书斋、研究院、博物馆和教室等象牙塔，走进亿万人民鲜活的生活当中，国民的素质就会明显提高，文化复兴的步子就会如虎添翼。诚然，让每一个人都成为君子是不可能的，但通过道德文化的教育和改造功能，逐步提高国民的素质，逐步提升国人的君子化水平，则是可以做到的。季羡林先生反复告诫我们：爱国、孝亲、尊师、重友。言简意赅，说来容易，真正做到却十分不易。如果社会上做好事、做善事的人越来越多，做坏事、做恶事的人越来越少，君子越来越多，小人越来越少，我们的社会将是多么美好啊！

两千年前的孔子给我们树立了做人的光辉榜样。榜样的力量是无穷的，让孔子走近我们的身边，走进我们的心田。和谐社会需要众人构建，让我们都拥有一颗伦理道德之心，从"独善其身"开始，从身边力所能及的点滴小事做起，日积月累，积善积德，向"兼善天下"迈进，做一个有益于社会的人。

让我们共勉！

（原载于贾磊磊、孔祥林：《第二届世界儒学大会学术论文集》，北京：文化艺术出版社，2010年版）

儒家诚信伦理及其时代重构

一、儒家诚信伦理的蕴意

儒家诚信伦理蕴意丰富，以"诚"为人性修养和至善的理想追求，将"诚"提升至道的高度。

（一）"诚"是天人合一的境界

"诚者，天之道也；诚之者，人之道也。"（《中庸》）"诚"既是宇宙自然的规律，又是人的德性，人通过遵循宇宙自然之规律，敬畏自然，追求人性中的善，达到"诚"的境界，从而实现与天的合一。

"诚者物之终始，不诚无物"，这就阐述了作为"天之道"的"诚"的蕴意，说明了宇宙自然运动的规律和动因。同时，它也展示了一幅宇宙万物以一种自然和谐的方式存在着的图景："万物并育而不相害，道并行而不相悖。"（《中庸》）

（二）"诚"是"信"的内核，"信"是"诚"的外化，"诚""信"合一

对儒家而言，诚信既是一种德性，又是一种道德实践。儒家诚信伦理发展遵循的路径是由信至诚再到诚信，其内部结构是复杂多维的。"信"作为日常生活规范上升为作为"道"的德性（诚），"诚"是"信"的内核，"信"是"诚"的外化，诚信合一。

《说文解字》这样解释："诚，信也，从言成声"，"信，诚也，从人言"。在早期，"诚"与"信"在儒家这里多单独使用，但都具有了诚信的

含义。《论语》中多讲"信",极少言"诚"。孔子言及"信""忠""恕""忠信"时,离不开与"仁"的关系,所以,孔子的"信"蕴含着"诚",言"信"也就是言诚信。《孟子》既言"诚"也言"信",把"诚"与"信"结合到一起,开始"诚""信"并用,"彼以爱兄之道来,故诚信而喜之"。孟子把"信"作为调节"五伦"的准则,提出"诚,天之道","思诚,人之道",把"诚"上升为天道、人道的本体论高度,使儒家诚信思想更加系统化和理论化。这一思想在《中庸》中得到了集成和总结。到了汉代,董仲舒首次把"信"列为"五常"之一。从此,"信"成为中国传统道德的基本行为规范,诚信也成为中华民族的传统美德。

儒家讲诚信是充满智慧的,他们特别注重"诚""信"合一,只有符合"诚"的"信"才是人们需要遵行的:若是"信"不符合"诚",不讲原则,这种承诺就背离了天道和人道,则不必践履。《论语》中说的"信近于义,言可复也"就是这个道理。《荀子》认为,重信应避免盲目性,"信信,信也;疑疑,亦信也"。相信可信的,是"信";怀疑可疑的,也是"信"。

(三)诚信是做人、人际交往、立业、为政的根本

儒家的诚信伦理观在实践中的价值主要表现在,诚信成为做人、人际交往、立业、为政的根本。

1. 诚信是做人之本

人以诚信为本,做人做事,应诚实守信,不欺人,也不自欺。孔子把"信"与人的关系比作车与輗、軏的关系,车无輗、軏,根本无法前行,人无诚信,则无以立身于世。孟子则指出做到诚信是人生最大的快乐,"反身而诚,乐莫大焉"。甚至有人指出,不守诚信,则与禽兽无异,如:"人而不忠信,何以异于禽兽者乎"(《陆九渊集》)。

2. 诚信是人际交往之本

诚信是人际交往的基础和原则,也是协调人际关系和健全社会秩序不可或缺的伦理道德要素。人际交往,甚至国际交往,恪守诚信才行得通。"与朋友交,言而有信。"(《论语·学南》)"言忠信,行笃敬,虽蛮貊之邦,行矣。言不忠信,行不笃敬,虽州里,行乎哉?"(《论语·卫灵公》)讲究诚信也需注意交友之道,多结交益友。孔子曰:"益者三友,损者三

友，友直，友谅，友多闻，益矣。友便辟，友善柔，友便佞，损矣。"（《论语·季氏》）儒家人际交往特别注意尊重他人："己所不欲，勿施于人"（《论语·卫灵公》），"己欲立而立人，己欲达而达人"（《论语·雍也》）。

3. 诚信是立业之本

守住诚信是成就事业的根本。"君子义以为质，礼以行之，孙以出之，信以成之。君子哉！"（《论语·卫灵公》）孔子将事业成功归结为"信以成之"。守住诚信，"则天下无不可为之事矣"（《曾文正公全集·日记类钞》）。反之，诸事难成，"修学不以诚，则学杂；为事不以诚，则事败；自谋不以诚，则是欺其心而自弄其忠；与人不以诚，则是丧其德而增人之怨"（《河南程氏遗书》）。

4. 诚信是为政之本

儒家认为诚信是为政的根本保证，是治理国家的法宝。《左传》云："信，国之宝也，民之所庇也。"子贡问孔子如何为政，孔子回答：粮食充足，军备充分，人民信任。子贡继续问，如果迫不得已，应舍弃什么呢？孔子说，可以舍弃军备，舍弃粮食，但是即使是死，也不能失信于民。孔子在回答子贡问政的对话中，明确表达了"取信于民"才是治国之本的思想。执政者须"敬事而信"（《论语·学而》），慎重、敬畏地处理政事并恪守信用，获得民众信任。"上好信，则民莫敢不用情。"（《论语·子路》）

二、 儒家诚信伦理的特征

（一）儒家诚信伦理的双重属性

李泽厚先生多次提到宗教性道德和社会性道德的概念，他指出，社会性道德是一种公德，是一种公共理性，以"理性的、有条件的、相互报偿的个人权利"为基础；而宗教性道德则是一种私德，"经常以情感的、无条件的、非互相报偿的责任义务为特征"[1]。

儒家崇尚"民无信不立"的政治诚信、以诚信安身立命的做人诚信以

---

[1] 李泽厚：《历史本体论·己卯五说》，北京：生活·读书·新知三联书店，2006年版，第74页。

及以诚信为本的人际诚信和立业诚信,均体现了诚信伦理的公共理性(社会性),使诚信成为具有普遍意义的道德要求。不容忽视的是,儒家诚信产生于小农经济和血缘家族、等级特权以及以"五伦"为最基本伦理关系的社会中,致使其难免带有浓重的情感色彩和非理性成分(宗教性)。儒家诚信伦理宗教性的一面与社会性的一面纠缠、渗透,并在一定程度上能够对诚信伦理的社会性方面起到范导和适当构建的作用。因为,作为公德的社会性道德"不能解决好些人追求生活价值、人生意义、心灵拯救、精神安慰等等安身立命或终极关怀的问题。宗教性道德虽然不是公共理性,甚至是反理性,却可以使人得到这方面的满足……信仰总是有情感的,这种情感和信仰确乎有助于润滑和改善由现代自由主义的'公共理性'所带来的社会生活的利己与冷漠"①。

(二)"诚者自成"的诚信伦理观念

"诚者自成。"(《中庸》)诚者不但"成己",而且"成物",承载万物、覆盖万物。"诚者自成"既是一种人性修养的境界,也是一个动态的过程,"至诚不息"。诚信是一种"道"和"理",只有做到它,人才心安理得、良心安顿。诚信近乎一种信仰,内隐于心。

"诚者自成"的儒家诚信伦理观强调道义、人格、情感、义务,并不讲求利益、权利、理性、契约,并乐此不疲,乐在其中,大有"朝闻道,夕死可矣"的坚定信念和气节。诚信的维系靠的是情感和信念,没有比这种力量更强大、更具有渗透力的了。其他外在规约在诚信面前显得无比渺小和乏力。

(三)系于情感的诚信伦理实践

儒家诚信伦理实践是以情感为纽带来实现的,其发生的基础是当时相对稳定的、自给自足的小农经济和以宗法等级制为特征的人情社会,这种社会也可称作熟人社会,人际活动主要发生在有血缘和地缘关系的人们之间,诚信也主要见于亲人、熟人、朋友、邻里等的交往活动中。基于这种

---

① 李泽厚:《论语今读》,北京:生活·读书·新知三联书店,2004年版,第557页。

状况，诚信实践就比较容易靠已经建立起来的人际情感关系来维系，人们的一切活动也便于直接接受风俗、习惯和舆论的监督，诚实守信也成为人们共同认同的道德规范和心理趋同。所以，基于权利和义务关系的契约在当时也就缺乏社会和心理基础。孙中山先生曾经说："中国古时对于邻国和对于朋友，都是讲信的。依我看来，就信字一方面的道德，中国人实在比外国人好得多……中国人交易，没有什么契约，只是彼此口头说句话，便有很大的信用。所以外国在中国内地做生意很久的人，常常赞美中国人，说中国人讲了一句话比外国人订了合同的，还要守信用得多。"①

三、儒家诚信伦理的时代重构

今天，儒家注重人性内在修养的"诚者自成"的自律伦理观念和依赖情感维系的诚信伦理实践遭遇到严重的挑战，这使我们不得不思考现代境遇下儒家伦理的时代重构问题，以弘扬儒家诚信伦理智慧，提高社会诚信度。

（一）追求合规律与合目的统一的诚信伦理观念和实践

我们说，合乎目的，未必能办好事，原因是若不能遵循科学规律而为，美好的愿望也会因违背客观规律而走样，甚至变成坏事；合乎规律，也未必能办好事，原因是若不能符合向善的目的，同样带来恶果。儒家诚信重情感，将诚信化为信仰，将诚信作为立国、做人之本的道德信念，在今天依然将其视作引导中华民族道德实践的价值理性。但社会历史条件发生了变化，我们在追求道德实践合目的性的同时，必须结合时代特点，因势利导、顺势而为，探索达成诚信美德的科学方式，使诚信美德在指导人们的行为方面由观念转化规范，同时使诚信美德观念深入人心，形成个人道德与社会公德相互依托、相互促进的良好的社会诚信氛围。

（二）采取自律与他律相结合的诚信养成方式

若从观念和行为两个维度来看，诚信观念与行为的关系大致有四种类

---

① 中国社会科学院近代史研究所中华民国史研究室：《孙中山全集：第9卷》，北京：中华书局，1985年版，第245页。

型，如表 1 所示。

表 1 诚信观念与行为的关系类型

存在形态 关系类型	观念	行为
A	+	+
B	+	-
C	-	+
D	-	-

说明："＋"表示肯定（有、正向、存在），"－"表示否定（不、反向、没有）。

A 型：观念和行为一致。道德主体的自律性和他律性都比较强，甚至不需要他律约束，即能做到诚信。

B 型：观念和行为不一致。道德主体具有诚信的观念和意识，但行为上不守信，这种情况较为复杂，或禁不住功利诱惑，或迫于情感、压力等而不守信。

C 型：观念和行为不一致。道德主体虽然行为上守信，但是在观念上并不认同。在这种情况下，他律起关键作用。

D 型：观念和行为一致。道德主体在观念和行为上都是一个缺乏诚信者，自律性和他律性均较差。

由此可见，诚信行为发生的情况是相当复杂的。通常是：在道德主体内在心理情感场与外在社会规约权衡后，社会诚信场会对道德主体的心理情感场产生较大的影响。因此，人们的诚信德性的养成以及诚信行为的日常化离不开社会诚信场的培育。当前，要在做好自律与他律结合的前提下，适当强调他律，规范理性契约基础上的法律法规，预防、约束、威慑并惩戒社会不诚信行为的发生，同时，宣扬、鼓励、奖赏社会诚信行为。

（原载于《中国德育》2012 年 11 期；合作者：李方安）

文化发展的"变"与"常"

——儒法"述""作"之义的现代启示

儒学不仅是中华民族生生不息的动力源泉,也是世界人民宝贵的精神财富,对于建立和谐世界、实现人类社会的可持续发展有着不可或缺的作用。

任何一种文化在发展之路上都会经历继承与创新,即"常"与"变"的纠结。在文化转型的今天,汲取历史上孔子"述""作"之义的智慧,借鉴儒法创制的经验,对建设中华新文化,无疑具有明显的启迪作用。

孔子之时,礼乐崩坏,旧制不行。他坚信"斯文未丧",矢志要"复周"。然旧制已不行,孔子虽有"从周"之志,也不得不从"礼坏乐崩"的现实出发去思考新文化的创制。于是,传统与现代的问题不可避免地摆在了孔子面前。儒家之所以为儒家,孔子之所以孔子者,就在于孔子于自觉不自觉中担当了述而有作、创建新文化的历史使命。

本着述而有作的原则,孔子在继承传统文化合理内核的同时,又给古老的礼乐文化注入了新的时代内涵——仁。"克己复礼为仁,一日克己复礼,天下归仁焉。"(《论语·颜渊》)"纳仁于礼",给礼注入仁的新精神,使礼乐文化深植于仁,孔子之贡献实在于此。如果孔子之于礼主要是"述"的话,那么全新意义上的仁,完全是孔子动心忍性、敏求善思而体悟出来的,是孔子述中所作。换言之,面对传统与现代的矛盾,孔子从述而有作的原则出发,既承继了"传统"之礼,又有"现代"开新之仁,由此建立了"仁礼合一"的政治伦理学说体系,奠定了儒学的根基。可以说,述(礼)、作(仁)就是将儒学之逻辑性展开,古老的礼乐文化因仁的纳入而重新焕发生机得以延传。

旧制崩坏，法家试图另立新制以代旧制。出于对传统的绝望，法家坚决反对儒家的"从周""复古"，主张新文化之创建必立足于现实。由此，法家从"国相攻，家相篡，人相贼"（《墨子·兼爱中》）的乱世现实出发，"绝去礼学，兼弃仁义"，建构了乱世法则。

至此，我们会发现儒法两家对待传统之态度是截然不同的：如果说儒家走的是述中有作的路子，法家则走的是一种作而无述或者至多是大作略述的路子。这种迥异的文化品格当然会在两家之学说内容上反映出来。其中，法家作而无述的理路集中表现在其思想学说的原创性上，也即法家的新经典、新学说。

以文化认同学说来解读焚书坑儒与独尊儒术，或许会更清楚地看到这一点。焚书坑儒其实就是以秦始皇、李斯为代表的统治者以暴力推行法家思想价值、以暴力来塑造文化认同的手段。但是，文化认同是一种文化价值理念对人们长期熏陶和浸润而产生的春风化雨般的结果，是人们对这种文化价值理念心悦诚服的接受和认可。显然，法家基于偏颇的述作观而建构的极端功利政治哲学是不可能为人们自觉接受和认可的，因为这套价值理念不合乎人之情性，不合乎人的精神价值追求。因此秦始皇、李斯以暴力来塑造法家式的文化认同只会适得其反，最后招致强烈反抗。可见，法家作而无述，片面注意现实，虽有切中时弊之长，也难免有矫枉过正之弊，行之乱世尚可，长用治世则危。司马谈"法家不别亲疏，不殊贵贱，一断于法，则亲亲尊尊之恩绝矣。可以行一时之计，而不可长用也"（《论六家要旨》），此之谓也。

汉兴，改秦之弊，当面临同样的思想任务时，汉武帝、董仲舒就比秦始皇、李斯高明得多。实质上，"焚书坑儒""独尊儒术"的内涵是相同的，汉武帝、董仲舒之成功在于思想学说选择的正确与方法手段的和缓。那么，儒学因为什么特质而避免了法家之命运呢？如果说，法家之失在于作而无述的乱世法则仅有符合政治意识形态的一重合法性，那么儒学之兴则在于符合政治意识形态和文化意识形态的双重合法性，所谓文化意识形态合法性主要是指汉代中华先民对儒家基本价值理念的接受和认可，即文化认同。这种双重合法性明显体现于董仲舒"君权神授""三纲五常"的新儒学体系中。(傅永聚、任怀国《儒家政治理论及其现代价值》,中华书局,2011年版)由此可见,孔子儒家述而有作、继承亦开新的文化创制观于古代中国文化认同建构有巨大影响。

近代以来,向西方求真理似乎成了时代主题,洋务运动、戊戌变法、辛亥革命,从器物文化到制度文化都效法西方,结果,救亡、独立、自强的任务仍然没有真正实现。苦苦探索中的中国人在反思失败的教训时,发现中国文化唯独在精神层面还尚未向西方靠拢,于是一场"清空孔家店"、欢迎"德""赛"两先生入住的文化运动合乎逻辑地展开了。殊不知,这种隐去传统、"打孔家店"式的狂飙有类于法家之作而无述的文化创制。相类的文化创制原则,则必有相类的思想品格。当然,与法家之短长类似,这场隐去传统、全然外铄的新文化运动既有切中时弊的历史合理性,也有矫枉过正、转变过急之弊。"打孔家店"其实是一种对本民族文化断裂的精神继承和彻底的文化否定,对中国现代文化建设产生了相当的破坏力,时至今日,我们也不得不承受断裂传统所带来的后遗症。面对传统与现代、文化认同的时代课题,如果能平心静气地反观传统,我们会发现孔子儒家那里早已有过成功范式了。

面对传统与现代课题,孔子应之以述而有作之道,述礼作仁,一继承一开新,亦传统亦现代,由此礼乐得以存、仁学得以立、儒学得以开。借助于仁,中国传统文化顺利地实现了由上古向中古的转折;借助于仁,孔子之前数千年和孔子之后数千年的文化血脉得以沟通连接,而没有中断决裂。如果说儒家述而有作、返本开新的文化品格成就了中华文化的博大精深、延绵不辍,那是因为这种文化品格揭示了人类文化发展的普遍规律:"常"与"变"是文化发展的双重张力,两者相反相成,对立统一,不断推动文化前行。文化之"常"就是文化之民族性继承,文化之"变"是文化之时代性转换;文化之民族性继承必以时代性为指引,文化之时代性转换必以民族性为依托。

(原载于《光明日报》2011年12月30日第15版;合作者:郑治文)

国无德不兴，人无德不立

——访曲阜师范大学校长兼孔子研究所所长傅永聚

记者： 去年年底，习近平总书记在曲阜考察时指出，"对历史文化，特别是先人传承下来的道德规范，要坚持古为今用、推陈出新，有鉴别地加以对待，有扬弃地予以继承"。您认为，习总书记的这一要求具有怎样的现实意义？

傅永聚： 习总书记在曲阜考察时提出："国无德不兴，人无德不立。"这两句话，高屋建瓴，意味深长，是总结历史经验，是对现实的中国社会道德建设的战略回应。

近年来，中国经济突飞猛进，而社会道德却出现了滑坡。随着网络的普及，诸多丑恶事件被频频曝光，给民众造成了极大的心理刺激，在社会上造成了极为不良的影响。这反映出我国当前的道德建设出现了严重的问题。如果不认真对待，不加以补救，长此以往，将会严重影响社会的安定团结，甚至成为经济社会发展的阻力和障碍。因此，有学者提出了"富强中国转变为文明中国"的命题。古人讲，"仓廪实而知礼节，衣食足而知荣辱"。其实，随着近年来物质生活水平的提高，国人已经开始重视礼义道德的建设，传统伦理、道德的发展再次成为社会关注的焦点。

如何协调物质文明建设和精神文明建设二者的关系，如何继承和发扬传统伦理文化并使之为社会主义核心价值体系、现代伦理文化的建立服务，是一个值得认真思考的问题。原因当然很多，一方面是社会转型导致传统道德失去了社会依托，无法适应现代社会的需求；另一方面，新的道德一时无法完全确立，造成了道德方面的缺失。寻求解决之道，有两条路可走，一条是向外国寻找，一条是向古代寻找。这一百多年来，我们所做的基本上就是向西方学习，去构建我们的现代社会的伦理道德，但结果却不太理想。因为我们在践行"拿来主义"的同时，却以西方中心主义的立场，以庸俗进化论为指导，用二元对立的观念来对待传统伦理文化，这不仅忽视了传统伦理道德的价值，而且还将之人为否定、隔断，造成了今天中国人在伦理道德方面的"无根"状态。所以，对传统伦理道德进行整理发掘和现代诠释，使其在现代中国发挥积极作用，无疑是十分必要的。在这种情况下，习总书记的讲话就具有了极强的理论指导意义。

记者：回首数千年的历史，我们可以看到，良好的道德意愿、道德情感是人类共通的，但不同的文明则因其特质所在而有着独特的道德伦理体系。在中国这样一个具有悠久历史的东方大国的演进变迁中发展起来的中华伦理道德，它的特殊性体现在哪些方面？

傅永聚：在夏商周时代，或者更早些的尧舜时期，中国人的道德意识已经确立了。我们在《尚书》等早期典籍当中能发现很多关于德行的论说。尤其是到了周代，尚德观念有了质的飞跃。周公制礼作乐，奠定了中国文化的礼乐文明传统，其敬德保民思想的提出，正是中华文明由原始宗教走向理性主义的标志。可以说，周初以降，是中国文化中人文主义升腾的时代，是中国人自我发现的时代。我们不仅可以在《周易》当中发现周人的演德传统，在金文中也处处可以见到周人重德的影子。比如 2002 年北京保利艺术博物馆在海外收购了一件西周中期的燹公盨，它 98 个字的铭文中就有 6 个"德"字，其中提到"厥沫唯德，民好明德"等，可与《周书》比勘。这种敬德尚德思想，到了孔子生活的春秋时代，得到了进一步的发展和阐扬。孔子集上古文明之大成，高扬道德之大旗，形成了儒家伦理道德体系。

孔子和儒家特别重视道德，认为道德是社会的基石。《大学》里讲："自天子以至于庶人，壹是皆以修身为本。"《论语·为政》说："为政以德，譬如北辰，居其所而众星共之。"无不是强调道德修养对于一个人乃至一个国家的重要意义。诚然，道德并非社会和谐的充分条件，却是必要条件。仅仅有道德而无法治，一个社会难以真正实现和谐进步。但是反过来，社会"无德"又会如何呢？孔子说："人而不仁如礼何？人而不仁如乐何？"如果一个人内心没有道德感，没有自律意识，那么外在的规范对他而言只不过是一纸空文罢了！因此，对于一个社会的治理而言，就有"道之以政，齐之以刑，民免而无耻"与"道之以德，齐之以礼，有耻且格"两种选择。毫无疑问，后一种是一种优化的选项。

随着儒家在中国古代社会的主流地位的确立，儒家道德观念也就逐渐渗透到中华民族的血液之中，成为中华伦理文化的基本组成部分，维系着中华民族数千年的繁衍兴盛。经由儒家的倡导，崇尚道德，强调修身以德、为政以德逐渐成为中华文明的特质。在儒家的伦理道德体系中，比较重要的道德范畴有几十个。我所主编的一套大型丛书——《中华伦理范畴》，共选取中华伦理道德的 67 个范畴，如仁、义、礼、智、信、和、勇、俭、孝、爱、诚、廉、忠、德等，并对这些范畴进行多层面、立体式的综合研究。这些伦理道德范畴基本上都是儒家所提倡的，其中最重要最基本的就是"五常"——仁、义、礼、智、信五种伦理道德范畴。这些德目具有超越时空的永恒价值，对于中国人人性的养成和社会伦理秩序的确立，具有不可忽视的作用。

记者：建立伦理道德规范，只是迈出了道德建设的第一步。将道德规范深化为人的道德意识，则是道德建设中最为关键，也是最为实际的一环。在这方面，古代中国进行了怎样的制度设计和安排？

傅永聚：古人尤其是儒家对此有很深刻的思考，也有很多实践。

第一，设置教化之官。在周代，就有专门掌管教化的司徒之官。《周礼》中，大司徒的职责就有"施十有二教"一说。所谓"十二教"是"一曰以祀礼教敬，则民不苟。二曰以阳礼教让，则民不争。三曰以阴礼教亲，则民不怨。四曰以乐礼教和，则民不乖。五曰以仪辨等，则民不越。六曰以俗教安，则民不偷。七曰以刑教中，则民不暴。八曰以誓教恤，则民不怠。九曰以度教节，则民知足。十曰以世事教能，则民不失职。十有一曰以贤制爵，则民慎德。十有二曰，以庸制禄，则民兴功。"除此之外，还有各级的官职，如乡大夫、三老等等，专门负责教化。可见，古代对于道德教化，是有制度上的设计的。儒家继承并发展了道德教化的传统。这种教化之官，在后世一直延续下来。

第二，建构教育制度。这是道德教化的另外一个制度设计。古代中国教育可以分为家庭教育、学校教育和社会教育三大部分，构成了互相补充的教育体系。家庭教育主要靠家族进行。社会教育即上述的教化之官的职责。学校教育在古代称为"庠序之教"。孟子说："谨庠序之教，申之以孝悌之义。"从先秦到清末，中国古代学校的职责在于教化。不论是国家的太学，还是民间的私塾、书院，都以传授儒家经典为主，其中知识的传授远远不如道德养成更显重要。从童蒙开始，有"养正之学"，随着年龄的增长，再教之以社会的道德伦理，以使之"成人"。

第三，强调为政者和知识分子的以身作则。孔子提出："君子之德风，小人之德草，草上之风，必偃。"又说："其身正，不令而行；其身不正，虽令不从。"可以看出，孔子所强调的是君子（为政者）的率先垂范的示范效应。作为政治事务和社会事务的管理者，君子要以德服人。为政者不仅要以正确的舆论引导人，告诉民众什么是道德的、什么是不道德的，树立一个是非、对错、善恶、荣辱的标准，更重要的是要身体力行，率先垂范。儒家士大夫，作为中国传统社会的知识分子与官僚群体，一直遵循孔子这一教诲，重视自身的道德引领作用。儒家所讲的"大学之道"，主要是针对士大夫群体而言的，"明明德"与"新民"都是士大夫群体的使命。

记者： 建设社会主义核心价值体系，必深深扎根于中华传统美德，汲取传统道德伦理文化的精华。那么，应当如何认识中华传统伦理文化的价值，怎样对待传统与现代的关系，以对传统伦理道德进行创造性的转化？

傅永聚： 我们认为，孔子儒家文化是中华优秀传统文化的主流，塑造了中华民族精神和价值体系。它作为一种优秀传统文化资源，必将对新时期社会主义核心价值体系的建构，对文化强国战略的实施产生巨大影响。这主要表现在：

第一，中华文化具有伦理本位主义的传统，是构建中国社会主义核心价值体系的源头活水。数千年来，中国人形成了崇道德、重伦理、尚人本、贵和谐的人文传统。伦理贯穿于个体、家庭、社会、国家，具有不可替代的价值。经过几千年的理论阐释和社会实践，以儒家为主导的中华伦理已经内化为中国文化的基因，是中国人生命的底色。中国的社会主义核心价值体系，除了具有社会主义的一般特征之外，还必须有中国的民族性特征，必须建基于中华传统伦理之上，接续本源，开拓创新。

第二，中华伦理道德的很多内容具有超越时空的价值，通过现代诠释，完全可以成为中国社会主义核心价值体系的组成部分。在传统中国，中国人所崇信遵行的就是儒家所倡导的伦理道德，如仁、义、礼、智、信等"五常"。其实，这些伦理道德精神绝不是孔子的创造，而是孔子对上古文明的一种继承和发展。所以，仁、义、礼、智、信等伦理精神，是深深扎根在中华文明的沃土之中的常道，具有超越时空的价值。今人应以马克思主义为指导，以现代社会伦理为指向，对传统伦理道德进行现代诠释，返本开新，推陈出新，使之成为社会主义核心价值体系的重要组成部分。

第三，古代伦理道德建设经验成熟，系统完备，为中国社会主义核心价值体系的培育积累了大量宝贵经验。当前社会之所以出现诸多道德危机，根本原因在于道德教育存在问题。这需要我们认真总结和借鉴古代道德教育的成功经验。现代教育往往重视知识的传授，忽视人格养成和道德的培育，只教书，不育人。这在很大程度上背离了教育的本质。另外，古代人讲"教不躐等"，对幼儿进行"童蒙养正"教育，从规范的确立入手，到了一定年龄再进行"义理"的传授。而我们在很长一段时间内，却忽视了道德教育的循序渐进原则，以致于教育效果不理想。近年来，人们逐渐意识到这一点，对儿童开展经典诵读教育，以《弟子规》《论语》等为主，进行人生规范教育，通过外在规范的确立，逐渐内化，以培养其道德感，收效显著。而大学教育也逐渐重视人格养成教育。很多高校的国学教育都重视这一方面。比如，我们学校近二十年来一直在全校开设"孔子与儒家文化"必修课，主要关注学生的道德观念、伦理意识的培养，通过古今人物事例来阐述人格养成之必要性，取得了很好的效果。

（原载于《社会科学报》2014年1月30日第01版）

日积一善，渐成圣贤

2014年2月19日上午，在曲阜师范大学，傅永聚先生接受了我们两个半小时访谈，围绕弘扬中国优秀传统文化的话题，傅先生娓娓道来，如数家珍。

儒学的哲学概括——"儒道在人"

本报记者（以下简称"记"）：中华传统伦理思想内涵丰富，包罗万象，在儒家的伦理道德体系中，比较重要的有哪些？

傅永聚（以下简称"傅"）：我们对前人的研究进行了系统的反思和归纳，将其归结为仁、爱、忠、恕、廉、耻等64个德目。其中，最基本的就是"五常"——仁、义、礼、智、信。

9年前，我率领曲阜师范大学学人主编了一套大型丛书——《中华伦理范畴》，每一范畴（德目）勒为一卷，每卷30万字左右，共64卷，约2000万字，分6函出版，每函10卷左右，计划用10～15年出齐。第一函10卷和第二函9卷都出版了。第一函出版时，季羡林先生欣然题词："中华伦理，源远流长，东方智慧，泽被万方。"

记：很精练。如用一句话概括呢？

傅：可以凝练成一句话："儒道在人。"我很欣赏这句话，我请20多位著名书法家分别写过这四个字，将来攒到一百幅，可以办个展览。这四个字，看似简单，但含义深刻。它一方面认为儒家学说的全部宗旨聚焦于如何做人，儒学是启迪、教化人如何去做一个真正道德高尚的人的学问；另一方面是说人在种种物欲诱惑中能够发挥涤恶扬善、担当正义的能动作用，即所谓"人能弘道,非道弘人"。

记:您所说的人在弘道当中的主观能动性,怎么解释?

傅:比如,我们承认,今天在道德方面出了很多问题,教育孩子一天,不如他在网吧待一小时。是我们环境出了问题啊,不是哪个人。治安部门说,离学校500米不能有网吧,那501米就可以有了吗?你小孩走了500米还差一米吗,这叫什么事呢?是我们的政策出了问题,你不能埋怨小孩;家长也有问题,教育不到位。所以要发挥人的主观能动性。

记:现代教育往往只重视传授知识,而不注重育人。

傅:只教书,不育人,很大程度上背离了教育的本质。古人讲"教不躐等",对幼儿进行"童蒙养正"教育,从规范的确立入手,到了一定年龄再进行"义理"传授。而我们很长一段时间内,却忽视了道德教育的循序渐进原则。对低年级学生大讲"爱国爱党爱社会主义",而到了大学阶段,却重视宿舍卫生、校园卫生等蒙学教育的内容,恰好颠倒了顺序。

"人能弘道"是指收拾人心、安定心灵,强调人能在重塑道德过程中起到主观能动作用。我们的心灵需要安定。儒家虽然不是宗教,但是能起到宗教的作用。

个人品德 "十字说"

记:社会公德、职业道德、家庭美德、个人品德,简称"四德"。"四德"的根基是个人品德。但迄今学术界对个人品德内容的定义并不一致,或为"勤奋刻苦、勤俭自强、正直善良、克己奉公、见义勇为",或为"和善亲切、谦虚随和、理解宽容、热情诚恳、诚实守约"等。

傅:你们说的这些规定其实都游弋于人的本性之外,没有从人性的根本出发去挖掘和阐释。实际上,个人品德属于私德,既不能与社会公德相混淆,也不能等同于公民道德。因为它真正具有超越时空、跨越国度、具有永恒价值的鲜明特征。

记:您怎么定义个人品德的内涵?

傅:我用十个字:仁爱、孝敬、忠恕、诚信、明礼。

记:想听听您对孝敬的理解。

傅：孝敬，孝和敬。孝为天伦，孝本是我们民族最宝贵的传承之本，现在却成奢侈品了。你从考上大学到工作，回家能住几天？总数加起来一年都没有，有时候这是很自责的事。子欲养而亲不待。父母没了，孝何在？孝行来自孝心，没孝心就没孝行。而中华民族传统文化最好的一点就是，它是实践的学问，修德修心的重点在修。

敬，更重要。毕竟孝的面要窄一些，它是带着血缘、业缘的（比如师与生）；而敬是普遍的，包含了敬业。敬业是敬精神的一个表现。我认为不应该单纯谈敬业，因为敬人更重要。很多时候，老百姓到机关去办事，科长、办事员根本不理你，你年纪比他父母还大，他却让你站在门口等着，甚至大声呵斥，一点人格、尊严都不给。

敬人者，人恒敬之。你不尊敬别人，别人怎么会尊敬你。我认为孝的基础在于敬。在农村，有的儿媳妇要给婆婆一袋面粉，儿媳妇生着气、红着个脸，把面粉一摔就走了，孝是孝了，但没敬。孔子说："至于犬马，皆有能养，不敬，何以别乎？"不是给老人一口饭吃就是孝敬了，孝敬是为人子女的天职和责任，人之不孝，禽兽之行。所以敬，敬人、敬事、敬业，处处有敬，敬人为重。

记：我们现在有时候不大爱提"忠"？

傅：封建社会的愚忠思想，导致许多人不敢理直气壮地讲忠。其实，忠于祖国、忠于人民、忠于职守、忠于党，不是都应大力提倡吗？忠有何不好？恕，在封建社会当中也很少提及。恕，如心为恕，将心比心，推己及人，我们没有宗教的元素，导致"恕"这个东西发扬得太少了。如果我们把"恕"的理论发扬起来，人心就会安定得多。

中国人最不能宽恕的就是改革失败，谁要是改革失败了，或创新失败了，马上就要被批斗，这是扼杀成功的凶器。创新就是实验，进行实验总会有成功有失败，一定要宽恕他人的创新失败。我觉得，宽恕创新者的失败是一个民族创新成功的心理基础。

记：您有个观点，明礼是仁爱、孝敬、忠恕、诚信的升华。怎么理解？

傅：明礼特别重要。据说红卫兵当年在曲阜造反，把孔子塑像的肚子挖开了，挖开以后发现一本明代版本的《礼记》，这是有记载的。当时就有人说，孔子这个人，肚子里都是礼啊，为什么不装《论语》而装《礼记》？

孔子确实最讲礼。礼有五个层面。一是对己从严，人最难做到的就是对己严。二是对人从恕，不要争，要恕，恕让，恕可以减少好多社会矛盾。三是对社会秩序从和，怎么有利于和谐怎么来。在村里有很受人喜爱的人物叫和事佬，和事佬最受欢迎。四是对政治制度要从忠。100多年来中国历史的选择已经证明：中国共产党是最具领导中国走向现代化和实现伟大民族复兴资格的政党，中国特色社会主义制度是最适合中国国情的制度，因为其体现了最广大人民的根本利益。我们要忠于这个制度。五是对法律从公。明礼的最低要求就是遵守法律，法律是最低的道德要求，是伦理底线。

提高人的"君子化"水平

记：君子是传统道德提倡的理想人格，与小人并列，成为道德形象的两个极端，而众人在君子与小人中间，是大多数人。您怎么看君子与小人？

傅：我在十几年前写过一篇文章，名字叫"日积一善，渐成圣贤"。我觉得至今仍不过时。人无完人。人生一世，所做的好事多，就基本上是好人，是君子；而所做的恶事多，就基本上是坏人，是小人。法律是刚性的他律，舆论监督是柔性的他律，而道德修养属于自律。

具体到每个人，自律永远是道德修养的基础，也是他律的基础。自律受法律的威慑，但更重要的是内里自觉修养的功夫。保持善心，日积一善，就会慢慢接近于道德高尚的境界；而日为一恶，就会不断向小人的队伍滑落。诚然，让每个人都成为百分之百的君子是不现实的；但是透过优秀伦理文化的教育和滋养，不断提高绝大多数人的"君子化"水平是可能的，也是现实的。

记：做人是根本，讲道德，才能活出个人样儿来。

傅：怎么做人？你既给父母做儿子，也给儿子做父亲，一代一代薪火传承，家风至关重要。所以，有的儿媳妇不孝顺，婆婆就说了，你也有儿子，你也快了，手从鼻子眼前过，20年就一代人嘛，一代做给一代看。一些农村大字不认的人，反而会讲很深刻的儒家道理。我母亲大字不识一个，但她从小教我做人的道理。有时回家给她带点食品，她总问这是谁给的。我说是我早年教的学生给的。她说你不能白吃，你得给人家点东西，礼尚往来，与人为善。这就是基本的做人教育。

道德规范在民间，文化在民间。"文革"期间我在生产队劳动，曾经亲眼看到一个不识字的老太太，央求一个社员把屁股底下的报纸拿起来，因为那纸上有字。原来老一代人有"敬惜字纸"的传统。"文革"后期，掀起"批林批孔"运动，许多老人对"批孔"就很反感。他们没什么文化，但在他们心目中，孔子是圣人这一点是难以抹掉的。他们认为批圣人不吉利。你看，传统文化之根是不容易被拔除的。

记：您作为一校之长，有什么梦想？

傅：我的梦想是，尽快将曲阜师范大学更名为孔子大学，使其由教育部、文化部、山东省联合组建，使其成为一所以弘扬中国传统文化为鲜明特色的高水平大学，巩固曲阜作为世界儒学中心的地位。

（原载于《大众日报》2014年3月28日第03版）

以德立人，以德兴国

——中华伦理文化的现代价值

中华文化是伦理型文化。以儒家伦理道德为显著特色的中华伦理是中华民族文化和精神的内核与载体，是中华民族五千年生生不息、绵延峥嵘的源头活水。在建设有中国特色的社会主义事业进程中，继承和弘扬中华民族优秀的伦理道德，是建设中华民族共有精神家园的重要切入点，是全面实现社会和谐的重要保障。从当代中华民族生存的国际环境看，中华伦理是东方文化和智慧的杰出代表，是在多元文化相互激荡、多元思想猛烈交锋的新的历史条件下，保持中华民族强大竞争力和凝聚力，促进中华民族和平发展，实现中华民族伟大复兴梦的强大思想武器和坚实基础。

一、 中华伦理文化与社会道德建设

中华民族从诞生之日起就十分注重伦理道德建设，使民族文化发展出伦理性的典型特征。先秦伟大的思想家周公旦、老子、孔子、孟子和荀子等都曾为中华伦理的价值体系构建做出过重大贡献。尤其是孔子，他主张积极入世、以仁为核心、以和为贵、以礼为约束、以道德高尚的君子人格为楷模，其影响跨越时空，其思想成为中华礼乐文化的重要根据、价值观念的是非标准和伦理道德的规范所在，构成中华文化的基本精神。汉代以来，孔子所开创的儒家思想逐渐成为中华主流文化，儒家的伦理道德遂成为中华民族传统文化的主干。修齐治平，以德立人，受中华伦理道德熏陶培育成长起来的政治家、文学家、军事家.思想家、教育家如群星璀璨,民族英雄凛然千古,成为世代炎黄子孙景仰的楷模。鸦片战争以后,由于资本主义和帝国主义列强的侵略,中华民族所受的苦难和耻辱,在世界民族史上都罕见,但中华民族却一直在反抗,在斗争,历经磨难而不亡,此乃坚忍不拔、自强不息之民族精神的重要体现。

令人扼腕的是,有一股思潮把近代以来中国饱受西方列强侵凌、掠夺而造成的经济落后、积贫积弱,统统归咎于中华民族的传统文化,民族之根一时成为替罪之羊。在全盘西化、民族虚无主义妖雾弥漫之时,嘲笑、批判、搞倒搞臭传统文化一度成为最革命、最时髦的心态。从盲目地不加分析地"打孔家店",到"文革"疯狂破"四旧"、批林批孔,人们数典忘祖,干着挖倒自己民族文化之根的傻事。"文革"过后,随着中国经济的突飞猛进,功利主义盛行,"一切向钱看"的价值导向严重污染着人们的心灵,世风、政风、学风、民风等领域的道德都出现了明显的滑坡。究其原因,一方面是社会转型导致的传统道德失去了社会依托,无法适应现代社会的需求;另一方面,新的道德一时无法完全确立,造成了道德方面的缺失。有人将当前的道德问题感慨为"人心不古",忽视了现代社会本身的进步意义;有人认为这是社会转型的必然现象,是社会经济发展的必要代价,则忽视了人在社会发展中的主观能动性。当我们意识到现代社会的道德危机的时候,我们不能用一句"必然"就搪塞过去,听之任之。我们应该去寻求解决之道。有两条路可走,一条是向国外寻找,一条是向自己民族的根去寻找。170多年以来,我们所做的基本上就是向西方学习,以此构建我们现代社会的伦理道德,结果是不太理想的。原因何在呢?因为我们在践行"拿来主义"的同时,却以西方中心主义的立场,以庸俗进化论为指导,用二元对立的观念来对待传统伦理文化,不仅忽视了传统伦理道德的价值,而且还将之人为否定、隔断,造成了今天中国人在伦理道德方面的"无根"状态。所以,通过对传统伦理道德的整理发掘和现代诠释,使传统的中华伦理道感在今天的中国发挥积极作用,是十分必要的。

"仓廪实而知礼节,衣食足而知荣辱。"随着近年来物质生活水平的提高,国人已经开始重视礼义道德的建设,传统伦理、道德再次成为社会关注的焦点。不少有识之士提出了"富强中国转变为文明中国"的命题。对此，党和国家领导人一直给予高度重视。

早在改革开放之初，邓小平同志就指出："我们一定要教育好我们的后一代，一定要从各方面采取有效的措施，搞好我们的社会风气，打击那些严重败坏社会风气的恶劣行为。"他反复强调物质文明与精神文明一起抓，两手都要硬，否则，"风气如果坏下去，经济搞成功又有什么意义"？

江泽民同志十分重视用中华优秀传统道德伦理教育下一代，他提出："必须继承和发扬民族优秀文化传统而又充分体现社会主义时代精神，立足本国而又充分吸收世界文化优秀成果，不允许搞民族虚无主义和全盘西化"；"保持和发扬自己民族的文化特色，才能真正立足于世界民族之林。我们能不能继承和发扬中华民族的优秀文化传统，吸收世界各国的优秀文化成果，建设有中国特色的社会主义文化，这是事关中华民族振兴的大问题，事关建设中国特色社会主义事业取得全面胜利的大问题"。

胡锦涛同志从中华民族优秀传统文化中汲取营养，提出了科学发展观、以人为本、社会主义和谐社会建设等一系列重要理念，尤其是社会主义荣辱观的提出，在全社会和全体公民中引起强烈反响：以热爱祖国为荣，以危害祖国为耻；以服务人民为荣，以背离人民为耻；以崇尚科学为荣，以愚昧无知为耻；以辛勤劳动为荣，以好逸恶劳为耻；以团结互助为荣，以损人利己为耻；以诚实守信为荣，以见利忘义为耻；以遵纪守法为荣，以违法乱纪为耻；以艰苦奋斗为荣，以骄奢淫逸为耻。"八荣八耻"是中国传统文化价值的进步发展，现实性和可操作性很强。对于全社会，特别是青少年的思想道德教育意义重大。

2013年11月26日，习近平总书记在曲阜视察时提出"国无德不兴，人无德不立"，并指出"对历史文化，特别是先人传承下来的道德规范，要坚持古为今用、推陈出新，有鉴别地加以对待，有扬弃地予以继承"。他进一步强调，只有把中华传统优秀文化更好地融入中国特色社会主义文化建设之中，才能造就实现中国梦的强大文化力量。这不仅是对中华传统伦理文化的理论继承，更是在总结历史经验的基础之上，高屋建瓴地对现实的中国社会道德建设做出的战略回应，代表了当代中国共产党人对中华民族文化发展和生存之道的最新战略思考，具有极强的理论指导意义。

二、 中华伦理文化与中华民族的国际生存

当今世界，既有多元化、多极化的客观需求，又有强权独霸、政治高压、经济封锁和文化扩张的客观现实。近几十年来，由于西方强势文化携其具有鲜明征服特色的价值观念不断有意识地涌入，中华民族传统的道德伦理受到猛烈的冲击，社会上下思想领域中普遍存在着信仰失范、价值观念扭曲、道德滑坡、精神迷惘和庸俗主义、世俗化盛行，拜金主义泛滥等一系列问题。这就是中华民族走向现代化所面临的国际、国内生存环境。在这种环境下，民族精神、民族文化愈来愈成为一个民族赖以生存和发展的精神支柱。一个精神颓废、萎靡不振或全盘西化、甘为附庸的民族必然会失去其自主、独立、生存的资格，迅速走向衰亡。中华文明是世界四大文明中唯一没有中断的文明，儒家思想在其中起到了承前启后、接续文明的纽带作用。尤其在诞生后2500多年的发展中，它孕育了中华民族精神，担当了建构民族主题精神的重任，以生生不息的生命机理与和合发展的生存智慧维系着中华民族的绵延和发展，引领着东方文化体系的形成、壮大，成为东方文化智慧的杰出代表。这是其他三大文明古国的精神传统所不能比拟的。孔子与穆罕默德、耶稣和释迦牟尼一起被称为缔造世界文化的"四圣哲"，位居世界名人之首。孔子既属于中国，也属于世界，他的思想既是历史的，又是跨时代的。在多元文化并行、多种思想激烈交锋的时代背景下，儒家文化就是中华民族的声音，就是文化对话的资格。在文化传播的态度上，既要主张"拿来主义"，又要力行"送去主义"。现在，我们国家设立在全世界的1000多所孔子学院和孔子讲堂，就是主动送出去的例证。当然，孔子学院主要发挥的是语言传播的功能，今后应增加传播孔子思想的内容，因为思想传播比语言传播更为深邃。

人类历史的发展是不平衡的、跳跃性的，先进变落后、落后变先进也是一种历史规律。"雄鸡一唱天下白"，以毛泽东为代表的中国共产党人开天辟地，领导中华人民共和国成立，实现了政治独立、民族独立。改革开放以来，在邓小平理论指引下，中国改革开放发展迅速，综合国力增强，经济地位发生了翻天覆地的变化，中国人民正在信心百倍地建设现代化社

会。中国发展起来了，国民生产总值居世界第二，这就引起了好多国家的恐慌。我们过去有个词，叫"崛起"，现在不大讲了。因为这个词让周边国家都很害怕，会给他们造成不利影响。发展了的中国究竟应该用什么面貌出现在世界上？我们当然要用比较和平的、道德的、像君子一样文质彬彬的形象出现，这可能减少周边国家的敌视，保证长时期稳定的发展环境。从周总理倡导和平外交五原则到遍布世界各地的孔子学院、孔子讲堂，都在传播我们和平发展的理念，树立中国的正面形象，都是运用和平发展的智慧。中华民族缔造了五千年悠久历史的文明古国，历来号称"礼仪之邦"。但现在我们也实话实说，部分国人在世界上的形象不是很好，我们经常出去，能发现许多负面的东西。不仅中国游客素质不高，公共场合不讲卫生、大声喧哗，而且前两天美国大学发生枪击案，一查背景是华裔。烧自己国家驻外领事馆的也是华裔，这个形象就太差了。忽视对人的道德培养，会对国家和民族形象造成多么大的损害！一个经济快速发展并大步走向富强的中国展现给世界以什么形象，是世界各国都在密切关注的严肃课题。人以德立、国以德兴，为了减轻中国外部发展的压力，必须提倡文化立国、以德兴国，向世界展现文明之邦的正面形象，在和平友好而不是在剑拔弩张的敌对氛围中发展。

强大的政治、经济呼唤强大的文化，呼唤人的高尚道德的养成。通过弘扬中华民族优秀的伦理道德，提升国人素质，优化国人形象，确立优秀伦理道德在华人文化中的特色地位，可以得到不同文化背景、不同宗教信仰的群体的共同认可。这对于发扬光大中华文化、实现祖国统一大业、实现中华民族的伟大复兴之梦都具有重要的现实意义和深远的历史意义。

三、 中华伦理文化与中国特色社会主义理论体系的建立

长期以来，人们对中国特色社会主义理论体系和中华优秀传统文化之间的关系的认识常常处在两张皮的感觉之中。学习了习总书记讲话后，茅塞顿开：中国特色社会主义的特色就在于中国文化，就是在中国文化基础之上建设社会主义，而不是在西方文化基础之上建设社会主义，就是既传承、弘扬中华民族优秀传统文化，又结合时代元素，创造、创新社会主义

新文化。离开对中华优秀传统文化之根的坚守，中国特色社会主义就没有特色可言，因为它很好地解决了社会主义特色文化建设"接地气"的问题；而如果不能对传统文化进行社会主义时代的转型、创造和创新，中华民族传统文化就会失去鲜活的生命力，这又解决了中华民族可持续发展的动力问题。

（一）传统伦理文化的精神传承

古今、中西的人类文明之所以能够互相学习、借鉴，关键在于人类有着对"真善美"的共同追求。孟子说："人之异于禽兽者几希。"《礼记·冠义》讲："人之所以为人者，礼义也。"在儒家看来，人与动物的区别，正在于人类有道德感。大概在人猿揖别之后，在人类逐渐组建社会的过程中，道德感就出现了。这种道德感首先就是善恶观念的区分。扬善抑恶，是人类共有的道德意愿，这是社会生活的必然要求。随着文明的发展，尤其到了人类文明的轴心时代，道德观念也就越来越发达，各具特色的道德体系逐渐形成。欧洲文明、阿拉伯文明、印度文明和中国文明，都确立了自己的道德体系。很显然，欧洲的道德观念受到古希腊、古罗马正义道德观念和基督教义的道德观念的影响。而随着西方向近现代社会的转变，尤其经由宗教改革和启蒙运动，欧洲形成了新的道德伦理体系，并借助工业革命的先发优势影响到整个世界。而中国则在春秋战国时期，经由孔子集上古文明之大成，高扬道德之大旗，形成儒家伦理道德体系。随着儒家在中国古代社会主流地位的确立，儒家道德观念也就逐渐渗透到中华民族的血液之中，成为中华伦理文化的基本部分，维系着中华民族数千年的繁衍兴盛。

孔子和儒家特别重视道德，认为道德是社会生存的基石。《大学》里讲："自天子以至于庶人，壹是皆以修身为本。"《论语·为政》说："为政以德，譬如北辰，居其所而众星共之。"无不是强调道德修养对于一个人乃至一个国家的重要意义。诚然，道德并非社会和谐的充分条件，却是社会和谐的必要条件。仅仅有道德而无法治，一个社会难以真正实现和谐进步。但是，反过来社会"无德"又会如何呢？孔子说："人而不仁如礼何？人而不仁如乐何？"如果一个人内心没有道德感，没有自律意识，那么外在的规范对他而言只不过是一纸空文罢了！因此，对于一个社会的治理而言，就有"道之以政,齐之以刑,民免而无耻"与"道之以德,齐之以礼,有耻且格"两种选择。毫无疑问,后一种是一种优化选项。

儒家学说的高度哲学化概括可以凝练于一句话:儒道在人。即一方面认为儒家学说的全部宗旨聚焦于做人,它是启迪、教化人如何去做一个真正道德高尚的人的学问;另一方面是说人能够在种种物欲诱惑中起到涤恶扬善、担当正义的能动作用,即所谓"人能弘道,非道弘人"。

(二) 传统伦理文化的道德教化之路

在夏商周时代或者更早些的尧舜时期,中国人的道德意识就已经逐渐确立了。我们在《尚书》等早期典籍中会发现很多关于德行的论说。尤其是到了周代,尚德观念有了质的飞跃。周公制礼作乐,奠定了中国文化的礼乐文明传统,其敬德保民思想的提出,正是中华文明由原始宗教走向理性主义的标志。可以说,周初以降是中国文化中人文主义升腾的时代,是人的自我发现的时代。我们不仅可以在《周易》当中发现周人的"演德"传统,在金文中也可以处处见到周人重德的影子。比如2002年北京保利艺术博物馆在海外收购了一件西周中期的燹公盨,在它98个字的铭文中就有6个"德"字,其中提到"厥沬唯德,民好明德"等。这种敬德尚德思想,到了轴心时代,也就是到了孔子生活的春秋时代,得到了进一步的发展和阐扬,这在《论语》《孟子》等先秦儒家典籍中随处可见。经由儒家的倡导,崇尚道德,修身以德、为政以德逐渐成为中华文明的特质。

中华传统伦理思想内涵丰富,包罗万象。在儒家的伦理道德体系中,比较重要的有几十个。我们对前人的研究进行了系统的反思和归纳,将其总结为64个德目。九年前,由笔者率领曲阜师范大学学人所主编的一套大型丛书——《中华伦理范畴》,选取中华伦理道德的上述重要范畴,如仁、义、礼、智、信、和、勇、俭、孝、爱、诚、廉、忠、德等,进行多层面、立体式的综合研究。这些伦理道德范畴,基本上都是儒家所提倡的。其中最重要、最基本的就是"五常"——仁、义、礼、智、信等五种伦理道德范畴。这些德目,其实具有超越时空的永恒价值,对于中国人的社会伦理秩序的确立具有不可忽视的作用。《中华伦理范畴》首批选取了仁、和、信、孝、廉、耻、义、善、慈、俭等10个德目进行研究,已由中国社会科学出版社于2006年12月出版发行。《中华伦理范畴》第一函甫出，学术界给予了鼎力支持和高度评价。著名国学大师季羡林先生在301医院抱病亲笔为之题词：中华伦理，源远流长；东方智慧，泽被万方。并委托秘书打电话给总编，说"感谢你们为中华民族文化复兴事业做了一件大好事"。中国人民大学著名学者张立文先生冒着酷暑，一气呵成2万多字的洋洋长文，称"《中华伦理范畴》丛书从中华民族传统伦理道德中撷取60多个重要德目，并对每个德目自甲骨文以至现代，进行全面系统研究，以凸显集文本之梳理，明演变之理路，辨现代之意义，立撰者之诠释的价值，撰写者探赜索隐，钩沉致远，编纂者孜孜矻矻，兀兀穷年"，"这是一项利在当代、功在后世的文化工程，将对进一步证实中华伦理精神的价值合理性产生深远的影响，并对弘扬中华民族传统文化、实现中华民族伟大复兴做出应有的贡献"。中共中央政治局原委员、国务院原副总理谷牧、姜春云和原国务委员王丙乾纷纷致函祝贺，认为"《中华伦理范畴》丛书的出版发行，对于弘扬中华民族精神、提高民族人文素质、全面翔实地展现中华民族的优秀传统伦理道德、积极推进社会主义道德建设具有重要的现实意义"。国际儒联主席叶选平先生为丛书题写了书名。台湾著名学者刘又铭、张丽珠、郭梨华等在《光明日报》上撰写文章，认为："中华传统伦理文化源远流长，《中华伦理范畴》丛书对60多个范畴进行系统的梳理和研究，气势磅礴，意义深远，实乃填补学界空白之作"，"《中华伦理范畴》丛书的第一函出版发行，令人鼓舞"，"《中华伦理范畴》付梓印行，实乃学界盛事，作者打通中西之隔，超越唯物论与唯心论之争，高屋建瓴，条分缕析，用力之勤，令人感佩"。主流媒体分别以"海峡两岸学者笔谈中华伦理范畴""人能弘道，非道弘人""弘儒学之道，为生民立命"和"人文学者为生民立命的人间情怀"等为题发表了评论。《中华伦理范畴》丛书已经先后获得济宁市2000年社会科学优秀成果一等奖、山东省高校2007年社会科学优秀成果一等奖、山东省2008年哲学社会科学优秀成果一等奖。在此基础上改编成的大众普及本《生活中的儒家伦理》（上、下卷）获得全国第15次社会科学优秀普及作品奖，在社会上产生了很好的教育效果。所有这些荣誉都给我们这个学术团队的辛勤劳动以充分肯定，也坚定了我们迅速编撰第二函的决心。我们接着精选了节、智、明、谦、美、正、中、乐、公等九个基本范畴，按照第一函的体例，对这九个伦理范畴的含义、实质及在历史上的发生、演变进行了系统的介绍、阐述和论证，力求完整地呈现和研究它们本来的面目、意义和社会价值。现在第二函9卷也已经于2012年由中国社会科学出版社出版，社会反响强烈。第三函11卷正在撰写过程中，预计今年底完成。

《中华伦理范畴》丛书（64卷本）总结的是中华民族千百年来所继承和弘扬的做人的大道理。它是每一个想做君子而不想做小人的人的道德约束和修养圭臬。伦理、道德虽然并称，但道德主要是每个人内心的活动，而伦理有为全社会规范行为的作用。因此，普及中华民族优秀伦理，对于全社会成员的道德自律既具有普遍的指导作用，又具有某种意义上的他律作用。有自律和他律两个方面的保障，国人的素质才会提高。让我们每个人都明白做人的道理，用中华民族优秀的传统伦理去规范一言一行，努力去做一个道德高尚的人。每个人都从身边的小事做起，从自身做起；多做善事，少做乃至不做恶事。笔者在十几年前写过一篇文章，名字叫"日积一善，渐成圣贤"，这句话今天仍不过时。人的潜意识中亦即本性中总有为恶的一面。换句话说，人是既可以为恶也可以为善的。一个人一生当中，一点坏事也没有做过的，可以说没有，但所做的坏事好事总有一个比例。就芸芸众生来说，完完全全的君子可能一个也找不到，但基本上属于君子的或基本上属于小人的，却有一个明显的界限。人生一世，所做的好事多，就基本上是个好人；而所做的恶事多，就基本上是个坏人。我们每人每天都在做事，为自己，为他人，为社会，为人类。在做每一件事情之前，你是怎么想的？是想做善事还是做恶事？是一种什么心态支配着你去做成善事或者是恶事？这就牵涉到一个人的道德修养水平，牵涉到人生观、价值观这个根本问题。法律是刚性的他律，舆论监督是柔性的他律，而道德修养属于自律。具体到每一个人，自律永远是道德修养的基础，也是他律的基础。自律受法律的威慑，但更重要的是内里的修养功夫。因此，儒家伦理所揭示的仁义礼智、忠孝廉耻、和合勇毅等一整套人之为人的大道理就成为流传千古的向善弃恶的道德规范。日积一善，慢慢接近于道德高尚的境界；日为一恶，就会不断向小人的队伍沦落。诚然，让每个人都成为百分之百的君子是不现实的，但是，通过优秀伦理文化的教育和滋养，不断提高绝大多数人的"君子化"水平则是可能的,也是现实的。季羡林先生曾经说过一句非常中肯的话:"能为国家、为人民、为他人着想,而遏制自己本性的,就是有道德的人。能够百分之六十为他人着想百分之四十为自己着想,就是一个及格的好人。"

这些伦理道德规范,在历史上是如何一步步深化为中国人的一种道德意识的呢?如何才能实现这些道德规范的落实?古人尤其是儒家对此也有很深刻的思考和成熟的实践。

第一,设置教化之官。至少在周代,就有专门掌管教化的司徒之官。《周礼》的"大司徒"的职责就有"施十有二教"一说,所谓"十二教"是"一曰以祀礼教敬,则民不苟。二曰以阳礼教让,则民不争。三曰以阴礼教亲,则民不怨。四曰以乐礼教和,则民不乖。五曰以仪辨等,则民不越。六曰以俗教安,则民不偷。七曰以刑教中,则民不暴。八曰以誓教恤,则民不怠。九曰以度教节,则民知足。十曰以世事教能,则民不失职。十有一曰以贤制爵,则民慎德。十有二曰,以庸制禄,则民兴功。"除此之外,还有各级的官职,如乡大夫、三老等,专门负责教化。可见,古代对于道德教化,是有制度上的设计的。《汉书·艺文志》说儒家起源于司徒之官,"助人君顺阴阳、明教化者也,游文于六经之中,留意于仁义之际"。不管此说是否可信,但是毫无疑问的是,儒家确实继承并发展了道德教化的传统。这种教化之官一直延续下来。

第二,教育制度。这是道德教化的另外一个制度设计。古代中国教育可以分为家庭教育、学校教育和社会教育三大部分,构成了互相补充的教育体系。家庭教育主要靠家族进行。社会教育即上述的教化之官的职责。学校教育在古代称为"庠序之教"。孟子说:"谨庠序之教,申之以孝悌之义。"从先秦到清末,中国古代学校的职责在于教化。不论是国家的太学,还是民间的私塾、书院,都以传授儒家经典为主,而知识的传授远远不如道德养成更显重要。按朱熹的说法,贵族子弟八岁入小学,学习"洒扫、应对、进退之节,礼乐射御书数之文",从基本的社会规范、人生礼仪开始培养。到了十五岁,入大学,学"穷理、正心、修己、治人之道"。从童蒙开始,有"养正之学",随着年龄的增长,再教之以社会的道德伦理,以使之"成人"。

第三，强调为政者和知识分子的以身作则。孔子提出："君子之德风，小人之德草，草上之风，必偃。"又说："其身正，不令而行；其身不正，虽令不从。"可以看出，孔子所强调的是君子即为政者的率先垂范的示范效应。作为政治事务和社会事务的管理者，君子要以德服人。为政者不仅要以正确的舆论引导人，告诉民众什么是道德的、什么是不道德的，树立一个是非、对错、善恶、荣辱的标准，更重要的是要身体力行，率先垂范。儒家士大夫，作为中国传统社会的知识分子与官僚群体，一直遵循孔子这一教诲，重视自身的道德引领作用。征诸历史，如果一个帝王或官员能够做到以身作则的话，那么当时当地的社会风气一般会比较好。这就是《大学》所说的"一家仁，一国兴仁；一家让，一国兴让；一人贪庆，一国作乱。其机如此。此谓一言偾事，一人定国。尧舜率天下以仁，而民从之；桀纣率天下以暴，而民从之"的道理。因此，儒家所讲的"大学之道"，主要针对士大夫群体而言的，"明明德"与"新民"都是士大夫群体的使命。

第四，对于普通民众的道德教育，则借助信仰、风俗、礼仪、文艺等各种手段予以宣传和普及，使知识分子和官员的道德示范深入人心。其实，道德观念缘起于原始宗教。古人相信，"积善之家，必有余庆；积不善之家，必有余殃。"古人借助神道设教的方式，利用人们对于鬼神、天命的敬畏心理，在一定程度上保证了道德的落实。古代社会，道教、佛教及各种民间宗教都在这方面发挥了积极作用。对此，我们不能以迷信为由一笔抹杀。儒家也重视移风易俗，建立良善风俗，对于一个地区的道德建设十分必要。而通过对圣贤、英雄人物的纪念，强化民众的道德意识，推行道德教化，也是古代中国非常重视的一大措施。利用各种礼仪尤其是具有某种神圣性、庄严性的祭祀之礼，对于培养民众的道德意识非常重要。唐宋以来，文艺作品比如戏曲、说唱故事等等对道德观念的普及和传播更为有效。

可以说，古代中国对于道德教化的落实，进行了很好的制度设计和安排，也产生了良好的效果，对于中华民族的发展和繁荣发挥了积极的作用，这些对于今天公民的道德建设无疑具有十分重要的借鉴价值。

（三）传统伦理文化对构建社会主义核心价值体系的价值

中国共产党提出，要建设社会主义核心价值体系，必须深深扎根于中华传统美德，汲取传统道德伦理文化的精华。习总书记在最近视察曲阜时强调，一个国家、一个民族的强盛总是以文化强盛为支撑的，中华民族的伟大复兴需要以中华文化的发展繁荣为条件。对历史文化，特别是先人传承下来的道德规范，要坚持古为今用、推陈出新，有鉴别地加以对待，有扬弃地予以继承。必须加强全社会的思想道德建设，激发人们形成善良的道德意愿、道德情感，培育正确的道德判断和道德责任，提高道德实践能力，尤其是自觉践行能力，引导人们向往和追求讲道德、遵道德、守道德的生活，形成向上的力量、向善的力量。只要中华民族一代接着一代追求美好崇高的道德境界，我们的民族就有希望。

习总书记的讲话，对于中华传统伦理文化的特质和作用进行了高度概括，这对于我们正确处理传统与现代的关系，对传统伦理道德进行创造性的转化、构建社会主义核心价值体系无疑具有理论指导意义。

我们认为，孔子儒家文化是中华优秀传统文化的主流，塑造了历史上的中华民族精神和价值体系。作为一种优秀传统文化资源，儒家文化必将对新时期社会主义核心价值体系的建构、对于文化强国战略的实施产生巨大影响。今天，我们要实现文化自觉、文化自信、文化自强，就必须认真总结和汲取传统文化精髓。就道德建设而言，中华传统伦理文化在社会主义核心价值体系建构过程中，必将发挥积极意义，这主要表现在：

第一，中华文化具有伦理本位主义的传统，是构建中国社会主义核心价值体系的源头活水。数千年来，中国人形成了崇道德、重伦理、尚人本、贵和谐的人文传统。伦理贯彻于个体、家庭、社会、国家，与西方文明形成了鲜明的对比，具有不可替代的价值。经过几千年的理论阐释和社会实践，以儒家为主导的中华伦理已经内化为中国文化的基因，是中国人生命的底色。中国的社会主义核心价值体系，除了具有社会主义的一般特征之外，还必须有中国的民族性特征。"问渠那得清如许，为有源头活水来"，因此，中国社会主义核心价值体系的建立，必须建基于中华传统伦理之上，接续本源，开拓创新。

第二，中华伦理道德具有超越时空的价值，通过现代诠释，完全可以成为中国社会主义核心价值体系的组成部分。在传统中国，中国人所崇信遵行的就是儒家所倡导的伦理道德，如仁、义、礼、智、信等"五常"。其实，这些伦理道德精神与其说是孔子的创造，毋宁说是孔子对上古文明的一种继承和发展。所以，"仁义礼智信"等伦理精神，是深深扎根在中华文明的沃土之中的"常道"，具有超越时空的价值。我们今天提倡的社会主义核心价值体系中的"爱国、敬业、诚信、友善"因子，显然植根于此。所以，以马克思主义为指导，以现代社会伦理为指向，对传统伦理道德进行现代诠释，返本开新，推陈出新，必然会成为社会主义核心价值体系的重要组成部分。

第三，古代伦理道德建设经验成熟，系统完备，为中国社会主义核心价值体系的培育积累了大量宝贵经验。当前社会之所以出现诸多道德危机，根本原因在于道德教育存在问题。这需要我们认真总结和借鉴古代道德教育的成功经验。现代教育往往重视知识的传授，忽视人格养成和道德的培育，只教书，不育人。这在很大程度上背离了教育的本质。另外，古代人讲"教不躐等"，对幼儿进行的是"童蒙养正"教育，从规范的确立入手，到了一定年龄再进行"义理"的传授。而我们在很长一段时间内，却忽视了道德教育的循序渐进原则。对低年级学生大讲"爱国爱党爱社会主义"，而到了大学阶段，却重视宿舍卫生，恰好颠倒了顺序，造成教育效果不理想。近年来，人们逐渐意识到这一点，在儿童中开展经典诵读教育，以《弟子规》《论语》等为主，进行人生规范教育，通过外在规范的确立，逐渐内化，以培养其道德感，比如如何孝敬父母等，收效显著。大学教育也逐渐重视人格养成的教育。很多高校开展的国学教育，都重视这一方面。比如我们学校在全校开设"孔子与儒家文化"必修课，主要关注学生的道德观念、伦理意识的培养，通过古今事例来阐述人格养成之必要性，取得了很好的效果。

习近平同志的曲阜讲话，就像1978年向科学进军的号召一样，给我们一种收获倍增的感觉。我们感到：传承、弘扬、发展中国优秀传统文化的春天来到了，中国特色社会主义文化建设的民族根基找到了。孔子故乡——山东有优势开创儒学研究新局面，有能力推动中国文化更好地走向世界。山东曲阜是儒学源头，是中华民族精神家园的象征。儒学虽非宗教，却在历史上发挥了教化作用。山东有借鉴历史上儒学深入人心的经验，以及探索传统优秀文化与现代社会发展的联系的优势。有了习总书记的一系列讲话精神的指引，有了学者、政府的高度重视，这不仅预示着儒学研究的春天到来了，也预示着我们中华民族文化发展的春天也到来了。因为我国历史上出现过的汉唐盛世，都是以文化的强盛为标志的。

要保证"中华民族一代接着一代追求美好崇高的道德境界"，使我们的民族永远充满希望，建议解放思想、转变观念，像邓小平南方谈话以后，加快建设深圳经济特区一样。凭借习总书记曲阜讲话精神的指引，我们对孔子故乡——曲阜作为本土儒学、精神家园象征的战略定位进行全新的特殊设计：

1. 将曲阜市设置为特殊的文化特区，直接归属山东省或中央管辖。作为东方文化圣城，其目标是建设成中华民族的精神家园（解决一般人信仰皈依的问题）、儒家文化传承的象征载体（解决中华文化发展的传承问题）和道德建设的首善之区（解决国民道德的提升问题）；今后重点发展文化产业和旅游业，不再按照一般行政区域发展模式，不再考核经济指标。日常运转可以主要以转移支付的方式进行。

2. 充分运用市场经济手段，整合山东省目前分散的儒学研究机构，以孔子研究总院或孔子高等研究院的名义申报国家第二批协同创新中心，全力引进和培养儒学研究大家、著名文化企业；强化曲阜师范大学、孔子研究院、孔子博物馆和儒家文化信息资料中心建设，使其真正成为国内儒学研究的第一方阵。

3. 迅速出台政策，要求国内研究中华优秀传统文化的重点大学、研究机构、工商联、教育行政和公务员管理部门都以曲阜为基地，举办各类弘扬中华优秀传统文化的培训、旅游、研学以及研究第三产业的开发机构，为中华优秀传统文化的研究、传播、创新培养各类人才，吸引各种社会力量的投资支持，扩大儒学影响。

4. 适时将孔子学院总部迁至曲阜，由国家设立全球孔子文化中心，吸引更多的国内外中华文化爱好者，使其在儒家文化的世界传播方面起到辐射和示范的作用。同时，将其与原来的尼山论坛合并，使新机构能够带动孔子形象、中华民族的形象在海外的提升和转变。

5. 尽快将曲阜师范大学更名为孔子大学，改为由教育部、文化部、山东省联合建设,加大投入,给予专门政策扶持,落实大学办学自主权,以新机制、新模式创建一所以弘扬中国传统文化为特色的高水平大学,提升曲阜作为世界儒学中心的地位。

(原载于尼山世界文明论坛组委会:《站在弘扬中华优秀传统文化最前沿》,北京:五洲传播出版社,2014年版;原标题为"人以德立,国以德兴——中华伦理文化的现代价值")

论依法治国进程中的政德建设

政德，即为政之德、执政之德。习近平总书记说："所谓官德，也就是从政道德，是为官当政者从政德行的综合反映，包括思想政治和品德作风等方面的素养。"可以说，政德的核心就是官德，从政德行是对为官当政者的一种特殊职业要求。十八届四中全会《中共中央关于全面推进依法治国若干重大问题的决定》中提出实现全面依法治国总目标必须坚持的五条原则，其中之一是"坚持依法治国和以德治国相结合"。有些领导干部对此感到疑惑不解：既然实行全面依法治国，还需要提以德治国吗？在全面推进依法治国的进程中，如何体现以德治国呢？官德建设在其中又起到什么样的作用呢？要正确回答这些问题，就必须对政德建设有一个全面、正确的认识。

一、全面理解"坚持依法治国和以德治国相结合"的深刻含义，提高对德治在依法治国进程中重要作用的认识

十八届四中全会《决定》中提出的依法治国和以德治国的实现目标是相辅相成、相得益彰的。治理国家与社会，必须一手抓法治，一手抓德治；既重视发挥法律的规范作用，又重视发挥道德的教化作用。法治是治国方略，德治在依法治国进程中的重要作用也是不容忽视的，因为德治主要是治思想，强调人格的净化力，在空间上永远大于法律，具有宽广的预防功能。

德法合治是时代的需要。从人类历史发展的长河来看，法治是人类社会发展到一定阶段的产物，其产生晚于德治；同样，它的灭亡也必定是早

于德治的。可以说，德治是伴随着人类社会始终的。当前，我国正处于德治与法治并行的时代，我们必须要充分发挥法治的规范作用和德治的教化作用，二者相辅相成、缺一不可。

有道德的人是推行法治的主体和保障。法律的制定和实施，归根到底是由人来实现的。同样，法律的制定、执行和裁量中所体现出的道德要求与精神，也都是以人具有较高道德水准为保证的。法律并非越多、越严越好。历史上，法律之严酷莫过于秦朝，就连平日弃灰于路都要被砍去手脚，结果造成秦二世在怨恨声中亡秦。立法过程中，我们强调科学、民主、公平、公正，体现的就是法治的道德意蕴。现实生活中，无数知法犯法、执法犯法的案例也再三说明：缺乏良好的道德素养，即使法律的专业水平再高，也会见利忘义、见利忘法、见利忘责，导致司法不公。道德是法律的基础，提升领导干部的道德水平是实现依法治国的重要途径。因此，在全面推进依法治国的进程中，我们必须要大力弘扬社会主义核心价值观；在立法、执法和司法实践中，要充分践行社会主义核心价值观的基本要求。

德治是法治的重要补充和支撑。由于治理范围不同，在社会生活中，道德所涉及的价值判断和利益诉求调整远远多于和宽于法律。日常生活中，一些问题单靠法律是难以解决的，必须要靠德治。当前，我国正处于重要的社会转型期，传统计划经济时代的核心价值观和道德规范不再具有共识作用和指导意义，而新的道德体系尚未完全建立起来。所以，人们惊骇地发现：贪欲无度、疯狂逐利的风气正在不断蔓延；道德失范、诚信缺失正在侵蚀着诸多领域；信念淡漠，价值观扭曲，是非、善恶、美丑混淆正在影响着众多社会成员；拜金主义、享乐主义、极端个人主义日渐滋长；以权谋私、造假欺诈、见利忘义现象令人瞠目结舌……所有这些问题正冲击着我们的社会道德底线，拷问着人们的道德良知，败坏着社会的风气，损害着正常的社会秩序。当然，贪官层出不穷、"老虎""苍蝇"不断、官德缺失，在社会道德滑坡过程中也起了推波助澜的作用。究其原因，正如习近平总书记所指出的：一是传统文化受到了破坏，特别是"文化大革命"的破坏、批判把老祖宗好的东西也批掉了，如批师道尊严等，这给文化带来的伤害是很大的，直到现在仍有负面影响；二是改革开放后，资产阶级、资本主义腐朽的东西跟着商品进来了，对传统文化造成双重影响，以至于很多社会现象让人感慨：人心不古！

　　加强道德建设，为依法治国营造良好的人文环境。中华民族是一个有着优秀传统美德的民族，仁义礼智信等中华传统美德，滋养了无数中华儿女，成就了一次次的文化辉煌。没有全社会思想道德水平的提高，法治建设的底蕴就不会深厚；没有基本的道德底线，法律再完善也没有用。所以，我们必须加强公民道德建设，提高全社会思想道德水平，积极培育和践行社会主义核心价值观，深入持久地开展以为人民服务为核心、集体主义为原则的社会主义道德教育，引导人们树立正确的世界观、人生观、价值观，强化规则意识，倡导契约精神，弘扬公序良俗，弘扬真善美，贬斥假恶丑，在全社会形成知荣辱、讲正气、做奉献、促和谐的良好风尚，形成男女平等、尊老爱幼、扶贫济困、扶弱助残、礼让宽容的人际关系，坚决反对拜金主义、造假欺诈、见利忘义、损人利己的歪风邪气，引导人们自觉履行法定义务、社会责任和家庭责任，奠定法治社会的道德基础。此外，道德在一定意义上也可以转化为法律。如习近平总书记曾指出，"要注意把一些基本道德规范转化为法律规范，使法律规范更多地体现道德观念和人文关怀，通过法律的强制力来强化道德作用，确保道德底线，推动全社会道德素质提升"。

二、 全面推进依法治国和以德治国，官德建设必须先行

　　孔子说："君子之德风，小人之德草，草上之风，必偃。"孟子说："劳心者治人，劳力者治于人。"这两句话曾一度被认为是对封建统治的辩护和对劳动群众的鄙视。其实，从社会分工的角度来看，只要有分工，就永远存在着管理者与被管理者之间的关系。官者，管也。从这一意义上来说，官（各级公务员，尤其是领导干部）可称之为君子或劳心者，他们的德行具有强大的辐射力和影响力。中国古代就有以吏为师的传统。官员高尚的德行具有任何法律都不可能具备的以身说法的作用，是千百年来充斥于人们内心的一种对先进、正风正气、正人君子的自觉的敬畏，对全民族"安身立命""终极关怀"情结的形成有不可估量的作用。

　　首先，领导干部要自律慎独，自觉守法，做一个有道德的人。

自律慎独是遵守法律的基础。"法先自治以治人",无论法律多么完善,都必须先转化为人们的内心自觉,才能真正为人们所遵守。法治的实现,同样要靠人的自觉、自我约束。党的领导干部必须清楚地知道哪些可以做、哪些不能做,坚守住做人做官的道德底线,主动遵守法律、执行法律。

法律是最底线的道德,触犯了法律,当然也就早已违背了道德。道德作为心中的法律,直接影响着人们的日常行为。我们看到,在同样的法律环境中,不管法律制度多么严厉,清者自清,浊者自浊,既会产生贪官,也会出现廉吏。当前,社会上尽管出现了一些见利忘义、贪污腐败的"老虎""苍蝇",但更多的是无数自警、自省、自励的好干部。可以说,自律是决定高尚与卑鄙的分水岭。季羡林先生曾说过,希望世人先做一个及格的好人,然后再一点点往上加分,做一个更好的人。日积一善,渐成圣贤。这也正是习总书记所期望的那样,"只要我们这个民族一代接着一代追求高尚的道德境界,我们这个民族就大有希望!"

其次,领导干部要恪守从政之德,给一般社会成员做出表率。

孔子说:"政者,正也。子帅以正,孰敢不正?""其身正,不令而行;其身不正,虽令不从。"治者无德,何以德治?对于领导干部来说,如果自己都不先讲从政之德,还如何去管理别人呢?

治国先治吏,官德建设是依法治国的关键,因为官是国家政策的制定者、执行者和国家事务的管理者,他的一言一行代表着政府,代表着国家。官德不彰,法治无魂。现实生活中,有些领导干部"法定职责不为,法无授权乱为""有法不依,执法不严,违法不究"。究其原因,不是他们法律知识了解得少,而是他们自律修己不严。所以说,依法治国,首先是以法治官。

官德对社会公众道德具有示范和导向作用。在很大程度上,官德代表着社会道德的建设水平和发展方向,制约和影响着整个社会道德的发展与完善。领导干部是否具有较高的道德品质,决定着他们能否很好地履行自己对社会成员的道义责任,影响着全社会道德建设的成效。领导干部如果没有做到自律修己、知行合一,在德上出了问题,那么必然会导致纲纪松弛、法令不行,必然会违纪违法,走向腐败。这不仅会给自己和家庭带来严重的灾难,而且也会给国家造成无可挽回的损失。党的领导干部,绝不能把自己混同于普通群众，应该率身示范，加强道德修养，以道德的力量赢得人心。当前，党的各级领导干部要积极践行"三严三实"的要求，自觉将其内化于心、外化于行，不断加强自身道德修养，努力改进工作作风，以实际行动争做忠诚、干净、担当的好干部。

新民主主义革命的胜利让中国人民站起来，改革开放让中国人民富起来。今天，我们要实现中华民族伟大复兴中国梦，就是要让中国人民强起来，这是当前最大的德政。因此，修政德、行德政，应该成为党的各级领导干部永恒的职业道德追求。

（原载于《党员干部之友》2015年第9期）

中国德治思想传承与当代社会治理

中国德治传统以儒家为主要代表。儒学是治政之学，儒家治政之学以重德为主要特质。儒学的核心义理精神就是以道德理想转换现实政治，以实现德治、仁政的美好愿景。在这个意义上可以说，儒学就是以道德为本位的治政之学，一部中国儒学史在很大程度上就是儒家德治思想形成、发展、丰富和完善的历史。就儒家德治思想的形成而言，其源头不是在孔孟的春秋战国时代，而是在"六经"尤其是《尚书》所记述的尧舜禹汤、文武周公等所代表的"圣王"时代。作为中国最早的政典，《尚书》记述了尧舜禹汤、文武周公等"圣王"的德治思想和实践，而这也正是儒家德治思想传统发端的源头。正如姜广辉先生所指出的："我们可以将《尚书》的政治理念称为'德治'主义，它可以说是中国最早的政治教科书。"[①]《尚书》是记先王之事的治政之书，其谈先王治政的理念又主要落在德治主义的立场上。如果我们可以将儒学定义为重德重民的治政之学的话，那么，这种德治之学的最重要的文化源头无疑就是《尚书》中的元典精神。《尚书》德治主义的治政精神，标志着儒家德治思想传统的真正奠基。在我们看来，《尚书》最为重要的文本价值正在于展现了中国"前孔子时代"的思想世界，提供了儒学赖以创构的重德重民的思想资源。

一、 儒家德治思想之滥觞——尧舜禹的德治思想

作为孔孟之道，儒学传统虽经由孔子正式开创、孟子推扬发展，然其

[①] 姜广辉：《〈尚书〉与德治》，《中国纪检监察报》2017年4月17日第5版。

历史文化源流却可远溯至"六经"尤其是《尚书》所记述的尧舜禹汤、文武周公等所代表的"圣王"时代。《汉书·艺文志》称儒家是"游文于六经之中，留意于仁义之际，祖述尧、舜，宪章文、武，宗师仲尼，以重其言，于道最为高"，就十分明显地说明了这点。可以说，尧舜禹的德治思想是中国德治传统形成的真正历史源头，而殷周之际文武周公以德配天、敬德保民的德治思想则标志着中国德治传统初具雏形。正是依托"圣王"时代德治的历史文化资源，孔孟后来才能集其大成，明确提出德治、仁政的重要治政主张。《礼记·中庸》言"仲尼祖述尧舜，宪章文武"，《孟子·滕文公上》载"孟子道性善，言必称尧舜"，此之谓也。

孔子以尧舜为远祖，儒学以尧舜之道为源头，此乃尧舜禹对儒家德治思想传统形成的奠基性意义。孔子论《尚书》以《尧典》为开篇绝非随意为之，而实是有其深意可言。作为儒家的治政大典，《尚书》在开篇的《尧典》《舜典》《大禹谟》《皋陶谟》等中就清楚地彰显了孔孟儒学的真正源头乃在于尧舜禹的"圣王"时代。在孔孟儒学的视域下，尧舜禹就是完美体现儒家德治、仁政的治政理念的理想化君主。因此，我们可以说，尧舜禹的德治思想和人格典范是儒家德治传统形成的光辉起点，它们就是中国德治思想的真正滥觞。

尧的德治思想主要体现为，其秉承天道，以德治国，施行了一种从"克明峻德"到"黎民于变时雍"的德治治理模式。《论语》中孔子盛赞尧曰："大哉尧之为君也！巍巍乎，唯天为大，唯尧则之。荡荡乎，民无能名焉。巍巍乎，其有成功也。焕乎，其有文章！"（《论语·泰伯》）"唯天为大，唯尧则之"是说尧有"则天"之德，其德行足以配天。在孔子看来，尧就是德行足以配天的圣王典范。以德配天后来也正是儒家德治思想的一个重要方面。

为什么说尧的德行足以配天呢？《尚书·虞书·尧典》中说尧"克明峻德，以亲九族。九族既睦，平章百姓。百姓昭明，协和万邦。黎民于变时雍"。这里，从"克明峻德"到"黎民于变时雍"呈现出了一种德化的政治秩序，从为政者彰明自身之美德开始，到百姓大众亦能够交相和睦友好起来，这是后来儒家"修己以治人"（修齐治平）的德治构想的最早文化源头。可以说，于此儒家德治思想"修己以安人""内圣外王"的核心精神已经初见端倪了。《论语》载:"尧曰:咨尔舜!天之历数在尔躬,允执其中。四海困穷,天禄永终。"(《论语·尧曰》)由此可见,尧舜禹的禅让,不仅是政治权力的交接,亦有对重德重民的德治治政理念的传承。

  作为尧的继任者,舜也从其那里继承了重德重民的德治思想。依《论语》《孟子》所记,孔孟都十分推崇舜的"圣王"理想人格,孟子尤其如此。从孔孟对舜帝的称颂来看,舜对儒家德治思想的奠基性贡献在于,真正为儒家德治蓝图提供了一种活的人格化的范本。其具体表现就是,舜本身能够做到反躬自省、以身作则,先做到了以德修己立身,进而能够以德服天下,实现无为而治,而这也正体现了儒家德治思想的理想化追求。孔子赞曰:"无为而治者,其舜也与!夫何为哉?恭己正南面而已矣。"(《论语·卫灵公》)其实说的就是这个道理。"恭己"说的就是舜能够做到以身作则,率先垂范,这体现了儒家德治思想中以德修己的自觉要求。孟子也说:"舜之居深山之中,与木石居,与鹿豕游,其所以异于深山之野人者几希。及其闻一善言,见一善行,若决江河,沛然莫之能御也。"(《孟子·尽心上》)孟子这里也是称赞舜修己恭己的道德自觉能力。凭借这种以德修己的自觉,进而能够以德服天下,以孝名天下,"大孝终身慕父母。五十而慕者,予于大舜见之矣。"(《孟子·万章上》)舜的这种躬行践履、为儒家德治思想提供的人格化范本,是后来儒家德治思想发展的重要历史文化资源。《尚书》云:"德自舜明",《史记·五帝本纪》载:"天下明德皆自虞帝(虞舜)始。"此之谓也。

  到了禹,儒家德治思想的精神脉络就更清晰可见了。在与舜帝讨论政事时,禹提出了"德惟善政,政在养民"与"正德利用厚生"的重要德政观点。大禹说:"于!帝念哉!德惟善政,政在养民。水、火、金、木、土、谷惟修;正德、利用、厚生、惟和。九功惟叙,九叙惟歌。"(《尚书·虞书·大禹谟》)他认为,德政才是好的政治,而好的政治就是要造福于民。这里,德惟善政是对政治的一种道德化理解,这是中国古代德治思想的根本基调;而政在养民的思想则凸显了中国古代德治思想中的民本关怀。就后者而言,除了"养民"说外,大禹还有"安民""惠民"的重民主张。顺着皋陶提出的"知人"与"安民"的治理主张,大禹进一步发挥说:"知人则哲,能官人。安民则惠,黎民怀之。能哲而惠,何忧乎驩兜,何迁乎有苗，何畏乎巧言令色孔壬！"（《尚书·虞书·皋陶谟》）大禹认为，实现德政的关键在于，君主一方面要知人善任，选贤与能，重视官员的选拔；另一方面还要安养百姓，施惠于民，关心民生疾苦。

当然，禹的德治思想除了有"养民安民""利用厚生"的"安人安百姓"的一面，也有"正德"的"修己"的一面。"正德"者，正身之德也，即为政者要自正其德，正己而后可以治民；"利用"者，利民之用也，即为政者要节用为民，将钱财用于为民兴利除弊；"厚生"者，厚民之生也，即为政者要轻徭薄赋，使百姓丰衣足食。大禹"正德利用厚生"的经典论述，与帝尧从"克明峻德"到"黎明于变时雍"的德治治理蓝图一样，都是后来以修己安人、内圣外王为精神内核的儒家德治思想的重要文化渊源。

作为儒家德治思想的源头，尧舜禹的德治思想标志着儒家德治思想的滥觞，后经由西周初年以周公为主要代表的政治精英的"敬德保民"思潮的进一步推扬，终于结出了孔孟儒学德治、仁政的思想硕果。《尚书》所见尧舜禹的德治思想作为中国德治思想的渊源，对儒家德治思想传统形成的奠基性意义不言而喻。

二、儒家德治思想之雏形——周公的"敬德保民"思想

今天我们常将儒学称为"孔孟之道"，而事实上在唐代以前儒学是被称为"周孔之道"的。"孔孟之道"表征着孔孟的仁学发展以及儒学在宋明时期的流变，"周孔之道"则说明了周公、孔子对儒学形成的奠基性贡献。从中国德治思想发展的历史线索来看，以周公制礼作乐和提出"敬德保民"思想为主要标志，殷周之际的人文意识觉醒及其文化转向就已经预示着中国文化真正转进到了重人事、重德行的理性阶段，由此也确立了中国德治思想的雏形。对于殷周之际的大变革，王国维《殷周制度论》中有精彩论述，他说："中国政治与文化之变革，莫剧于殷周之际……殷、周间之大变革，自其表言之，不过一姓一家之兴亡与都邑之移转；自其里言之，则旧

制度废而新制度兴，旧文化废而新文化兴。"① 就殷周文化转向而言，其基本脉络是从重天命（帝）鬼神到重人事德行的人文觉醒。《礼记·表记》中有言："殷人尊神，率民以事神，先鬼而后礼。……周人尊礼尚施，事鬼敬神而远之。"

殷商时期，商代统治集团常将政权的命运委于天命（帝），以为天命不移，成汤社稷自会永远存续。当商臣祖伊劝谏纣王要改过自新时，纣王还说："我生不有命在天？"（《尚书·西伯戡黎》）到了西周时期，以周公为代表的政治精英虽也承认天命，然其天命观中却被注入了人文理性的内容。在小邦周取代大邑商的现实面前，他们不再迷信"天命不移""有命在天"，而是深刻地意识到了"天命靡常"（《诗经·大雅·文王》）"天不可信"（《尚书·周书·君奭》）。周公说："我有周既受，我不敢知曰：厥基永孚于休。若天棐忱，我亦不敢知曰：其终出于不祥。"（《尚书·周书·君奭》）正是出于对政权命运、国家前途的深层忧患，他们不得不反思如何才能永得天命眷顾的问题。其以德配天、敬德保民的思想正是为这种忧患意识所逼出的人文意识觉醒。

小邦周取代大邑商的现实充分说明天命是会转移的，殷商统治集团一味被动地事天、事神，并不足以确保永得天命眷顾。殷王"惟其不敬厥德，乃早坠厥命"（《尚书·周书·召诰》），故"不可不敬德"（《尚书·周书·召诰》）。基于这种深刻的认识，西周初年以周公为代表的政治精英转而强调通过人事（重德）的作为以求得天命之有常。此所谓"皇天无亲，惟德是辅"（《左传·僖公五年》）"王其德之用，祈天永命"（《尚书·周书·召诰》）。在这种观念下，西周初年所谓的"敬天"，不再是"率民以事神"，而是"敬德"的积极作为。这就是形成于殷周之际的德治思想中的以德配天的治政精神。以德配天的精神突出了为政者的德行修养之于政权稳定的重要意义，由此也开启了以儒学为主流的中国文化重德的根本基调。

在以德配天的观念下，敬天就要敬德，敬德就是敬天。在这里，我们不禁要问，这难道还是要把政权的命运委之于天来主宰吗？答案当然是否

---

① 王国维：《殷周制度论》，载姚淦铭、王燕编《王国维文集》（第三册），北京：中国文史出版社，1997年版，第42—43页。

定的。因为在敬天的观念下，除了敬德的思想外，保民的思想也十分重要。正因为保民的思想将"于穆不已"的天命转换为了可以把握的民意。《尚书·周书·泰誓》上说："民之所欲，天必从之"，"天视自我民视，天听自我民听"；又"天惟时求民主"（《尚书·周书·多方》）。周公也说"人无于水监，当于民监"（《尚书·周书·酒诰》），又"天棐忱辞，其考我民"（《尚书·周书·大诰》）。由此，天命被拉回了民心民意中，天命天道其实就是民心民意。因此，只有做到了保民，才能"享天之命"（《尚书·周书·多方》）。由于民心向背决定着政权兴亡，所以以周公为代表的政治精英意识到"天畏棐忱，民情大可见"（《尚书·周书·康诰》）。故他还称赞商王祖甲"爰知小人之依，能保惠于庶民，不敢侮鳏寡"，并一再告诫年幼的成王要"先知稼穑之艰苦，乃逸，则知小民之依"（《尚书·周书·无逸》）。基于这种"天视自我民视"的理性天命观，保民、重民与敬德一样都是敬天、得天命的要求。这就是西周初年以周公为代表的政治精英所提出的以敬德保民为核心内容的德治思想。

以德配天、敬德保民是形成于殷周之际的中国德治思想的核心价值，其本身呈现出一种"敬天—敬德—保民"的理论结构。从以德配天、敬德保民的核心价值来看，这标志着以儒家为主要代表的中国德治思想已经基本成形。以德配天、敬德保民的思想中已蕴含着儒家德治思想修己安人、内圣外王的核心精神。其中，敬德的思想是后来孔子"修己正身"思想提出的重要依据，而保民的思想则是孔子"安人安百姓"思想的重要文化渊源。

三、德治思想的核心

春秋战国时期，诸学派都在思考如何才能增强国力、称霸诸侯。以孔子和孟子为代表的儒家大力倡导仁政，爱惜民众，主张以仁义取天下，反对暴力强权。以老庄为代表的道家则主张无为而治，给予百姓充分的自由。

1. 老子的无为而治

老子的弟子文子在《文子·自然》中引用老子的话，对老子的"无为"做了解释：

"所谓无为者,非谓其引之不来,推之不去,迫而不应,感而不动,坚滞而不流,卷握而不散。谓其私志不入公道,嗜欲不挂正术,循理而举事,因资而立功,推自然之势,曲故不得容,事成而身不伐,功立而名不有,若夫水用舟,沙用肆,泥用輴,山用樏,夏渎冬陂,因高为山,因下为池,非吾所为也。"

由此可见,所谓的无为,绝不是什么事情都不做,而是按照或者说根据自然规律、社会法则、民众福祉来做事,不妄为,不乱为。

老子认为,世间万物皆源于"道"并受其制约。因此,老子认为统治者遵道方能平治天下,"候王若能守之,万物将自宾"(《老子·三十二章》)。

另外,老子还认识到天下万物是"道生之,德畜之","莫不尊道而贵德"(《老子·五十一章》)。这样,统治者在遵道的前提下,必须"贵德","孔德之容,惟道是从"(《老子·二十一章》),即说"德"从属于"道"。由于"道法自然"(《老子·二十五章》)、"道常无为而无不为"(《老子·三十七章》)、"上德不为而无不为"(《老子·三十八章》),老子主张无为而治,"以无事取天下"(《老子·五十七章》)。

无为并不是老子的目的,平治天下才是。无为,在他看来,只不过是实现该目的的唯一手段罢了。他认为"民之难治,以其上之有为,是以难治"(《老子·七十五章》)。"将欲取天下者,恒以无事。及其有事也,又不足以取天下矣。"(《老子·四十八章》)为此,他主张"以道佐人主",反对"以兵强于天下"(《老子·三十章》),认为"夫兵者不祥之器……故有道者不处"(《老子·三十一章》)。这样,老子就提出了效法古圣先王、实行无为而治的德治思想。

2. 孔子的仁

孔子认为天下动荡的根源就是统治者不施仁爱,因此提出了仁政、德治的政治主张。这种主张以仁为内容,以礼为形式,大体有三个方面:为政以德、克己复礼、齐之以礼。

子曰:"为政以德,譬如北辰,居其所而众星共之。"(《论语·为政》)意思就是,以德行来治理国家,就像北极星一样安坐在自己的位置上,其他的星辰便会自行在其周围旋转运行。孔子主张宽则得众、惠则使民,统治者实行仁政，就能取得民心民力；当政者只有施行德政，老百姓才能襁其子而至，并遵其道而行之，天下自然就归于太平。

孔子要求统治者必须遵守礼。"上好礼，则民莫敢不敬"（《论语·子路》），方能以仁德治国。他强调"己所不欲，勿施于人"（《论语·颜渊》）。"克己复礼为仁。一日克己复礼，天下归仁焉。"（《论语·颜渊》）人们要以"礼"来严格地规范自己的言行，克制自己的私欲，以"仁义"之共性来抑制个性的自由发展。如果人们真的有一天都能做到克己复礼，那么，天下归仁焉。

孔子主张"教之以德，齐之以礼"。"夫民，教之以德，齐之以礼，则民有格心；教之以政，齐之以刑，则民有遁心。故君民者，予以爱之，则民亲之；信以结之，则民不倍；恭以莅之，则民有逊心。"（《礼记·缁衣》）

孔子提倡德政，反对暴政、苛政，故言"不教而杀谓之虐"。可以看出，"教之以德"是为政的根本，执政者自己遵守道德并引导民众向善，上下同德，国家自然兴旺。反之，执政者自己荒淫无道，却企图用刑罚手段强迫民众向善，只能使民众离心离德，因为"君子之德风，小人之德草，草上之风，必偃"（《论语·颜渊》）。

3. 孟子的义

孟子有言"羞恶之心，义之端也"（《孟子·公孙丑上》），就是说义来源于人性本有的羞恶之心。其主要包含以下几点。其一，尊敬长辈。"敬长，义也。""义之实，从兄是也。"其二，明耻知羞。"羞恶之心，义也。"其三，非有勿取。"非其有而取之，非义也。"其四，事君以忠。"未有义而后其君者也""君臣有义也。"从中，我们可以看到，孟子用义约束人们的行为，引导人们向善，"仁，人心也；义，人路也"（《孟子·告子上》）。在孟子看来，这条"人路"必须要靠养浩然之气。

孟子自我总结道："我知言，我善养吾浩然之气。"孟子随后说："其为气也，至大至刚，以直养而无害，则塞于天地之间。其为气也，配义与道；无是，馁也。是集义所生者，非义袭而取之也。行有不嫌于心，则馁矣。"（《孟子·公孙丑上》）孟子认为，浩然之气必须用义去培养而不能用邪恶去伤害，这样就可以使它充盈于天地之间而无所不在。浩然之气是与义和道相配合的，离开了义和道的配合，浩然之气就会像人得不到食物一样疲软衰竭。统治者存有这种浩然之气，就能有治国养民之正道。

孟子要求统治者从内心自省的角度来治国养民。孟子告诫统治者，面对利与义的选择时，要舍生取义。孟子对梁惠王说："王，何必曰利？亦有仁义而已矣。王曰：'何以利吾国？'大夫曰：'何以利吾家？'士庶人曰：'何以利吾身？'上下交征利，而国危矣。万乘之国，弑其君者，必千乘之家；千乘之国，弑其君者，必百乘之家。万取千焉，千取百焉，不为不多矣。苟为后义而先利，不夺不餍。未有仁而遗其亲者也，未有义而后其君者也。王亦曰仁义而已矣，何必曰利？'"（《孟子·梁惠王上》）孟子认为应从内心的反省中认识到，如果国君、大夫、士、庶人都重利而轻义，必然会导致战争、社会动乱和道德体系崩溃等局面，从而使整个国家陷入灾难，最终必然损害国之大利。

4. 荀子的礼法

荀子是礼、法并重的大家，强调以礼为核心的治国体系建设，但也更加注重道德与法律在调整社会规范中的平衡作用。在礼与法的关系中，荀子认为礼是法的最高准则，法是礼的衍生，在调整社会关系和规范人的行为时，礼居于核心地位，但需要对其赋予法的刚性，才能确保礼规范社会关系和社会行为的功能充分发挥。

荀子从社会有序发展的角度出发，主张以礼法来调整社会关系以达治理国家之目的。正是基于这种认识，荀子以礼作为"人道之极"（《荀子·礼论》），更强调礼也即道德应该具有法的刚性。

在利益的调整中，荀子主张必须严格执行贵贱、长幼、智愚等礼的相关等级制度，"贵贱之等，长幼之差，知愚、能不能之分，皆使人载其事而各得其宜"（《荀子·荣辱》）。唯有如此，良好的社会秩序才能形成。

荀子认为礼与法都是治理国家的基本原则和手段，但二者的作用不同。"有治人，无治法。……故法不能独立，类不能自行；得其人则存，失其人则亡。法者，治之端也；君子者，法之原也。"这表明法必须依赖于人的自觉遵守和强制执行。法要发挥治国的作用就离不开礼。

四、暴政反思理论

1. 秦鉴

西汉初年，在总结秦朝二世而亡的教训时，贾谊在《过秦论》中认为："秦王怀贪鄙之心，行自奋之智，不信功臣，不亲士民。废王道，立私权，禁文书而酷刑法，先诈力而后仁义，以暴虐为天下始。……繁刑严诛，吏治刻深，赏罚不当，赋敛无度。天下多事，吏弗能纪，百姓困穷而主弗收恤。"贾谊之论认为，秦朝在其政治实践中，重视法家的"诈力"而轻视儒家的"仁义"。贾谊之论基本代表了后人对秦朝败亡教训的认识。

贾山在《至言》中认为秦代："赋敛重数，百姓任罢，赭衣半道，群盗满山，使天下之人戴目而视，倾耳而听。……秦以熊罴之力，虎狼之心，蚕食诸侯，并吞海内，而不笃礼义，故天殃已加矣。"（《汉书·贾山传》）主父偃认为秦始皇"使天下飞刍挽粟，起于黄、腄、琅邪负海之郡，转输北河，率三十钟而致一石。男子疾耕不足于粮饷，女子纺绩不足于帷幕。百姓靡敝，孤寡老弱不能相养，道死者相望，盖天下始叛也"。（《汉书·主父偃传》）严安认为秦代"法严令苛，谀谀者众……丁男被甲，丁女转输，苦不聊生，自经于道树，死者相望"。（《汉书·严安传》）班固在《王莽传》中说道："昔秦燔《诗》《书》以立私议，莽诵《六艺》以文奸言，同归殊途，俱用灭亡，皆炕龙绝气，非命之运，紫色声，余分闰位，圣王之驱除云尔！"从上述言论看，秦代由于不施"儒家仁义之道"，导致其二世而亡。

2. 隋鉴

魏征在《隋书》中指责隋炀帝"虐用其民，视亿兆如草芥"。隋炀帝言："天下人不欲多，多即相聚为盗耳。不尽加诛，无以惩后"。这表明隋炀帝对亿兆子民没有责任感、同情心，滥用权力，对老百姓生杀予夺，暴虐无比。这背弃了儒家倡导的民为邦本的治国之道。

魏征还说隋炀帝"骄怒之兵屡动，土木之功不息"，"头会箕敛"，"征税百端"。这表明隋炀帝滥用武力，大兴土木，不仅给人们带来沉重的经济负担，还影响到了社会的正常生产。这既不合老子的无为而治，又违背了儒家"轻徭薄赋""使民以时"的治国方针。

隋炀帝"淫荒无度","盛治宫室,穷极侈靡","广召良家,充选宫掖","东西游幸,靡有定居","四海珍馐珠味,水陆必备"。这表明隋炀帝生活不倡节俭,对人们进行了严酷的剥削和压迫,不能同情老百姓的生活疾苦。这不符合儒家提倡的不与民争利的治国之道。

隋末起义军领袖李密在讨隋的檄文中怒斥隋炀帝有"禽兽之行","同冒顿之寝",无"人伦之体","先皇大渐,侍疾禁中,遂为枭獍,便行鸩毒","逮于先皇嫔御,并进银环,诸王子女,咸贮金屋","志怀翻覆,言行浮诡,危急则勋赏悬授,克定则丝纶不行"。这表明隋炀帝不遵守人伦规范。这些行为违背了儒家的人伦规范,妨害了统治者社会规范引领作用的发挥。

总之,隋炀帝在治国中不讲仁德,不能以先贤治国之道约束自己的权力意志,不能视民为邦本,只顾个人的建功立业,不重民生,连人们最起码的生存权利都不能保障,更不能以儒家纲常伦理来引领生活规范。正是因为隋炀帝不讲仁政治国之道,与民为敌,最后被万民所弃。

中国传统社会伦理法中的德治思想研究

学者对中国传统社会德治思想的研究多从儒家学派、政治的角度展开论述，鲜有从伦理法中挖掘传统社会德治思想的。伦理法是中国传统社会法律区别于西方传统社会法律最大的一个特点，伦理法是用来指称伦理道德内涵与法的形式的结合体。[①] 在中国传统社会中，国家法律和伦理道德在发展过程中相互交融，总体上呈现法律的伦理化和伦理道德的法律化（这里的伦理道德主要是指儒家学派所倡导的伦理道德）。自《唐律疏议》后，这一演化完成，之后"礼法合一"，一直到清代晚期。伦理法一般体现在包括国家制定的法和家法族规等形式之中。德治是以德治理国家、社会和个人，最终实现以德为统帅的社会秩序。中国传统社会伦理法中蕴含着丰富的德治思想，为我们推进以德治国提供了有益传承。

一、德是政权合法性基础

首先，德是传统社会各统治单元政权合法性的来源。夏商周时期，统治者奉天治民，代天行罚，《尚书·汤誓》记载："有夏多罪，天命殛之。"天命是指上天的意志和命令，政权符合天命视为合法，违逆天命即为非法。政权的得失亦是上天之命使然，非人所能改变。周建立之初，为了论证政权的合法性，周公提出"以德配天，明德慎罚"，主张谁有能使人民归顺的德，天命就属于谁。周替代殷商是因为商纣王违背天命，违德施暴，而周以德帅民，符合天命。虽然，商周更迭之际，人们仍然奉行天命观，借助

---

① 葛晨红：《伦理法与中国德治模式》，《现代哲学》1998年第4期，第67页。

天命说明政权的合法性，但是已经开始用人的意志来解释天命了，解释的核心便是德。封建制度建立之后，德一直是各朝代论证政权合法性来源的主要思想武器。在这里，德要求统治者要体恤百姓、实行仁政，否则就有亡国的危险。

其次，德是传统社会各统治单元治理国家的指导思想。孔子指出"为政以德，譬如北辰，居其所而众星共之"（《论语·为政》），说明德是治国理政的成功法宝。孔子将德与政治联系起来，"政，正也。其身正，不令而行。其身不正，虽令不从"。德主张实施仁政，仁政即是以仁爱之心统治百姓，正所谓"仁者，爱人也"。如果统治者不治国以德，对人民实施严刑峻法，既不能达到孔子所追求的"息讼"之目的，也不能使国家长治久安。

二、德主刑辅的治理模式

自是以德为主，以刑为辅的。首先，治理国家是以德为指导思想，虽然德与刑在不同的历史时期发挥了不同的作用，但总的说来，在治理国家的过程中思想统治体系都是在德的基础上建立的。《唐律疏议·名例》开篇即说"夫三才肇位，万象斯分。禀气含灵，人为称首。莫不凭黎元而树司宰，因政教而施刑法"，意思就是人们在处理世界万象的时候，都是以道德教化为本实行法律的。其次，在具体的治国过程中，主张"大德小刑，先德后刑"[1]，正如汉陈宠所说"礼之所去，刑之所取，失礼则入刑，相为表里者也"（《后汉书·陈宠传》），以规范思想为目的，以规范行为为手段。最后，在治民的手段选用上，以道德教化为主，以刑法处罚为辅，"德礼为政教之本，刑罚为政教之用，犹昏晓阳秋相须而成者也"（《唐律疏例·名例》）。另外，即使刑律规范体系内部也是以德为基础的。德在治理国家中，既是价值遵循，也是具体规范。在君臣之德中，要求"臣事君以忠，君事臣以礼"，不忠既不符合君臣之德，也是法律严厉禁止的。《唐律疏议·名例》将"不忠"归入"十恶"之罪，处以极刑，比如"谋毁宗庙、山陵及宫阙"将以"谋大逆"之罪处死。

---

[1] 曾宪义、赵晓耕主编：《中国法制史》，北京：中国人民大学出版社，2013年版，第108页。

三、以德治国的规则体系

中国传统社会各统治单元所普遍遵循的一个统治目标是长治久安,传国玉玺中所刻"受命于天,既寿永昌"八字,最能说明这一点。为实现既寿永昌,各朝统治者在治理国家时都奉行德治,政治上强调君权至高无上,以忠君思想控制所有人;经济方面追求农业经济的繁荣;社会方面追求稳定,实现稳定的基本途径就是阶级划分和家族之治,传统社会存在士、农、工、商四种身份,地位高低依次排列。中国传统社会没有形成独立于国家和个人之外的社会组织,取而代之的是家族组织。其实,国家对人的统治大部分都是通过家族之治来实现的,家长或族长在本族内部拥有至高无上的权力,上到生杀之权,下到婚丧嫁娶、财产处分,都是由家族内部解决的。只有当个人的行为突破家族控制范围,上升到危及统治秩序的时候,国家机器才会介入。文化方面独尊儒术,中国传统社会是极其注重文学、艺术、哲学、教育的,自然科学的发展只是为了服务于社会科学。需要注意的是,传统社会中儒家思想是各朝代的正统思想。春秋战国时期,儒家思想体系初步形成,汉董仲舒改造后的儒家思想适应了统治阶级的统治需要,被列为正统,其突出表现就是法律的儒家化,"儒家化是中国法律发展史上一个极为重要的过程,中国古代法律因此而产生了重大、深远的变化"[1] 即法律的伦理化。到唐"一准乎礼",儒家思想文化法律化过程完成。一直到清末,儒家思想在传统社会都居于诸多思想流派之首,统帅诸学。从治国主体上看,传统社会伦理法主张的是贤人之治,圣君、贤臣、君子是以德为共同要求的对不同身份的个体的理想追求,在选人用人中主张以德为先、才能次之,"君贤者其国治,君不能者其国乱"(《荀子·议兵论》),"遭良吏则皆怀忠信而履仁,遇恶吏则皆怀奸邪而行浅薄"(《潜夫论·德化》),"治生乎君子,乱生乎小人"(《荀子·王制篇》)。

---

[1] 瞿同祖:《中国法律与中国社会》,北京:商务印书馆,2010年版,第376页。

历代社会中良治建设的理论与实践

善政与良治历来是人们对健康政治生态的一种美好期许，也是为政者孜孜以求的理想政治目标。囿于诸多因素，善政与良治虽然在中国古代从未真正实现过，但是许多有远见卓识的政治家和思想家为此而进行过积极努力，提出过许多真知灼见。这些理论与实践既是中国古代政治文明的重要体现，也具有重要的现代价值，为今天的治国理政提供了重要启示。

一、先秦时期良治建设的理论与实践

先秦时期是指从传说中的三皇五帝时代到战国时期，包括夏、商、西周和春秋、战国等历史阶段。在长达1800多年的历史进程中，我们的祖先创造了光辉灿烂的历史文明，比如甲骨文、青铜器等。在春秋战国这样一个社会大变革的时代，儒、墨、道、法等诸子百家，从自身所代表的阶级利益出发，积极阐发他们各自的社会政治主张，提出了诸多闪烁着智慧光芒的政治理论。

夏之太康在位时期，贪图享乐，丧失道德，遭到百姓和亲族反对。他的五个兄弟引先祖的教训劝谏他"民可近，不可下。民惟邦本，本固邦宁"。自此，彰显华夏政治文明重要标志的民本思想开始出现。春秋战国时期，民本思想不断发展并趋向成熟。比如，《论语·尧曰》篇有："所重：民、食、丧、祭。"在这里，孔子借助尧之口表达了重民的思想。此外，孔子还提出了养民、惠民、利民等方面的民本思想内容。孟子不仅继承了孔子民本思想，而且提出了"民贵君轻"的著名论断。荀子则提出了"爱民""化民""利民""养民""凝民""富民"等丰富的民本思想。当然，在中国思想史上首次明确提出"以民为本"的是晏子,"卑而不失尊,曲而不失正者,以民为本也"(《晏子春秋·内篇问下》)。

为政之道,德不可废。为政者的为政之德关乎民族兴衰、政权安危和人民福祉。中国古代先民很早就认识到德之于为政的重要意义。《尚书》中的《尧典》《舜典》篇对此就有阐发。《周书》中强调天子要敬德、用德,否则天命难保。周公指出"皇天无亲,唯德是辅"。春秋战国时期,社会秩序和价值观念出现大裂变、大组合,经过百家争鸣的洗礼,以孔孟为代表的儒家伦理政治思想系统地论述了为政以德思想。孔子把道德和政治结合起来,并把道德放在首位。《论语·为政》中告诫为政者:"为政以德,譬如北辰,居其所而众星共之。"统治者只有运用道德来治理国家,才会得到百姓的拥戴。在孔子的政治思想中,德的最终目的在于政,德是政的前提,政必须以德为基础。孟子继承了孔子的为政以德思想,更加强调统治者的道德品质的影响,提出"君仁莫不仁,君义莫不义,君正莫不正。一正君而国定矣"(《孟子·离娄章句上》)。这就表明统治者的道德品质对治国理政的意义重大。这也告诫统治者,立德才能兴国,厚德才能天下服。在此后两千多年的封建制度中,为政以德的思想始终占据中国传统政治文化的核心。

二、 汉唐时期的良治建设的理论与实践

汉唐时期在中国社会发展和中华民族形成的历史中占有非常重要的地位。在中国封建社会2000多年的历史长河中,国家统一、文化昌明、武功强盛、国威远播,是汉唐两朝的共同特点。汉朝有文景之治、汉武盛世,唐朝有贞观之治、开元盛世等。可以说,汉唐时期在善政与良治方面,有着非常丰富的思想理论和政治实践。

汉代以后的思想家和统治者,继承了先秦以来的民本思想,并在此基础上做了进一步的发展。汉初的贾谊在新的历史视域下,进一步发展了传统的民本思想。他说:"闻之于政也,民无不为本也。国以为本,君以为本,吏以为本。故国以民为安危,君以民为威侮,吏以民为贵贱,此之谓民无不为本也。"(《新书·大政上》)在贾谊看来,民不仅是国本,也是君

本、官本，是一切的根本，统治者必须关心广大人民的疾苦，要使广大百姓得到实际的物质利益，要以民为乐，国家才能长治久安。不仅如此，他还十分强调民众的历史作用。汉儒董仲舒更从其天人阴阳五行的哲学角度论证以民为本的必要性，使民本思想达到了哲理化的高度。在他看来，君主行仁政安民，则天才给他君位；君主代天理民，必须顺承天意，以安乐民心为务。

唐太宗李世民认真总结和吸取了隋朝覆亡的历史教训，经常以隋为戒。鉴于隋亡的教训，李世民把舟水之训作为自己治国理政的座右铭。以唐太宗李世民为首的贞观君臣，把治理民众、安定民生列为君主政治的首要任务，主张帝王要重民、畏民，进一步阐发了"国以民为本"的政治思想，并付诸政治实践，获得了贞观之治的伟大成就。贞观之治的出现在于贞观君臣十分重视维护民众的正常生活，即"为君之道，必须先存百姓，若损百姓以奉其身，犹割股以啖腹，腹饱而身毙。"（《贞观政要·君道》）唐太宗从隋亡的前车之鉴中得出民是治乱之本原的结论，他写了《民可畏论》，大力宣传"君舟民水"的理论，他在唐初确立的安人理国的指导思想是以民为本和抚民以静。唐朝初年，实施均田制，减轻赋税，宽松刑罚，由此开创了贞观之治。

三、 宋元时期的良治建设的理论与实践

宋元时期是中国封建经济继续发展的时期，也是民族融合进一步加强的时期，在善政与良治建设方面也取得了很大成效。

宋元时期，民本思想有了进一步的发展。北宋的李觏认为，君主应该以天下为心，以养民为本。他说："立君者，天也；养民者，君也。非天命之私一人，为亿万人也。民之所归，天之所右也。天命不易哉！民心可畏哉！"（《李觏集·安民策第一》）在李觏看来，为政者只有得民、安民才可能国泰民安，治理国家首要的是满足民众的基本物质生活。其后的理学家们也从君主必须施行仁政出发，论证和提倡民本思想。比如，张载说："为政之道，以顺民心为本，以厚民生为本，以安而不扰为本。"（《张载集·正蒙》）他更是提出了"民胞物与"的思想，老百姓应视为我的同胞兄弟，万物应视为我的朋友。在他们的政治视野中，实现治国大计的根本途径就是

君主自上而下地推行以民为本的政策，怜爱百姓，推仁心于四海。

宋代时期，政治方面最突出的成就就是科举制度的发展，削弱了门第血统在科举中的作用，增加了寒门士人仕进的机会，使科举考试向整个社会敞开了大门。科举已经成为国家取士的主要途径，通过科举考试，各个阶层的士人得以入仕参政，成为各级官吏的基本来源。科举制度的蓬勃发展和完善，使大批知识分子进入官僚机构，促使官僚集团的结构由贵族士族型向文人学士型转变，以科举起家的官僚取代士家大族成为社会新贵，把文人政治推向了极致。

四、 明清时期的良治建设的理论与实践

明清时期是我国统一的多民族国家进一步巩固和封建制度渐趋衰落的时期。这一时期，政治上呈现出封建君主专制制度空前强化的局面，同时也是古代民本思想发展的最后时期。在明清朝代更迭之际，一些头脑清醒的思想家，如黄宗羲、王夫之、顾炎武，以及稍后的唐甄和戴震等人，从深层的体制方面探寻国家覆亡的体制性缺陷，从而使传统的民本思想更具理性和思辨性。一方面，他们对残民、虐民的君主专制进行了激烈批判；另一方面，他们又从哲学上论证了民本思想的合理性。

清代，康熙帝在位时期，顺应历史潮流，因势利导，励精图治，将一个经济凋敝、社会动荡的中国，发展成为经济繁荣、社会稳定的东方强国。人们将这一段时期称为"康熙盛世"。究其成功之原因，不难发现与其整饬吏治、厉行节约、反腐倡廉等廉政举措密切相关。比如，康熙对满洲人的奢靡旧俗颇感不满，在亲政之后不久，颁布《上谕十六条》，把"尚节俭，以惜财用"作为施政方针。他率先垂范，带头不食烟酒，日常所用之物也是多年不更换，并作《勤俭论》以自警。对于官吏任意盘剥欺压百姓，官场上卖官鬻爵、请托馈送之风深恶痛绝，认为"治国莫要于惩贪"，主张重典治吏。同时，他还积极奖励循良，利用各种机会，在全国树立一批清官廉吏的典型，使之成为大小官员学习的榜样。

十八届四中全会《决定》提出实现全面依法治国总目标必须坚持五条原则，其中之一就是"坚持依法治国和以德治国相结合"。有些领导干部对

此感到疑惑不解：既然实行全面依法治国，还需要提以德治国吗？在全面推进依法治国的进程中，如何体现以德治国呢？官德建设在其中又起到什么样的作用呢？要正确回答这些问题，就必须对法治与德治、德治与官德建设的关系有一个全面、正确的认识。

（一）全面理解"坚持依法治国和以德治国相结合"的深刻含义，提高对德治在依法治国进程中重要作用的认识

十八届四中全会《决定》提出的依法治国和以德治国的实现目标是相辅相成、相得益彰的。治理国家与社会，必须一手抓法治，一手抓德治；既重视发挥法律的规范作用，又重视发挥道德的教化作用。法治是治国方略，但德治在依法治国进程中的重要作用也是不容忽视的，因为德治主要是治思想，强调人格的净化力，在空间上永远大于法律，具有宽广的源头预防功能。

德法并治是时代的需要。从人类历史发展的长河来看，法治只是人类社会发展到一定阶段的产物，其产生晚于德治；同样，它的灭亡也必定是早于德治的。可以说，德治是伴随人类社会始终的。当前，我国正处于德治与法治并行的时代，我们必须要充分发挥法治的规范作用和德治的教化作用，二者相辅相成、缺一不可。

当下，建立健康的社会主义市场经济体系，需要法治和德治共同发力。市场经济、法治原则在很大程度上是一种契约精神。而契约精神的底线要求是道德诚信。人而无信，不知其可。孟子说："人之异于禽兽者几希"，人跟动物的区别就在于这宝贵的一点"几希"——道德。告子说"食色，性也"，讲的是人的动物性，人不仅吃饭、穿衣，还有更高的追求——人的超越。道德底线是社会的红绿灯，跌破伦理道德底线是社会最大的毒瘤。毒瘤生成原因在于当代很多中国人认为金钱就是上帝，有钱就是幸福，不再相信任何理想主义的东西，社会逐利之风泛滥，私德公德全面滑坡，人文精神萎缩，工具理性膨胀。虽然资本逐利和个人谋利是市场经济的两个起点，但当人们为了逐利而跌破伦理道德底线，达到走火入魔境界，什么坏事都可以干得出来时，人性就彻底丧失了；当"异化"到兽性全面泛滥的时候，人类就真的面临灭亡了。

德法并治具有传统与现实的民主、人文土壤。文化具有传承性、凝聚

性和超时空性。文化是一个民族存在的象征，是民族发展的命脉。中华优秀传统文化的精髓——天人合一，落脚点在人（仁）。仁者人也，仁德即人德。古人说："大学之道，在明明德，在亲民，在止于至善。"社会主义核心价值观，其实就是一种德，既是个人的德，也是一种大德，就是国家的德、社会的德。国无德不兴，人无德不立。那么，什么是德？德，由"彳（chi）""十""目""一""心"组成。彳，小步也，表示与行走有关，本义指登高、攀登。十，指代直线，正确的方向。目，是一双眼睛，表示目光瞄准。一，道立于一，惟初太始，造分天地，化成万物。心，"一"下面是"心"，遵循本性、本心的意思。五者合起来的意义就是：直视所行之路的方向，遵循本性、本心，顺乎自然地前行、攀登。故德的本源意义就是"通过心性感知而遵循正确的方向不断前行，或不断有所作为"。法律是开展法治的依据；实施德治，把握德的内涵，需要中华儿女追本溯源。优秀传统文化中蕴藏着丰厚的做人做事和治国理政的大道理，"半部《论语》治天下"，看成败，鉴是非，知兴替，温故而知新，彰往而察来；优秀传统伦理中至今仍有引导作用的人生价值，可以帮助人知廉耻、明是非、懂荣辱、辨善恶，养成健全的道德品格。先贤们在修身处事、治国理政方面有着高超的智慧和经验——见贤思齐、养浩然正气、塑高尚人格，从而不断提高从政的人文素养和精神境界。建设法治社会的根本是公民道德素质的全面提升，民主法治社会迫切需要德治强大的自律、教化功能的辅助。发挥人性的主体作用，在社会中建立起积极向上、向善的价值观，人人讲德性德行，法治的顺利实施才会有一个好的基础。

法治和德治是辩证统一体。为了科学地发挥依法治国和以德治国相结合的作用，必须首先弄清楚法治和德治的辩证关系。

首先，法治之法律和德治之道德二者相辅相成。习近平总书记在十八届四中全会第二次会议上指出：要注意把一些基本道德规范转化为法律规范，使法律规范更多地体现道德观念和人文关怀，通过法律的强制力来强化道德作用，确保道德底线，推动全社会道德素质提升。法律和道德都是社会行为原则，都具备规范社会行为、维护社会秩序的作用。法律是成文的道德，作为社会行为的底线，是社会公德的固化和外化；作为他律，对人的社会行为发挥强制作用。法律是道德的保障，可以通过强制性规范人们的行为,通过惩罚违法行为来引领社会风尚。发挥好法律的规范作用,必须强化法治对道德的促进作用。道德是法律的基础。道德从立法、执法和司法的不同层面影响着法律实施的效果。道德作为更高的行为标准,是植根于内心的法律,像看不见的软性法律在人的内心规范着人们的行为,使人们以遵纪守法为底线,根据自己的道德修养和道德情操调整自己的行为。只有那些符合道德,具有深厚道德基础的法律才能为更多的人自觉遵守。也只有提高广大公民的道德素质,才能为建设法治社会提供社会基础。道德空间永远大于法律,具有宽广的预防功能。道德教化可以滋养法治精神,给法治文化以强化和支撑作用。没有道德滋养,法治文化就缺乏源头活水,法律实施就缺乏坚实的社会基础。

其次,从法治的角度看德治,法治为主,德治为辅,法治是德治的保障。"依法治国"的"依"和"以德治国"的"以"不是一个意思,不能并列,更不能颠倒。法治是大方向,是顶层设计;而德治只是手段。前者是治国的基本方略,后者是辅助的治理方式。二者确实需要密切结合,但必须主次分明。如果将德治上升到治国方略,片面强调自勉而修、明德而圣,缺乏刚性的监督和他律,则会陷入泛道德主义的泥沼,必将走向人治的危险境地。必须明白,只有在法治的统摄下,德治才有意义。更为重要的是,只有在民主国家、民主制度中才存在法治。长达2000多年的封建社会中就只有法制而无法治。把法治作为治国方略,充分体现了我们国家人民民主政权的性质。

再次,从德治的角度看法治,德治是法治的补充和支撑。有道德的人是推行法治的主体和保障。法律的制定和实施,归根到底是由人来实现的。同样,法律的制定、执行和裁量中所体现出的道德要求与精神,也都是以人具有较高道德水准为保证的。法律并非越多越严越好。历史上,法律之严酷莫过于秦朝,就连平日弃灰于路都要被砍去手脚,结果是秦二世在普天怨恨声中亡秦。立法过程中,我们强调科学、民主、公平、公正,体现出的就是法治的道德意蕴。现实生活中,无数知法犯法、执法犯法的案例再三说明:立法、司法、执法人员如果缺乏良好的道德素养,即使法律专业水平再高,也会见利忘义、见利忘法、见利忘责,导致司法不公。道德是法律的基础,提升领导干部的道德水平是实现依法治国的重要途径。因此，在全面推进依法治国的进程中，我们必须要大力弘扬社会主义核心价值观；在立法、执法和司法实践中，要充分体现社会主义核心价值观的基本要求。

由于治理范围不同，在社会生活中，道德所涉及的价值判断和利益诉求调整远远多于和宽于法律。可以说，法律留给道德的空间十分宽广，需要道德自律的领域非常广阔。日常生活中，违法乱纪之事毕竟是少数，但违背道德之事却比比皆是。这些问题单靠法律是难以解决的，必须还要靠德治。当前，我国正处于重要的社会转型期，传统计划经济时代的核心价值观和道德规范不再具有共识作用和指导意义，而新的道德体系尚未完全建立起来。所以，人们惊骇地发现：贪欲无度、疯狂逐利的风气正在不断蔓延；道德失范、诚信缺失正在侵蚀着诸多领域；信念淡漠，价值观扭曲，是非、善恶、美丑混淆正在影响着众多社会成员；拜金主义、享乐主义、极端个人主义日渐滋长；以权谋私、造假欺诈、见利忘义现象令人瞠目结舌；坏心、恶心、害人之心比比皆是；善心、良心、助人之心渐趋萎缩……所有这些问题正冲击着我们的社会道德底线，拷问着人们的道德良知，败坏着社会的风气，损害着正常的社会秩序。贪官层出不穷，"老虎""苍蝇"不断，官德缺失，在全社会道德滑坡的过程中也起了推波助澜的作用。究其原因，正如习近平总书记所指出的，一是传统文化受到了破坏，特别是在"文化大革命"时期备受破坏，批判一切，老祖宗好的东西也批掉了，如批师道尊严等，这对文化的伤害是很大的，直到现在仍有负面影响；二是改革开放后，资产阶级、资本主义腐朽的东西跟着商品进来了，给传统文化带来破坏，以至于很多社会现象让人感慨：人心不古！这里讲的人心不古，不是让人们的心回到古代，而是讲千百年以来中华民族秉承的一些基本道德规范乃至人的良知已被无情抛弃。

加强道德建设，还可以为依法治国营造良好的人文环境。中华民族是一个有着优秀传统美德的民族，仁、义、礼、智、信等中华传统美德，滋养了无数中华儿女，助力了一代代文化的辉煌。对依法治国而言，没有全社会思想道德水平的提高，法治建设的底蕴就不会深厚；没有基本的道德底线，法律再完善也没有用。所以，我们必须加强公民思想道德建设，提高全社会思想道德水平，积极培育和践行社会主义核心价值观，深入持久地开展以为人民服务为核心、集体主义为原则的社会主义道德教育，引导人们树立正确的世界观、人生观、价值观，强化规则意识，倡导契约精神，弘扬公序良俗，弘扬真善美，贬斥假恶丑，在全社会形成知荣辱、讲正气、做奉献、促和谐的良好风尚，形成男女平等、尊老爱幼、扶贫济困、扶弱助残、礼让宽容的人际关系，坚决反对拜金主义、造假欺诈、见利忘义、损人利己的歪风邪气，引导人们自觉履行法定义务、社会责任和家庭责任，奠定法治社会的道德基础。此外，道德在一定意义上也可以转化为法律。

（二）全面推进依法治国和以德治国，官德建设必须先行

儒学是为己之学，提倡正人先正己。正心、修身，做一个有道德的人，是推行德治的基础。孔子说："君子之德风，小人之德草。草上之风，必偃。"孟子说："劳心者治人，劳力者治于人。"这两句话曾一度被认为是对封建统治的辩护和对劳动群众的鄙视。其实，从社会分工的角度来看，只要有分工，就永远存在着管理者与被管理者之间的对立关系。管理者处于上位，被管理者处于下位，被管理者要求服从管理者的管理；管理者的人格、意志、品行永远辐射、影响着被管理者。官者，管也。从这一意义上来说，官（各级公务员，尤其是领导干部）可称之为君子或劳心者，他们是万众瞩目的楷模，他们的德行具有强大的辐射力和影响力。中国古代一直有以吏为师的传统。官员高尚的德行具有任何法律都不可能有的以身说法的作用，是千百年来充斥于人们内心的一种对先进、正风正气、正人君子的自觉的敬畏，对全民族安身立命、终极关怀情结的形成有不可估量的作用。

领导干部要自律慎独，自觉守法，做一个有道德的人。自律慎独是遵守法律的基础。"法先自治以治人"，无论法律多么完善，都必须先转化为人们的内心自觉，才能真正为人们所遵守。法治的实现，同样首先要靠人的自觉、人的自我约束。党的领导干部必须清楚地知道哪些可以做、哪些不能做，坚守做人做官的道德底线，主动遵守法律，执行法律。诚如习近平总书记所说："一个人能否廉洁自律，最大的诱惑是自己，最难战胜的敌人也是自己。一个人战胜不了自己，制度设计得再缜密，也会'法令滋彰，盗贼多有'。"

法律是最底线的道德，触犯了法律，当然也就违背了道德。道德作为

心中的法律，直接影响着人们的日常行为。我们看到，在同样的法律环境中，不管法律制度多么细密和严厉，清者自清，浊者自浊，既会产生贪官，也会出现廉吏。

当前，社会上尽管出现了一些见利忘义、贪污腐败的"老虎""苍蝇"，但更多的是无数自警自省自励的好干部。可以说，自律是区分高尚与卑鄙的分水岭。季羡林先生曾经说过，希望世人先做一个及格的好人，然后再一点点往上加分，做一个更好的人。日积一善，渐成圣贤。这也正是习总书记所期望的那样："只要我们这个民族一代接着一代追求高尚的道德境界，我们这个民族就大有希望！"

领导干部要恪守从政之德，给一般社会成员做出表率。任何社会角色都有自己的角色伦理。做人要有道德，做官要讲官德。德正才有德政。孔子说："政者，正也。子帅以正，孰敢不正？""其身正，不令而行；其身不正，虽令不从。"己身不正，焉能正人？治者无德，何以德治？对于领导干部来说，如果自己都不遵守从政之德，破坏政治的公平正义原则，那么他如何去管理别人呢？

加强官德建设对法治和德治都有重要意义。治国先治吏，官德建设是依法治国的关键，因为官是国家政策的制定者和执行者、国家事务的管理者，一言一行代表着政府，代表着国家。官德不彰，法治无魂。现实生活中，有些领导干部"法定职责不为，法无授权乱为""有法不依，执法不严，违法不究"。究其原因，不是他们法律知识了解得少，而是他们道德素质低下，缺少敬业精神，自律修己不严。许多人之所以从领导干部沦为犯罪分子，主要在于他们知行分裂、人格分裂，说一套，做一套；人前一套，人后一套；台上一套，台下一套。所以说，依法治国，首先是以法治官。

官德对社会公众道德具有示范和导向作用。在很大程度上，官德代表着社会道德的建设水平和发展方向，制约和影响着整个社会道德的发展与完善。领导干部是否具有较高的道德品质，决定着他们能否很好地履行自己对社会其他成员的道义责任，影响着全社会道德建设的成效。领导干部如果没有做到自律修己、知行合一，在德上出了问题，那么必然会导致纲纪松弛、法令不行，必然会违纪违法，走向腐败。这不仅会给自己和家庭带来严重的灾难，而且也会给国家造成无可挽回的损失。党的领导干部绝不能把自己混同于普通群众，应该要率身示范，加强道德修养，以道德的力量赢得人心。

习近平总书记说："作为党的领导干部，一定要以正确的世界观立身、以正确的权力观用权、以正确的事业观做事，带头遵守廉洁自律各项规定，以淡泊之心对待个人名利和权位，以敬畏之心对待肩负的职责和人民的事业，任何情况下都要稳住心神、管住行为、守住清白，做到一尘不染、一身正气，始终保持共产党人的高尚品格和清廉形象。""即使你本人廉洁，但你辜负了人民的委托，不能给人民带来利益，这种'两袖清风，两手空空'的干部，人民也不会拥护。"党的各级领导干部应该要积极践行"三严三实"和"两学一做"的要求，自觉将其内化于心、外化于行，不断加强自身道德修养，努力改进工作作风，以实际行动争做忠诚、干净、担当、实干的好干部。

治者有德，德治有望。政德建设永远在路上。修政德、行德政，应该成为党的各级领导干部永恒的职业道德追求。

开启人生伦理学研究之门的一把金钥匙

——读安乐哲大作《儒家角色伦理学》

尊敬的安乐哲先生，各位先进、同仁：

大家上午好！

应山东大学郑杰文教授邀请，今天非常荣幸地参加安乐哲先生《儒家角色伦理学》新著的座谈会。

首先，我对该书的出版表示诚挚的祝贺！安先生大作给人一种耳目一新的感觉。伦理学是以研究人生道德为旨归的。作为研究人生伦理学的一本新书，安乐哲先生的研究从立意、剖析到结论，都在时下已有的诸如存在主义的、精神分析的、实用主义的、人格主义的、新托马斯主义的、人道主义的、行为技术的、自我实现的形形色色伦理学以及境遇伦理学、新教伦理、规范伦理等学派的基础上，以贯穿东西方文化的宏大视野，独辟蹊径，明显具有创新性、整体性和现实性的鲜明特色。

就创新性而言，儒家角色伦理学一开始就对一种推定假设的教义性——个人主义构成挑战；认为"儒家思想在当代向世界贡献的最深刻见解，就在于它鼓励人们重新思考家庭的角色，将其作为圆满仁德人生之基础和场合，而且延伸出去，使其成为一种真正健康的民主基础和出发点"，并设问"谁知道，一个儒家思想启迪的民主久而久之不会成为一个对自由民主有价值的替代？"，即"一个以角色伦理生活之道为基础的民主，它不再受教旨性的个人主义与社会价值二者之间的明显冲突所牵累。"

就整体性而言，儒家角色伦理学从判断适当行为的整体性入手进行考虑，认为家庭关系是道德能力取之不尽的源泉，是道德教育的整体性基础。通过回到对恰当行为的调查研究，对具体日常事务中的改善性进步做出评定，对较为抽象的原则、德行和价值的理论思考必须实在化，而且服务于人的日常经验，以君子之行为途径进行改造。

就现实性而言，认为在跨文化融合交流的舞台上，儒家角色伦理中"互相依赖和邻居过得好就是你过得好"的非常有益的思维框架大有推荐价值。

在强调儒家角色伦理是一种道德生活观，且"不与德性伦理或其他什么伦理竞争"的学术原则下，安乐哲先生在《中文版序言》中将其特质归纳为几个方面：

1. 坚持以关系（什么关系？下边还要分析到）为本，不接受任何将人视为最终个体的概念。

2. 拒绝接受不加质疑的质性本体论和以此为根据的行为体概想。

3. 十分重视"体"在成就人格与"仁"行为中起到的能动统一角色——以体为本，接受滋养和培育，人的行为呈现光彩。

4. 重视道德想象过程对思想与生活上"成仁"起的重要作用。

尤其难能可贵的是，安乐哲先生实事求是地分析了儒家角色伦理学的局限，即在同意金耀基"儒家角色伦理学最大的局限在于没有对具体人成为完全的社会存在提供结构性资源"观点的基础上，提出对亲情关系的依赖也会变成裙带关系、任人唯亲、地方主义和腐败发生的分裂根源，认为偏颇与公平的不平衡会影响发展，如唯意志论、伪君子以及唐人街现象等。

当然，金无足赤，玉难免瑕。抱着"我爱我师，更爱真理"的实事求是的态度，在充分肯定安先生新作所起到的开启了人生伦理学研究之门金钥匙的价值基础上，认为书中的某些表述也有需要进一步明确加以说明之处。譬如《序言》第1页开篇就交代的"我创作'儒家角色伦理'的初衷就是基于儒家角色伦理的当中'关系'这个事实。"这儿的"关系"，语焉不详，应当直截了当地表述为"人与人的关系"或"人生的社会关系"。因为这样才属于避免人的社会性不被边缘化的研究视域。同样，《序言》第4页，儒家角色伦理坚持以关系为本，也属于指代过于宽泛。再譬如，正文第三章第五节《人伦角色 体认以礼》，不仅对孔子"仁礼合一"的思想境界挖掘不足，而且对专门言礼的儒家另一翼重要代表人物荀子的典型论述——"人之生不能无群，群而无分则争，争则乱，乱则穷矣。故无分者，人之大害也；有分者，天下之本利也"和"人生而有欲，欲而不得则不能无求；求而无量度分界，则不能不争。争则乱，乱则穷。先王恶其乱也，故制礼义以分之"视而不见。

敝人也长期从事"生活中的儒家伦理"的学习和研究工作，积累数载之体验，再加上受安先生理论框架的启迪，下面也就儒家角色伦理谈一点自己的思考。不周之处，尚祈安乐哲先生和诸位先进批评指正。

先来看儒家角色伦理概念的建构。顾名思义，儒家角色伦理学有三重规定性。

第一，它属于伦理学的范畴。伦理学乃研究人类道德的学问。中国传统文化对伦理早就有着明确的定义。《说文解字》："伦者，辈也。"段玉裁注："同类之次曰辈"；郑玄注："伦，犹类也，理分。"理本意指玉的纹理，引申为条理、道理、原理，乃至做人的道理。"古往今来是为宙，上下四方是为宇。"人类是一辈辈延续的。从宙的角度看，人类总会遇到共同的难题，比如生死、义利、政权更替面临的道德判断和抉择，这些判断抉择往往具有跨越时空的永恒价值；然而一代人又毕竟有一代人面临的特殊社会问题，所以一代人必须有一代人的职责、担当和道德应对，这些判断就具有特殊的时代价值，不能强行搬用到异代。伦理就是指成人、成物、成事的道理。成物、成事都靠人来进行和完成，因此，成人是最重要的人生伦理，即做一个有道德的人是成人的根本。

第二，分工出现之后，某一时代的人总是身兼多种角色，可以说是角色的集合——角色集。但在人生某一阶段上，总有一种社会角色是最主要的。比如某一皇帝，他既是太上皇的儿子，也是皇子、公主的父亲；既是普天下臣民的最高权威，又是上天的儿子；经常劳心发号施令，有时也要劳力亲为等等，但皇帝却是他若干社会角色中的最主要的角色。怎样做一个能够保证政权长治久安、名垂青史的有为的皇帝，遵守哪些统治原则和道德就能成为一个这样的好皇帝，这就是该皇帝的角色伦理。举例说，抛弃皇帝治国理政的大任这一主要的社会角色担当，而待在后宫专心致志地做木匠活儿的，就肯定不是好皇帝。再举更为人熟知的例子，我们不妨从中国国粹文化的代表之一京剧说起。京剧角色分为生、末、净、旦、丑，各有各的不同内涵和担当。可以说，一个人如果不懂京剧生、末、净、旦、丑的角色之分，就一定看不懂京剧。同样，一个人如果不懂社会生活中人生的不同角色，或者扮演了不该扮演的角色，就不懂真正的人生，或者注定是失败的人生。

第三，在子学时代，每一学派都有自己的人生角色伦理。道家塑造的自由、真实、宽容、避世；墨家高扬的兼爱、互利、尚贤、尚同；法家主张的性恶、法制、公平、公正等，各具鲜明特色。惟儒家是一直以专注人之为现实中的人以及人与人之间的关系为最鲜明特色的学派。一部《论语》可以概括为论述如何做人，如何做一个有道德的人。换言之，无论一个人属于什么职业，担当什么社会角色，儒家都要求努力去做一个有道德的人。这与今天我们要求的职业道德有密切的关联。实际上，人的造字是一撇一捺，以一个人和他人、和社会的关系来看，本身就是一种人与人的关系或者是群己关系。把自己一生的主要的社会角色担当好，做一个有道德的人，是儒家角色伦理的核心要义。由于中华传统文化的主流是儒家文化，所以与其他各派相比，儒家角色伦理就不能不更深刻地影响着中国人的精神世界。

在解析儒家角色伦理范畴的基础上，我们显然可以进一步深化对这一命题的探讨。

第一，儒家角色伦理的出发点是基于对人性的深刻思考。因为家庭和社会都是由人组成的。

人是什么？人性是什么？人与动物有何本质区别？古希腊哲学家柏拉图认为：人是两腿直立行走、全身无毛的动物。另一位哲学家则拿着一只脱光了毛的鸡说："这就是柏拉图所说的人吗？"以往学界习惯了的对人的特质的有语言、能制造工具等的界定，已经逐渐被近年来越来越多的科学家对某些高级动物其实也具有这些特征的系统研究所颠覆。孟子说："人之异于禽兽者几希。"这点儿"几希"就是道德。人肯定有区别于禽兽之兽性的人性，黑猩猩幼崽再高级的心理活动也与婴儿明显不同。告子说"食色，性也"，讲的只是人的动物性。但人生来不仅是为了吃饭、穿衣的一般动物属性诉求，还有更高的人生追求——人的精神性、文明性、超越性。那么问题来了：人性究竟是善还是恶呢？过去，许多学者简单地将其归纳为：东方讲性善，西方讲性恶。事实不是如此简单的。比如主张人性善的就既有东方的孟子，也有法国的卢梭；主张人性恶的既有东方的荀子，也有西方的宗教；主张性无善无恶的是告子；主张性可以为善，可以为不善的有世硕；主张有性善有性不善的是无名氏；主张性善恶混说的有王充、扬雄和西方的柏拉图；主张性"三品"说的有董仲舒、韩愈；主张性与情"二元论"的有张载的天地之性、气质之性和王安石性情体用等等。清醒一点看，如果总是纠缠于性善还是性恶之间，则永远都不可能摆脱片面而无法圆融的怪圈。跳出这些预设的假定，重新审视人性，我们就会发现：人性其实可以分为广义人性与狭义人性。前者是动物性和狭义人性的总和，永远涵盖后者；而平常人们讲的人性大多是指狭义的人性。为了说明方便，让我们来看一个公式：

$$X = (A+B) + X'$$

上式中的 X 即广义人性，它等于动物性的 A（即告子所说的食，吃喝以延续当下的生命）+B（即告子所说的色，配偶、繁衍以持续延展生命）；再加上狭义人性的 X'，即孟子所说的人性区别于兽性的"几希"。通常人们表述的人的个体性、社会性、兽性、人性、野蛮性、文明性，以及安先生书中使用的"仁德"，都可以从广义人性和狭义人性的视角去加以观察。[1]

依据以上公式，我们可以推导出三点认识：

1. 广义人性是由人的个体性、社会性、兽性、狭义人性、野蛮性与文明性等组成的。

2. 在上列由等号组成的式子中，很明显地可以发现：如果括弧里的 $A+B$ 即食和色的比重加大，括弧外的 X' 即狭义人性"几希"的比重就会相应减少；反之，如果括弧外的 X' 即狭义人性"几希"的比重加大，那么括弧内的 $A+B$ 即食和色的比重就会减少：这是一种互为消长的关系。

3. 人生的过程，就是通过反躬修己、自律慎独、见贤思齐、改过自新的过程，通过不断地加大 X' 的比重，同时不断地减少 $A+B$ 的比重，完成成人（仁）的过程。诚如季羡林先生所言："希望世人先做一个及格的好人，然后再一点点往上加分，做一个更好的人。"

所有家庭成员人人讲人性，父慈子孝，弟恭兄悌，夫妇和谐，按照自己的角色去格物、致知、诚意、正心、修身、齐家，社会的和谐肌体才会有健康细胞的源源不断的供给。

因此，从人性的角度去思考儒家角色伦理，是从人性与禽兽之性相判

---

[1] 陈立夫：《人理学》，台北：台湾中华书局，1984年版。

分的基点去开始人之为人的伦理研究的。换言之，人之为人正是人的角色伦理的真谛。

第二，儒家角色伦理的最终目标是成人（仁），实现由本我向超我的超越。

走出家庭，来到社会，积极入世，治国平天下，开始了儒家的人生担当，因为人能群也。仁，既是总德，也是分德。其造字从"亻"从"二"，是指在处理人与人的关系时遵守的伦理规范。儒家的仁学是人学。仁者，人也，仁者爱人，它凝聚着对人普遍的爱；是"为己之学"，是"涵盖式人文主义"，符合人类的慈悲、善良、同情、温和等人文精神；儒学关注人的心灵世界，追寻生命的意义，通过内在超越，为个体找到最适合的存在方式，实现人与自己内心的和谐发展。仁学是人德学。人德即仁德。提倡和砥砺君子品格，主张正心、诚意、修身、齐家、治国、平天下，寓仁德于言行之中；践行与人为善，实现自己和他人幸福的互动和共赢，体现了人性的光辉。仁学是人理学。以人心、人性、人道为主旨的儒家文化是"尽人之性"，人之何以为人之道具有跨越时空的价值。成仁就是求为人道，通过不断光大狭义人性的比重，人才会更加远离兽性，更加提升文明水平。人不仅要对外化自然，更要内化己心，把自己修炼为一个真正的人。很好地人化自己，才能很好地人化自然。而命运在自己手里，不在上天；修德从自己做起，不在别人。通过自身努力，确立道德良知，遵循内在超越，成为一个有道德的人，是儒家于世俗情怀中实现人生终极关怀的大智慧。

同时，儒家也讲"仁礼合一"。礼对社会秩序的稳定和建构具有重要意义。孔子主张的"君君、臣臣、父父、子子"，就是要求每一种社会角色都严格遵从自己的伦理道德，社会正常秩序就有起码的保证。譬如我们今天强调执政官员要讲规矩，也是一种为政角色的要求。应当牢记：孔子的思想起点是礼，其创立儒学本源于补礼、纠礼的致思路向。言礼不及仁，非儒也；言仁不及礼，亦非也；仁礼和合，真儒之谓。因此，孔子虽把仁界定为礼之本，但并未因仁而废礼，一方面以仁释礼，另一方面又强调以礼来外化仁、落实仁。仁、礼不偏废，内外合为一；仁是内化的礼，礼是外化的仁，两者和谐互动、感通为一。如果仁不外化为礼而落实于日用常行间就不能实现其价值，此其所谓"克己复礼为仁"（《论语·颜渊》）；同样，如果外在的礼失去了内在之仁做支撑，那么礼就流于形式、虚文，此其所谓"人而不仁，如礼何？人而不仁，如乐何？"（《论语·八佾》）；"礼云礼云，玉帛云乎哉？乐云乐云，钟鼓云乎哉？"（《论语·阳货》）。可见，仁与礼构成孔子之道的一体两面，具有同等重要的地位：仁之要在于使礼合乎主体内在的心性情感，而不至于流于空有其表、形式僵化的所谓"吃人的礼教"；礼之要则在于将主体内在的情感化作外在的力量，落实于具体的社会关系中。仁的内在情感与礼的外在行为合而为一，方是道德实践整个过程的完成。

由此，"仁礼合一"或许才是孔子的生命智慧和成德之教的真义所在，这也便是儒门所传的道，此道所内蕴的正是"即凡而圣""极高明而道中庸"的深邃哲理：它既高举远瞻，又平实切近；既是终极关怀，又不离人伦日用；既是形上超越之道，又是百姓日用之道。

当作为礼之本的内在的仁显发为用而成外在的礼时，又可化民成俗，落实于百姓生活、日用常行之间。小至视听言动、举手投足，大至行军作战、为政治国皆要合乎礼。《论语》有言如是：

  颜渊问仁。子曰："克己复礼为仁。一日克己复礼，天下归仁焉。为仁由己，而由人乎哉？"颜渊曰："请问其目。"子曰："非礼勿视，非礼勿听，非礼勿言，非礼勿动。"①

  孟懿子问孝。子曰："无违。"樊迟御，子告之曰："孟孙问孝于我，我对曰，无违。"樊迟曰："何谓也？"子曰："生，事之以礼；死，葬之以礼，祭之以礼。"②

  子曰："能以礼让为国乎？何有？不能以礼让为国，如礼何？"③

当我们一言一行、待人接物都依礼而行时，自可"求仁得仁""从容中道"，此即孔子所谓"克己复礼为仁"。其实，这也正是美国学者芬格莱特所说的礼的神奇魅力、魔术效应——人们纯熟地实践人类社会各种角色所要求的礼仪行为，最终便可以从容中道，使人生焕发出神奇的魅力。圣人境界就是人性在不离凡俗世界的礼仪实践中所透射出的神圣光辉。有人诋毁儒学不懂得爱，不会爱，没有终极关怀，可以说这种人要么是没有读懂经书，要么就是蓄意心怀偏见。

---

① 《论语·颜渊》。
② 《论语·为政》。
③ 《论语·里仁》。

第三，儒家角色伦理的实现路径是诚，诚就是信仰，信仰就是人之为人角色伦理的终极动力源。

由家庭而社会，完成修齐治平的人生使命，儒家伦理道德的范畴可谓林林总总。比如人们常挂在嘴上的"五常"——仁、义、礼、智、信，"四维八德"——礼、义、廉、耻，孝、悌、忠、信、礼、义、廉、耻以及后来孙中山先生加上的"和""平"等。我们编撰的《中华伦理范畴丛书》中更是条分缕析出60多个范畴。从儒家角色伦理的视域去检讨，其实诚为"八德"之基甚至诸德之基。道理很简单，诚是人类最原始的美德，由自己内心的最隐蔽处产生、发出，是修己、成人的心灵渊薮。道德来源于诚。"国之大事，在祀与戎""我欲仁斯仁至矣""诚，信也""心诚则灵"。祭祀天地、祖先，慎终追远，"祭神如神在"，后人的诚敬情感永远是第一位的。儒家修身成人最要紧的正是一个诚字。《中庸》："君子诚之为贵。"儒家认为诚意才能正心。因为"诚者，天之道也"，"自诚明，谓之性。自明诚，谓之教。"要实现儒家的角色伦理，诚意是关键。"唯天下至诚，为能尽其性；能尽其性，则能尽人之性；能尽人之性，则能尽物之性；能尽物之性，则可以赞天地之化育；可以赞天地之化育，则可以与天地参矣。"诚是一切道德的起源："天下之达道五，所以行之者三。曰：君臣也，父子也，夫妇也，昆弟也，朋友之交也。五者，天下之达道也；知、仁、勇、三者，天下之达德也；所以行之者，一也。"（《中庸·第二十章》）朱熹注云：一则诚而已矣。陆九渊也认为"成己、成物，一出于诚"。

总之，人生在世，不管居于何种社会角色，都要从人性与兽性、人与他人关系两个基本的维度去诚意人生，即诚心对己，己所不欲，勿施于人；诚心对人，"己欲立而立人，己欲达而达人"。作为一个人，从内心深处坚守诚信底线，牢记我是一个人，做一名无伤人类共同人文精神如善良、慈悲、诚实、勇敢、温和、同情、关爱等基本道德的人；作为一名现代公民，无论从事什么职业，担当什么社会角色，都能做到诚心爱国、敬业、诚信、友善，果如此，那便就是尽到了做人的责任，践行了做人的伦理，取得了做人的资格。

（原载于《汉籍与汉学》2017年第1期）

下篇 孔孟思想研究

《"君子"、"野人"辨》质疑

读了王明国的《"君子"、"野人"辨》[①] 一文，有几点不同看法。

第一，王文认为"无君子莫治野人，无野人莫养君子"这句话的重心在后半句，亦即"必须重视'野人'的力量"，这是十分牵强的。从原文看，孟子的前提是"夫滕，壤地偏小，将为君子焉，将为野人焉"（《孟子·滕文公上》），意思是说：滕国，虽然地域狭小，可也一定要有官吏和劳动人民。在这个前提下，孟子才强调："无君子莫治野人，无野人莫养君子。"（《孟子·滕文公上》）这句话中的两层意思是并列的，无所谓偏重哪一方面。这可以用孟子的其他话来参证："故曰或劳心，或劳力，劳心者治人，劳力者治于人。"（《孟子·滕文公上》）在这里，孟子是强调重视劳心者抑或是劳力者呢？况且，孟子有时还大力强调"无君子""不可以为国"的重要性（《孟子·告子上》），这又如何解释呢？王文认为孟子的前半句只是"复叙客观现状"，似乎是为后半句服务的，这实在不符合孟子的本意。其实，孟子是在同时强调统治与被统治矛盾辩证关系的两方面，都是复述社会上早已存在的现实，其目的在于告诉毕战：即使实行井田制，统治阶级与被统治阶级之间的区别也是绝对不能缺少的。下面孟子设想的一大套办法也都是为了"所以别野人焉"（《孟子·滕文公上》），这不就是最好的说明吗？至于说到"必须重视'野人'"，则令人茫然。在《孟子》全书六次出现"野人"的章节里，我们都没有发现孟子的这种思想。王文从"民为贵"出发，引申出"必须重视'野人'"的论断，想必孟子是难以同意吧！

[①] 王明国：《"君子"、"野人"辨》，《文汇报》1981年10月26日版。

第二,"无君子莫治野人,无野人莫养君子"这句话中除去论证分工的重要性之外,究竟有没有论证剥削制度合理性的一面,我认为是有的。关键在于"治"和"养"。治者,统治也,这是剥削阶级的任务;养者,供养也,这是被剥削者的任务。没有养活人的"野人",就没有治理人的"君子";没有治理人的"君子",便不能管理养活人的"野人":这是阶级社会中客观存在的现实。孟子从未提出过异议。同时,在孟子所向往的"井田制"中,还着重强调君子与野人之间的"治"与"养"关系,显然孟子认为是合理的。历史上,强调剥削制度的合理性,几乎是所有剥削阶级代表人物的一贯思想,孟子也不可能例外。如上所引,他认为"劳心者治人,劳力者治于人",从而进一步推出:"治于人者食人,治人者食于人,天下之通义也。"(《孟子·滕文公上》)既然认为统治与被统治之间的关系是天下无处不有、永远不变的重要原则,这不是在论证剥削制度的合理性又是什么呢?

所以,离开孟子的一贯思想,孤立地引用某一两句话,从而得出偏激的结论,是不妥当的。

[原载于《文汇报》(学术版),1981年11月23日]

试析《孟子》中的"民"

《孟子》中的"民"是指什么？历来众说不一，"四人帮"横行时期更被搞乱了。下边，试谈一些看法。

一

《孟子》全书共出现"民"字199处，除少数是孟子及其弟子转引别人说的以外，其他约有如下几种用法：

第一种，泛指一切人，如：

"如有不嗜杀人者，则天下之民皆引领而望之矣。诚如是也，民归之，由水之就下，沛然谁能御之？"①

这里的"天下之民"，应该包括各个阶级的人。又如：

"民非水火不生活……"②

这一句的"民"，同样指一切人。再如：

"取之而燕民悦，则取之。……取之而燕民不悦，则勿取。"③

还有：

"信能行此五者，则邻国之民仰之若父母矣。率其子弟，攻其父母，自有生民以来未有能济者也。"④

"王如用予，则岂徒齐民安，天下之民举安。"⑤

---

① 《孟子·梁惠王上》。
② 《孟子·尽心上》。
③ 《孟子·梁惠王下》。
④ 《孟子·公孙丑上》。
⑤ 《孟子·公孙丑下》。

这几处的"民",也都是泛指人。

第二种,专称被统治阶级,如:

"诛其君而吊其民,若时雨降,民大悦……今燕虐其民,王往而征之,民以为将拯己于水火之中也,箪食壶浆以迎王师。"①

邹与鲁鬨。穆公问曰:"吾有司死者三十三人,而民莫之死也。'"②

这两段里的"民",显系被统治阶级。又如:

"取于民有制。"③

这一句更说明"民"不但受统治,而且受剥削,是统治阶级剥削、压榨的对象。孟子向统治者建议如何争取民心时,还把"天下之民"分成"士、农、商、旅"(《孟子·公孙丑上》),这和战国时代一般典籍中的所谓"四民"——士、农、工、商,没有什么大的差别,足见"民"是指被统治阶级无疑。

第三种,主要指农民,如:

"是故明君制民之产,必使仰足以事父母,俯足以畜妻子,乐岁终身饱,凶年免于死亡……王欲行之,则盍反其本矣。五亩之宅,树之以桑,五十者可以衣帛矣。鸡豚狗彘之畜,无失其时,七十者可以食肉矣。"④

这种拥有"百亩之田""五亩之宅"等私有财产的人,不是典型的小农吗?这段文字,一方面说明了孟子的重农思想,另一方面则证实了孟子认为明君统治下最理想的"民",是以小自耕农为主体的。从孟子指责秦、楚两国国君施暴政于民的话中,我们也可以看出"民"是指农民:

"彼夺其民时,使不得耕耨以养其父母。"⑤

从事耕耨的"民"不就是农民吗?

"有布缕之征,粟米之征,力役之征。君子用其一,缓其二。用其二而民有殍,用其三而父子离。"⑥

---

① 《孟子·梁惠王下》。
② 《孟子·梁惠王下》。
③ 《孟子·滕文公上》。
④ 《孟子·梁惠王上》。
⑤ 《孟子·梁惠王上》。
⑥ 《孟子·尽心下》。

这里的"民"，肯定也是指农民，因为在封建赋税制度下，这三者都是向农民征收的。所以，我认为："贤者与民并耕而食"（《孟子·滕文公上》）中的"民"与"天下之农皆悦而愿耕于其野矣"（《孟子·公孙丑上》）中的"农"可作同义解。农业是中国古代社会最主要的生产部门，从春秋起，从事农业生产的主要劳动力就已经是农民了，所以，农民是"民"的主体。

此外，也有作为量词出现的，如：

"尺地莫非其有也，一民莫非其臣也。"①

但这只是很个别的。

从以上例中，可以看出：《孟子》一书中的"民"，是一个广泛的概念，或泛指一切人，或专指被统治者（以农民为主体）。

二

上面的说法，还可以在和《孟子》同时代的文献中找到佐证：

"天地设而民生之，当此之时也，民知其母而不知其父。"②

"彼民有常性，织而衣，耕而食，是谓同德。"③

"民之饥，以其上食税之多，是以饥……"④

"大王之国……田肥美，民殷富，战车万乘，奋击百万……"⑤

"民齐者强，民不齐者弱。"⑥

"民之故计，皆就安利而辟危穷。"⑦

这些著作中的"民"，基本上也是泛指"人"和"老百姓"，或专称"农民"。

非但如此，就是早于孟子一百多年并使孟子顶礼膜拜的孔夫子，也是

---

① 《孟子·公孙丑上》。
② 《商君书·开塞》。
③ 《庄子·马蹄》。
④ 《老子·七十五章》。
⑤ 《战国策·秦策》。
⑥ 《荀子·议兵》。
⑦ 《韩非子·五蠹》。

这样用的。如：

"道千乘之国，敬事而信，节用而爱人，使民以时。"①

"中庸之为德也，其至矣乎！民鲜久矣。"②

"自古皆有死，民无信不立。"③

这些"民"，不也是指一般的人吗？

［原载于中国古代史论丛编委会：《中国古代史论丛》（1982年第1辑），福州：福建人民出版社，1982年版］

---

①《论语·学而》。
②《论语·雍也》。
③《论语·颜渊》。

先秦儒家忧患意识探源

——兼论忧患意识与民族精神之关系

忧患意识是中国传统思想中的璀璨明珠。在中国历史上，每当民族危难之际，忧患意识就会彰显出来，成为战胜困难的强大动力。"人无远虑，必有近忧"（《论语·卫灵公》），一个人缺乏忧患意识就会丧失积极性和主动性，一个国家和民族缺乏忧患意识则会丧失民族性。先秦儒家对传统忧患意识的形成和发展起到了积极作用。本文试对先秦儒家忧患意识之源头及内涵做简要梳理，并对忧患意识与民族精神之关系试加探讨，期望能引起人们对于忧患意识的重视，增强弘扬民族精神的文化自觉。

一、前孔子时代的忧患意识

忧患意识的产生和历史上的德治传统密不可分。德治传统可以追溯至商周时期，甚至在大禹那里就已经意识到要对民有德了。前几年，北京保利艺术博物馆收藏了一件十分珍贵的青铜器遂公盨。据专家考证，该器最迟制作于西周中晚期。遂公盨上面刻有颂扬大禹功绩的铭文，这为大禹治水的传说提供了最早、最重要的物证。铭文所以要讲述禹的事迹，是以禹作为君王的典范，说明治民者应该有德于民，为民父母。[①] 在 98 字的铭文中，"德"字出现了 6 次。大禹的德治来自对水患的忧虑，水患一日不消

---

① 李学勤：《论遂公盨及其重要意义》，《中国历史文物》2002 年第 6 期，第 4—13 页。

除，民一日不可安生。所以，大禹成功治理了水患，其功绩世代传颂。遂公盨铭文的发现，使学术界对大禹的德治思想和忧患意识有了新的认识。

商周时期剧烈的政治变革，给以周文王和周公为代表的统治者极大的忧患警示。《六韬》记载："文王在丰，召太公曰：'呜呼！商王虐极，罪杀不辜，公尚助予忧民，如何？'"（《六韬·武韬·发启》）周文王面对商纣王的暴虐，忧民众之苦，在被纣王囚禁在羑里的艰难环境里，还不断总结历史经验教训，思考现实问题，以寻求摆脱困境的办法。形成于周初的《易经》集中体现了文王的忧患意识。《易·系辞下》说："《易》之兴也，其于中古乎？作《易》者，其有忧患乎"，"《易》之兴也，其当殷之末世，周之盛德邪？当文王与纣之事邪？是故其辞危。危者使平，易者使倾。其道甚大，百物不废，惧以终始，其要无咎，此之谓《易》之道也"。身处逆境之中的文王对敌我双方形势做了客观分析，得出"危者使平，易者使倾"的道理。意思是说，他自己处在危险的状态下，很快就会平安脱险；纣王虽然处在统治地位，但很快会倾倒下来。文王患难之际的忧思使他懂得了"危者使平，易者使倾"的变易之道，所以他预见到事情发展的结果，看到了推翻纣王的希望。周文王的忧民意识和救民于水火的实际行动，得到了民众的支持。孔子说："无忧者，其惟文王乎。"（《礼记·中庸》）得到民众支持、通达变易规律的文王从此不再忧愁。文王的无忧正是以深度的忧患意识为前提的。只有具有了一定的忧患意识，带着必胜的信念，付出艰辛的努力，才能最终实现自己的理想，达到无忧之境。无所不忧才能无忧。

西周建立之初，立足未稳，急需一位具有强烈忧患意识的政治家稳固局势。杰出的政治家周公临危受命，首先提出"惟命不于常"（《尚书·康诰》）的命题。上天不会永远护佑一个王朝，而是会把天命转移给有德的政权。这样，周公就成功解决了周取代殷的政权合法性问题。这是周公忧患意识在政治上的鲜明体现。周公处在这样的形势下，认真思考天命问题，并提出天命可以转移的突破性见解。"这种忧患意识对周公而言，不是文化，而是政治的，是小邦周战胜大邦殷以后，面对混乱局面的政治焦虑。"①《尚书·召诰》说："我不可不监于有夏，亦不可不监于有殷"，借鉴历史上

---

① 陈来：《古代宗教与伦理——儒家思想的根源》，北京：三联书店，1996年版，第173页。

的教训,是周公忧患意识的又一突出反映。具备忧政权之患的意识,才能使统治集团"知稼穑之艰难"(《尚书·无逸》)。

大禹忧水患的意识,已经和德治联系起来。周文王忧"大邦殷"之患,促使他为武王伐纣做好了准备。周公忧新政权不稳之患,殚精竭虑,平定"三叔之乱",稳定了周初局势;制礼作乐,进行了思想创新和制度改造。周代礼乐文明的发达,与周初统治者强烈的忧患意识直接相关。夺取政权需要忧患意识,稳定和建设新政权更需要时刻保持高度的忧患意识。周初选择了以德治国的道路,奠定了中国德治主义和人文主义的传统。这条民族发展之路的选择,是先民在忧患意识推动下做出的人性化选择。实践证明,只有实行以人为本的人性化统治,国家才能长治久安。

夏、商、周三代,中国文化经历了由巫觋文化、祭祀文化,再到礼乐文化的演进。周文王、周公的忧患意识对礼乐文化的推动作用是显而易见的。西周的礼乐文化奠定了中国人文主义的基本走向,同时也描绘出中华民族精神的大致轮廓,即以人为本的德治传统和自强不息的奋斗精神。

二、 先秦儒家的忧患意识

春秋战国时期,周朝中央政府已经丧失了往日的权威。随着诸侯国力量的增大,许多掌握文化的官员大量流向民间,寻求新的支持。这样,周代贵族的礼乐文化就开始向民间转移。在"轴心时代"的中国,人文主义获得了极大发展,思想文化空前活跃,出现了百家争鸣的繁荣景象。面对生存的焦虑和失衡的社会秩序,各个学派对社会人生和政治表现出极大忧虑。他们从各自的学术和社会背景出发,提出了不同的主张。诸子竞说,都凸显出共同的忧患意识。道家忧人类破坏自然大道之患,于是放弃人类中心论,转而向自然学习,寻求"人法自然"之路,来获得精神上的解放。墨家忧百姓之苦,提出"兼爱""非攻"的主张,试图平息战争。法家忧政治秩序混乱之患,强烈要求改革现行制度,富国强兵,以武力建立统一的集权法治国家。而儒家的忧患意识在所有学派中表现得最强烈、最持久。儒家学派创始人孔子,"祖述尧舜,宪章文武"(《礼记·中庸》),集春秋以来贵族文化之大成,系统论述了忧患意识对人格修养、家庭伦理、治国安邦的重要作用。孔子思想概括起来，就是修己安人的内外之道。修己是安人的前提，安人是修己的延伸和目的，而实现这个内外之道必须要有深刻的忧患意识。孔子的忧患意识表现为以下三个方面：

第一，忧患意识是修己的动力，修己就是修身。孔子说："德之不修，学之不讲，闻义不能徙，不善不能改，是吾忧也。"（《论语·述而》）德必修而后成，学必讲而后明，懂得道义之后就要长久地坚持下去，不好的行为要改正，如果没做到，就要时刻想着去做。达不到修身要求所带来的忧虑，会时刻对内心造成一种无名的折磨。只有这样，人才会坚持不断地完善道德修养。一个有志之士，决不能经常抱怨世道不公，担心自己的才华得不到施展，问题在于，当国家赋予你机会的时候，你是否有足够的能力去应对。所以，主要因素在于你自己。孔子说"不患人之不己知，患其不能也"（《论语·宪问》），就是这个道理。如果有志之士单纯地具有修己安人的动机，但实际上却没有为之而付出努力，同样也是不行的。正如哲学大师黑格尔所说："如果他仅仅在目的、信念中是有德行的、有道德的，而他的外在行为并不与此一致，他的内心生活与外在行为都是同样空虚不实的。"①

第二，忧患意识是实现君子安人理想的持久动力。孔子明确指出君子有三患："未之闻，患弗得闻也；既闻之，患弗得学也；既学之，患弗能行也"（《礼记·杂记下》）。可见，孔子的忧患意识不仅是君子修己的动力，还始终贯穿于修己的全过程，是实现君子安人理想的持久动力。曾子对孔子的论述做了进一步阐释："君子既学之，患其不博也；既博之，患其不习也；既习之，患其不知也；既知之，患其不能行也；既能行之，患其能让也。君子之学，致此五者而已矣。"（《大戴礼记·曾子立事》）无论是孔子指出的"三患"，还是曾子的"致此五者"，都表明忧患意识是君子实现自身价值和安人理想的内在持久动力。

第三，忧患意识是君子精神的重要支柱。孔子评价颜回说："贤哉，回也！一箪食，一瓢饮，在陋巷，人不堪其忧，回也不改其乐。贤哉，回也！"（《论语·雍也》）君子有所忧，有所不忧。颜回所忧绝不是"一箪食，一瓢

---

① [德] 黑格尔：《逻辑学》，北京：人民出版社，2002年版，第259页。

饮"的饮食之忧。"君子谋道不谋食","忧道不忧贫"(《论语·卫灵公》)。艰苦环境不应该成为君子实现理想的阻碍,颜回的不忧正是忧患意识的最高体现。只有高度忧患的人,才能踏踏实实地敬德修业,消除杂念,以必胜的信念、乐观的心态和顽强的斗志去实践君子修己安人之道,所以"仁者不忧"(《论语·子罕》)。司马牛问孔子什么是君子,孔子回答说:"君子不忧不惧"。又问"不忧不惧"为什么可称为君子,孔子说"内省不疚,夫何忧何惧"(《论语·颜渊》)。可见,君子内心除了高尚的道德和丰富的知识,没有任何内疚的事情,怎么还会有惧怕?这就是君子坦荡荡的原因。

曾子的孝道思想对后世影响很大,而孝实际上源于人的本性——仁[1]。为了进一步发展孝悌之德,曾子沿着孔子开创的修己之路继续探索。他尤其重视心性的修养:"吾日三省吾身:为人谋而不忠乎?与朋友交而不信乎?传不习乎?"(《论语·学而》)要做到每日三省其身,绝非易事。反省是否做到了君子之事,就要有忧患意识。"先忧事者,后乐事;先乐事者,后忧事"(《大戴礼记·曾子立事》),这显然继承了孔子的"人无远虑,必有近忧"的思想。

孔子之孙孔伋,字子思,少年时代直接受教于孔子,是孔子思想的正宗传人[2]。在子思所处的时代,儒家面临来自强大异说的挑战,所以他的忧患意识更加突出。《孔丛子·记问》篇记载:

> 夫子闲居,喟然而叹。子思再拜,请曰:"意子孙不修,将忝祖乎?羡尧舜之道,恨不及乎?"夫子曰:"尔孺子安知吾志?"子思对曰:"伋于进膳,亟闻夫子之教:其父析薪,其子弗克负荷,是谓不肖。伋每思之,所以大恐而不解也"。夫子忻然笑曰:"然乎!吾无忧矣。世不废业,其克昌乎!"

看来,子思担心孔子之道没有传人,主动提出要继承祖父思想,这深得孔子喜爱。子思对儒家之道的传承之忧,促使他作了《中庸》。朱熹说:"《中庸》何为而作也?子思子忧道学之失其传而作也。"(《四书集注·中庸章句序》)发自忧道学失传之患而作的《中庸》,凝结了儒家思

---

[1] 傅永聚:《始者近情,终者近义——子思诠释仁义的理论基础》,载中国先秦史学会编《周秦社会与文化——纪念中国先秦史学会成立二十周年会议论文集》,西安:陕西师范大学出版社,2003年版。
[2] 傅永聚:《〈孔丛子〉与子思生年问题》,《齐鲁学刊》2004年第2期,第26—30页。

想的精华。"天命之谓性，率性之谓道，修道之谓教"，这三句开篇之论，直接点出了儒家的天命观、人性论和修己安人之道。"道也者，不可须臾离也"，道终生不可离，所以忧患意识也终生不可无。如果缺乏忧患意识，就没有求道、守道、传道的毅力。子思以传道、守道的忧患为动力而作《中庸》，是他对儒学的重大贡献，也是子思忧患意识的集中体现。这说明子思能上承孔子整理六经之统绪，开启后世知识分子自觉传继民族优秀思想文化之风气。

郭店竹简《性自命出》篇曰"凡忧患之事欲任，乐事欲后"①，正是曾子"先忧事者，后乐事"的注解。《礼记·檀弓》篇记载子思曰："君子有终身之忧，而无一朝之患。"如果君子能始终保持忧患意识，就会免除终身患事。子思的忧患意识还体现在政治实践中。据文献记载，子思曾为鲁穆公师，郭店楚墓出土的竹书《鲁穆公问子思》篇进一步证实了这种说法。在这篇简文中，鲁穆公问子思"何如而可谓忠臣"，子思答"恒称其君之恶者，可谓忠臣矣"。一般来说，统治者都喜欢顺从自己的大臣，不喜欢指出他缺点的人。荀子说"敬而不顺者，不忠者也；忠而不顺者，无功者也"（《荀子·臣道》），明确指出了这个道理。子思违反国君好恶之常理，提出"恒称其君之恶者，可谓忠臣矣"的铮铮之言，大大出乎国君意料。没有对国家长治久安的忧患意识，子思不可能做出这样的回答。子思的忧患思想对后世产生了深远影响。公元11世纪，北宋改革家范仲淹提出"先天下之忧而忧，后天下之乐而乐"的名言。不难看出，这句千古名言与子思言论相比，主旨完全一致。

司马迁说孟子"受业子思之门人"（《史记·孟子荀卿列传》）。所以，孟子和子思有师承关系。孟子说："乐民之乐者，民亦乐其乐；忧民之忧者，民亦忧其忧。"（《孟子·梁惠王下》）国君关心民众的疾苦和利益、与民共忧乐是爱民的体现。孟子之忧也带有鲜明的民本特征，只有民众利益满足了，统治者的利益才能满足。民众为统治者分担忧患，是统治者得民心的最好体现。"乐以天下，忧以天下，然而不王者，未之有也"（《孟子·梁惠王下》），此之所谓"生于忧患而死于安乐也"（《孟子·告子下》）。孟

---

① 荆门市博物馆：《郭店楚墓竹简》，北京：文物出版社，1998年版，第181页。

子把忧患意识在政治上的重要作用表述得淋漓尽致。

儒家的忧患意识还表现在一以贯之的贤人政治主张上。统治者需要贤人来辅佐，如果找不到贤人，国君就会因此而忧："尧以不得舜为己忧，舜以不得禹、皋陶为己忧。"（《孟子·滕文公上》）这样的忧患意识会促使统治者积极寻求出色的人才来治理国家。实际上，儒家的忧患意识确实在历史上起到了革新政治的作用，很大程度上推进了中国传统社会的发展。

孟子继承孔子、曾子、子思的忧患意识，心忧天下，心系万民。他为了实现仁政蓝图，提出了性善论，倡导"浩然正气"的大丈夫人格，并以此为内圣的基础，来实现以民为本的王道政治。儒家的内圣外王之道，即是修己安人的内外之道。这是所有儒生的理想。而实现内圣外王之道的动力，正是忧国忧民的忧患意识。

三、 先秦儒家忧患意识与民族精神

民族精神是中华民族在长期历史发展中逐渐形成的稳定意识形态。它是中华民族优秀思想文化的凝结，也是民族进步的精神动力和智力支持。民族精神的内涵非常丰富，从总体上说，它以厚德载物的道德仁爱思想为基础，以自强不息的奋斗精神为动力，以伟大的和平主义为目标，以与时俱进的时代性为鲜明特征。

先秦儒家的忧患意识推动了儒家政治思想和修身理论的发展，同时也促进了民族精神的形成。儒家是积极入世的学派，在社会无序、百姓流离失所的背景下，儒家高扬人文主义精神，主张以人性化的仁政重建社会秩序。在忧患意识的推动下，儒家积极思考解决现实问题的方法。他们认为，应该先修身，使自己具备优良的道德和才能。这既是实现自身完美人生价值的途径，也是安人的前提。这种修身不是权宜之计，而是终生都要坚持的。因为一个真正的君子时刻都会担心自己丧失人性，堕落到黑暗的无底深渊。在此基础上，儒家进而忧患天下人，忧患先进文化被夷狄吞噬的危险，所以，他们想以自己的道德文章感化他人、教化他人，最终达到天下人共享大同的理想。

儒家是通过教化民众和传承经典来实现他们安人、平天下的理想的。

孔子创办了中国最早的私人教育，整理了当时主要的文化典籍——"六经"。这些开创性的工作，确立了儒家重视教育和文化传承的传统。通过教育，掌握知识的人越来越多，于是，社会上出现了介于统治者和普通民众之间的知识分子阶层。在他们的共同推动下，厚德载物逐渐成为大多数人的共识。随着华夏族和中华民族共同体的形成，厚德载物也就成为民族精神的重要组成部分。

有终身之忧的君子，以必胜信念去实现修己安人的理想。在终身之忧的背后，正是自强不息的坚韧毅力。只有具备了自强不息的精神动力，君子才会不忧不惧。可见，忧患意识是自强不息的源泉和支柱。儒家的忧患意识最终是为了实现人与人之间的相爱，恢复稳定的社会秩序，实现人与自然的和谐相处，建立充满爱的和平世界。

先秦儒家忧患意识的发展经历了前孔子时代的酝酿，由孔子发其端，中经曾子、子思的传承，到孟子那里愈加完备。忧患意识随着时代的变化不断被赋予新的内涵。所以，儒家的忧患意识具有强烈的时代性。

春秋战国时期，在民间乡学瓦解以后，儒家实际上掌控了民间的教育权。他们薪火相传，使中国的传统文化得以传承。汉代重新实现了国家在政治上的统一，到了汉武帝时代，儒家在民间已经成为不可忽视的势力。儒生董仲舒建议国家实行"罢黜百家，独尊儒术"的政策，汉武帝顺应时代需要，接受了这个建议。儒家思想成为社会的正统思想以后，借助国家力量进行传播。这样，儒家思想就慢慢地融入整个国家的意识形态中。儒家重视传统又与时俱进的特质和民族精神合为一体。

忧患意识推动了儒家思想的形成和发展，进而推动了中华民族精神的产生。厚德载物、自强不息、爱好和平、与时俱进的民族精神皆与先秦儒家的忧患意识密不可分，同时，忧患意识本身也是民族精神的重要组成部分。在忧患意识推动下产生的伟大民族精神，是中华民族宝贵的精神财富和智力支持，激励着中华民族不断向前发展。新的历史时期，继承历史上的优良传统，继续保持高度的忧患意识，大力弘扬和培育伟大的民族精神，是中华民族不断战胜新的困难、永葆青春的法宝。

1997年，在北京大学举办的第二届社会学人类学高级研讨班上，费孝通先生首次使用"文化自觉"的概念,来解决中华文化面临的时代问题①。"文化自觉"指的是生活在一定文化中的人对其文化要有"自知之明",明白它的来历、形成的过程、所具有的特色和它的发展趋向;讲自知之明是为了提高对文化转型的自主能力,取得适应新环境、新时代文化选择的自主地位②。费老提出的"文化自觉"概念,显示了他自觉传承传统文化的忧患意识,对于弘扬传统文化和培育民族精神具有重要的指导意义。

在国际上,我们正面临愈演愈烈的经济竞争、能源竞争和军事竞争。1993年,美国哈佛大学教授亨廷顿在《外交事务》夏季号上发表《文明的冲突》一文,其基本观点是:冷战结束后,新世界的冲突根源将不再侧重于意识形态或经济,而文化将是截然分隔人类和引发冲突的主要根源;全球政治的主要冲突将发生在不同文化的族群之间,文化的差异即价值与信仰的差异是未来冲突的来源;儒教国家与伊斯兰社会将是西方下一轮的打击对象。此言一出,立即震惊了整个世界。尤其在华人世界和伊斯兰国家,此论遭到激烈的批判。虽然《文明的冲突》只是一家之言,但亨廷顿是在为冷战以后的美国实现全球霸权寻求新的理论支持,这应该引起我们的足够重视。美国目前以中东伊斯兰国家为战略核心,虽然还没有跳出伊拉克战争的泥潭,但又瞄准了伊朗。美国从来没有放弃对中国的遏制,控制东亚也是美国推行全球霸权的重要组成部分。

在这样严峻的世界局势下,我们必须时刻保持强烈的忧患意识,立足本民族的思想文化资源,增强文化自觉,居安思危。只有不断发扬既保持传统又与时俱进的民族精神,才能建设强大的社会主义现代化国家,进而不断提高和满足广大人民的生活水平和精神需求,为世界的和平与发展做出更大的贡献。

(原载于《孔子研究》2007年第5期;合作者:孔德立)

---

① 费孝通:《关于"文化自觉"的一些自白》,《学术研究》2003年第7期,第5—9页。
② 费孝通:《文化自觉的思想来源与现实意义》,《文史哲》2003年第3期,第15—16页。

孔子思想的五大智慧

在中华五千年文明史上，孔子是最杰出的文化代表。孔子儒学基本上蕴含着文化、伦理、政治、教育、社会治理方面的五大智慧。它们仍可为今所用，甚至可以为全人类共享。

其一，述而有作的文化智慧。孔子生活的春秋末期，周文疲敝，礼崩乐坏，当面临"古今之变"、重建文化认同的时代课题时，孔子应之以述而有作之道，述礼作仁，一继承一开新，由此礼乐得以存、仁学得以立、儒学得以开。借助于仁，中国传统文化顺利地实现了由上古向中古的转折；借助于仁，孔子之前数千年和孔子之后数千年的文化血脉得以沟通连接，而没有中绝断裂。如果孔子之于礼主要是述的话，那么全新意义上的仁，完全是孔子动心忍性、敏求善思、自家体贴出来的，是孔子述中所作。也就是说，面对"古今之变"下的文化创新的问题时，孔子从述而有作的原则出发，既承继了"传统"之礼，又有"现代"开新之仁，由此建立了仁礼合一的学说体系，奠定了儒学的根基。孔子这种述而有作的文化智慧，对当代文化的重建与创新不无借鉴意义。

其二，仁礼合一的伦理智慧。仁之要在于使礼合乎主体内在的心性情感，而不至于流于空有其表、形式僵化的所谓"吃人的礼教"；礼之要则在于将主体内在的情感化作外在的力量，落实于具体的社会关系中。仁的内在情感与礼的外在行为合而为一，方是道德实践之整个过程的完成。孔子的这种仁礼合一之学体现的是一种美德与规范（规则）并重、德性与德行统一的伦理智慧。孔子这种仁礼合一的伦理智慧，对克服当代道德困境，建设新型伦理价值体系，极具指导意义。

其三，德治民本的政治智慧。德治（孟子称其为"仁政"）构成儒家政治思想的主要内容，"为政以德""道之于德，齐之于礼"的思想主张是孔子儒家政治智慧的集中体现。这种"为政以德"的具体要求主要表现为对统治者自身"正身正己"的"德位"自觉，即要求在上位者能够以身作则、率先垂范，从而达到"正人""不令而行"的目的。其言如是：

季康子问政于孔子。孔子对曰："政者，正也。子帅以正，孰敢不正？"①

子曰："苟正其身矣，于从政乎何有？不能正其身，如正人何？"②

子曰："其身正，不令而行；其身不正，虽令不从。"③

最后，将这种"正身正己"的德性诉求外化、落实，就是儒家"庶民富民教民""安人安百姓""博施济众"的民本观念及实践。

孔子儒家这种面向人本身，强调统治者之"德位"自觉的德治理念无疑是一种极其深刻的政治智慧。美国人文主义大师白璧德认为，孔子之教能够提供民主领袖所需要的品质。儒家以身作则精神可以塑造出公正的人，而不仅仅是抽象的公正原则，这是儒家可以贡献于现代民主之所在。

其四，因材施教的教育智慧。作为师长，孔子能够自觉做到以"因材施教""教依人立"的原则教授门徒，"顺其气质才情而教"，采取不同的教育方法，使学生各遂其性、各尽其才、各有所用，培养出了德行、言语、政事、文学等多方面的人才。孔子这种高超的教育智慧，仍值得当代"好老师"取法和借鉴。

其五，以和为贵的社会治理智慧。孔子开出"仁"，是要开辟价值之源，为礼提供意义支撑。而他之所以要"复礼""从周"，所求者在"天下有道"，即以礼来调节人际关系，实现社会和谐。"礼之用，和为贵"（《论语·学而》），此之谓也。从"克己复礼为仁"到"礼之用，和为贵"，孔子谈仁说礼，其终极追求在一个"和"字。可以说，"仁""礼""和"构成了孔子儒学思想体系的三个基本支点，仁礼合一的孔子儒学在很大程度上正是一种以追求和谐为目的，包含调节社会关系、鼓励人向上向善诸多内容的社会治理之学。

---

①《论语·颜渊》。
②《论语·子路》。
③《论语·子路》。

仁由己而人、从内向外的层层打开和具体落实，就是人依循忠恕的原则，按照"能近取譬，推己及人"的为仁之方，做到"克己复礼"的过程。这就是说，"克己复礼为仁"的深层意涵当在于：道德实践（为仁）的落脚点是要将自我的道德信念与道德自觉（克己）不断向外扩展、落实，推己及人，从而在与家庭、社会、国家的关系中完成自我之角色定位，确立个体所当有的责任和义务（复礼）。这叫"礼以辨异"，孔子称之为"正名"。"君君臣臣父父子子"，也就是通过礼来明分君臣父子、甄定社会角色、明确责任义务，使每个社会成员都依礼而行，各安其位，各行其是，从而实现人际关系的和谐。当然，人在对礼的践履过程中，本身也就开显了统归于仁（广义）之下的诸多道德价值，比如孝、悌、慈、爱、恭、敬、忠、信等。也就是《大学》说的，"为人君，止于仁；为人臣，止于敬；为人子，止于孝；为人父，止于慈；与国人交，止于信"。总之，以仁作为礼的价值支撑，又以礼来"正名"，促成社会关系的和谐，仁、礼、和确立了孔子社会治理思想的基本框架，而一个"和"字最是其社会治理智慧的精髓所在。孔子仁、礼、和"三位一体"的社会治理思想体系中，包含着许多适合调理社会关系和鼓励人们向上向善的内容。若能结合时代条件加以调整，赋予其新的含义，它完全可贡献于当代的社会主义和谐社会建设。

（原载于《思维与智慧》2016年第2期；合作者：郑治文）

孔子仁学的文化精神论纲

孔子思想体系是以仁为内核建构而成的，故简称为仁学。仁学是儒家学派思想学说的理论基石。自孔子创建仁学之后，经历代儒家的传承、诠释和拓展，仁学已经成为儒家思想学说的主导精神，也全面体现在政治、经济、伦理、教育、文学、艺术、宗教等领域，构成独特的文化精神的特质或内涵。孔子仁学所蕴含的文化精神，是中国文化不同于以希伯来宗教与希腊哲学为内核构成的西方文化的重要标志。本文旨在对孔子仁学的文化精神做一梳理，以期进一步了解孔子思想及儒家学派思想的特质或内涵。

孔子思想体系是否以仁学为内核，这一问题曾有过长期的争鸣，不同的学者持有不同的观点，可谓仁者见仁、智者见智。迄今具有代表性的意见大致有如下几种：

一、孔子思想的核心是礼。陈独秀在《宪法与礼教》、吴虞在《吃人与礼教》等文中，已从批判的角度透露出孔子思想内核为礼的观点。蔡尚思的《孔子的礼学体系》一文，则系统地阐明"孔子以礼为核心的思想体系"。他认为在孔子思想体系中，礼独高于其他诸德，孔子以礼为仁、孝、忠、中和的主要标准，以礼为治国、法律、外交、军事、经济、教育、史学、诗歌等方面的主要标准。[①] 尽管蔡尚思早年曾在《孔子思想核心的面面剖析》一文中提出过"孔子的思想核心是仁"的观点，但经过二十多年的研究与反思之后，他修改了自己的观点，强调孔子的思想核心是礼。

二、孔子思想的核心是仁。以仁为孔子思想的内核，既是一种儒家传统的看法，也有现代学者、现代儒家重新诠释孔子思想的新观点。《吕氏春

[①] 蔡尚思：《孔子的礼学体系》，《孔子研究》1989年第3期。

秋·不仁》称"孔子贵仁",是对春秋战国时代关于孔子思想基本精神的高度概括。朱熹认为:"孔门之学,所以必须求仁为先,盖此是万理之原,万事之本。"(《朱子语类》卷六)此论足以代表宋明儒家对孔子思想内核理解与诠释的主导观念。熊十力在《新唯识论·明心篇》中强调,"证之《论语》,弟子纷纷问仁,则孔子平生之学,不外反求本心,洞识仁体","《论语》所记孔子言行,一一皆从仁体流出"。他在《读经示要》之《诗经》略说章还说:"仁者,万化之本原,人生之真性也"。仁的精神贯通于《易经》《春秋》《尚书》《诗经》《礼经》《乐经》之中,"是故《六经》浩博,其归则仁"。牟宗三在《心体与性体》中称孔子生命智慧的精神方向是"成德之教",而此"成德之教"即是"仁教"。他在《历史哲学》中称中国的文化系统是仁智合一而以仁为笼罩的系统,或简称中国文化系统是一个仁的文化系统,而西方文化则是智的系统,也是从孔子仁学蕴涵的文化精神所产生深远的影响而言的。徐复观在《中国人性论史(先秦篇)》中指出:春秋时代统一的理念是礼,而孔子继承此礼时,他对于礼的价值的最基本规定,即是比义更深一层的仁。因为孔子的统一的理念,是仁而不是礼。孔子以"仁"形成其学问的中心,孔学即是仁学。① 此外,如刘节的《孔子的"唯仁论"》、严北溟的《论"仁"——孔子哲学的核心及其辐射线》、高赞非的《孔子思想核心——仁》、匡亚明《孔子评传》中《仁的哲学》等文,基本上都是持"孔子思想核心是仁"的观点。

三、仁是礼乐文化传统创造性转换,仁统摄礼乐,使礼乐传统焕发出新的生命。朱光潜在《乐的精神和礼的精神——儒家思想系统的基础》中指出:礼乐是贯通于儒家思想系统的两个基本观念。乐的精神是和,礼的精神是序,"和"和"序"两个观念可以统摄其他观念。就偏向说,虽是"仁近于乐,义近于礼",而就本原说,乐和礼同出于仁。② 余英时在《士与中国文化》中指出:中国古代文化的特色主要表现在礼乐传统上面,也可单以"礼"之一字概括之。孔子所生活的春秋时代,一方面是礼乐传统发展到了最成熟的阶段,另一方面则盛极而衰发生了"礼坏乐崩"的现象。

---

① 徐复观:《中国人性论史(先秦篇)》,上海:上海三联书店,2001年版,第80—81页。
② 朱光潜:《乐的精神与礼的精神》,《思想与时代月刊》1942年第7期。

儒家在诸子百家中兴起最先，因此与礼乐传统的关系也最为密切而直接。孔子的突破是要为礼乐寻求一个新的精神基础。仁是孔子思想的核心，他终于在这里找到了礼乐的内在根据。礼乐是孔子思想中的传统部分，仁则是其创新部分。以礼乐和仁发生的历程而言，后者正是突破前者而来。但是孔子以"仁"来重新解释礼乐，礼乐的含义遂为之焕然一新，非复三代相传之旧物了。① 关于仁与礼乐的关系或以仁统摄礼乐的问题，杨向奎在《宗周社会与礼乐文明》之下卷做了详尽而又精辟的分析，有助于我们进一步理解孔子仁学对礼乐文化传统所做的创造性转化的贡献。

四、孔子思想的基本观念是仁礼，仁与礼之间关系非常密切，形成一种创造性的张力，仁礼学说体现了孔子思想的继承性与创造性。如任继愈在《孔子——奴隶社会的保守派　封建社会的"圣人"》中说：孔子的仁必须服从礼的约束，社会的道德总归是为它的基础服务的，仁是从属于礼的。在仁与礼的关系上，孔子似乎陷于循环论证：要做到礼必须符合仁，要做到仁必须符合礼。实际上，孔子讲的仁和礼本来就是一件事的两个方面。礼是就社会制度方面说的，仁是就伦理关系方面说的。仁丝毫也没有突破礼的框框，而是从思想上对周礼进行巩固。任氏之论的要旨是孔子仁礼学说精神在于仁礼互补，以礼为主。② 杜维明在《"仁"与"礼"之间的创造性张力》《作为人性化的"礼"》等文中探讨了孔子及儒家思想的仁与礼两个概念，认为仁与礼之间存在某种创造性张力，意味着它们互相依赖。仁是最高的人生境界，它赋予礼以意义；礼可以被看作仁在特定的社会条件下的外在化。维系仁和礼之间的动态平衡是异常重要的，孔子消弭仁和礼之间冲突的方法在于维系两者之间的创造性张力。相对于礼而言，仁是居第一位的，礼是不能脱离仁的。孔子、儒家维系"仁"和"礼"的创造性张力，其主导倾向是使"礼"人性化。③ 李泽厚在《孔子再评价》一文中，也是从礼的特征、仁的结构两方面入手剖析孔子思想体系，进而探讨了中华民族文化——心理结构形成的缘由。他认为孔子讲仁是为了释礼，与维

---

① 余英时：《士与中国文化》，上海：上海人民出版社，1987年版，第93页。
② 任继愈：《孔子——奴隶社会的保守派　封建社会的"圣人"》，《北京大学学报》（人文科学版）1962年第4期。
③ 杜维明：《人性与自我修养》，北京：中国和平出版社，1988年版，第3—18页。

护礼直接相关。"礼自外作",孔子用仁解礼,本来是为了复礼,然而其结果却使手段高于目的,仁反而成了更本质的东西。外在的礼服从内在的仁,故外在的礼是从属的、次要的,根本的、主要的是内在的仁。① 此外,刘家和的《先秦儒家仁礼学说新探》一文中,对孔子及先秦儒家的仁礼学说做了详尽的分析,他考证了礼、仁两个概念形成的历史过程,探究了孔子的仁礼学说的渊源问题,他认为孔子的礼学说的核心理论内容就在于:在差别中求和谐,在和谐中存差别,精髓在"和"上。孔子仁学说的核心内容是爱人,体现了一种尊重人的精神。仁和礼的关系是:"仁非礼不立","礼由仁而立"。孔子的仁和礼的概念的内涵,就其质而言,是相当的,均为爱;就其量而言,也是相当的,均为层次不等的爱。不过,如果进一步把这种量作为向量来考察,那么仁为爱的外伸,礼为爱的节制,二者就适成相反了。先秦儒家仁、礼学说,同由孔子首创,经孟子、荀子的发展而达到一个更高的阶段,体系大备。孟子对孔子仁礼学说的发展,着重在仁上;荀子对孔子的仁礼学说也有发展,但着重在礼上。② 仁和礼两个概念及其之间的关系,也是近百年来研究孔子思想的学者、专家关注的重点:梁启超、熊十力、梁漱溟、胡适、冯友兰、贺麟、钱穆、侯外庐、范文澜、周予同、嵇文甫、牟宗三、徐复观、张岱年、赵光贤等都就这一问题阐述了自己的意见,在肯认仁礼之间的密切关系的前提下,或首重礼,或首重仁,因理解上的分歧而导致了学术争鸣。

五、孔子思想有两个核心:时、中和仁义、礼。金景芳、吕绍纲等在《孔子新传》中提出这一观点。他们认为:孔子的思想不像一大堆散乱无序的仓库资料,而是有体系的,是以某一最高概念作为核心而建立起来的一种体系。孔子的思想如果说得全面、具体些,不妨说它有两个核心:一个是"时",另一个是"仁义"。第一个核心是基本的,第二个核心是从属的。第一个核心偏重在自然方面,第二个核心偏重在社会方面。孔子又特别重视"中",实际上中是从"时"派生出来的;孔子还特别重视"礼",实际上礼是从仁义派生出来的。③ 成中英的《合外内之道——儒家哲学论》也有

---

① 李泽厚:《孔子再评价》,《中国社会科学》1980年第2期。
② 刘家和:《先秦儒家仁礼学说新探》,《孔子研究》1990年第1期。
③ 金景芳、吕绍纲、吕文郁:《孔子新传》,长沙:湖南出版社,1991年版,第104—115页。

类似的观点，他在《中道、中和与时中》《孔子哲学中的创造性原理》两文中，分别阐发了孔子、儒家思想体系中时中、仁或仁道的意蕴，认为孔子、儒家思想中居中枢地位的观念，可以说是中庸的思想。对中庸思想的了解，可以透过对儒家的仁爱、信义诸德的解悟，以及君子所以为君子的认识，而予以确立。此一见解，是综合《论语》《易传》《中庸》《孟子》等经典记载的孔子言论做了梳理而诠释成的，其要义在于揭示孔子思想中形上学的本体论。① 此外，萧萐父论儒门《易》《庸》之学，张立文论儒家"和合"精神，也强调孔子、儒家贵和或以中和、中庸为思想内核、属于儒学形上学，并含有多元的开放的文化观念，精义时出，但被长期湮没，未得彰显。特别在当今世界人们关注文明冲突与对话的问题时，孔子及儒家中和、时中及仁义的精神，更受到思想界的重视，认为是孔子、儒家哲学的形上学本体论，是儒学的理论基石，是孕育中华文化的精神之一。

综上所述，可以看出关于孔子思想的核心精神的理解是不尽相同的。一般来说，凡是强调孔子的核心思想是礼的思想家，对孔子思想的批判、否定的成分较多；而主张孔子的核心思想是仁的思想家，则多以认同或弘扬孔子思想为主。大部分思想家都认为孔子思想是复杂又丰富的，继承与创造、述古与损益、理想与现实、综旧典与开新风，是有机地联系在一起的。礼、礼乐在孔子思想体系中是对"三代"文化传统的因循或继承，而仁则体现了孔子思想的创新，是礼乐文化传统创造性转化，所谓"哲学的突破"或"超越的突破"。

我们认为：孔子思想的核心是仁，诚如徐复观、李泽厚、杜维明、叶秀山等学者所说的孔学即仁学、儒学的支柱为仁学、儒家思想的形式是环绕着孔子的仁学而开展的，孔子仁学凸显了不同于古希腊哲学与希伯来宗教信仰的文化精神。以仁学称孔子思想学说，仁的核心内涵及支柱意义显得更为突出。回到文本，让文本自己说话，孔子的思想主要体现于《论语》《易传》《中庸》等文本之中。如果我们认真阅读、梳理与诠释这些文章，不难发现孔子以仁为内核建构仁学的精神脉络。

一、以仁为内核建构仁学，体现了孔子的原创精神。尽管"仁"字在

---

① 成中英：《合外内之道——儒家哲学论》，北京：中国社会科学出版社，2001年版，第119页。

孔子之前已出现，如《尚书·金縢》的"予仁若考"、《诗经》中《郑风·叔于田》的"洵美且仁"、《齐风·卢令》的"其人美且仁"，还有《左传》中"仁"字出现过四十余次，但都没有成为思想学说的重要范畴。以仁作为思想系统的中心，孔子确为第一人，相对于礼、乐、德等范畴而言，显示了孔子的原创精神。一部《论语》，二十篇，据阮元统计，讲"仁"的共有五十八章，"仁"字凡百有五见（实为一零七见）。仁的含义虽然宽泛而多变，难以达诂，但孔子以仁的内核建构仁学的思路是十分清楚的。杨向奎在《宗周社会与礼乐文明》中称仁是孔子提出的新命题，继西周初提出"德"后而有仁，是中国哲学史中的伟大转折。从周初到春秋时代的礼乐文明分前后两阶段，在西周初以"德"为核心；到春秋末，孔子提出以"仁"为核心。① 徐复观在《中国人性论史（先秦篇）》中称孔子的学说是以仁为中心形成的，由于孔子对仁的开辟，不仅奠定了尔后正统的人性论方向，并且也由此而奠定了中国正统文化的基本性格。可见，从原创性来理解孔学即仁学，可以加深对仁在孔学中核心意义的理解。

二、"仁"字本身的含义有核心、内核的意义。叶秀山在《西方哲学研究中的中国视角》一文中说：所谓仁就是核心，"仁儿"就是"核儿"，就是"心儿"，这是后来一些研究者已经发现了的确切含义。当然，仁的含义很多，孔子针对不同的发问者的具体情况，也有不同的解释，但究其根本，与西方的所谓本质，意义相通。"仁儿""核儿"有种子、始基的意思，更有理念、存在的意思。② 叶氏此论是有根据的，如朱熹也以"心"（儿）、"种子"、"始基"释仁。《朱子语类》说："仁者，天地生物之心。""心譬如谷种，生之性便是仁。""譬如一树一根，生许多枝叶花实，此是显诸仁处。及至结实，一核成一个种子，此是藏诸用处。"熊十力在《新唯识论》也说："夫《易》之乾元，即是仁体，万物所资始也。""儒家则远自孔子已揭求仁之旨。仁者本心也，即吾人与天地万物所同具之本体也。""盖自孔孟以迄宋明诸师，无不直指本心之仁，以为万化之原、万有之基，即此仁

---

① 杨向奎：《宗周社会与礼乐文明》，北京：人民出版社，1997年版，第381页。
② 叶秀山：《西方哲学研究的中国视角》，载叶秀山著《中西智慧的贯通——叶秀山中国哲学文化论集》，南京：江苏人民出版社，2002年版，第233—234页。

体。"① 朱熹、熊十力所论，是综合《论语》《易传》《中庸》等文本的精神而释仁的。李学勤根据长沙马王堆帛书、郭店楚简研究了孔子与《易传》、子思子与《中庸》的密切关系。可见朱熹、熊十力以及叶秀山从形上学本体论释仁是合理的。成中英在《孔子哲学中的创造性原理》中指出：若就孔子哲学来看，《论语》固然没有本体论或形上学，但《论语》之外或《论语》之后，《易传》却明白地发挥了孔子哲学的本体论或形上学。后儒以生生之德释仁，也是导源于孔子思想核心的。

三、仁涵摄诸德，为众德首。马一浮在《复性书院学规》中说："德之相广说亦无尽。仁者，德之总相也。……可名万德，皆统于仁。"② 冯友兰在《中国哲学史》中也说："惟仁亦为全德之名，故孔子常以之统摄诸德。"③ 从《论语》孔子论仁看，内含颇多，包含了孝、悌、忠、恕、礼、智、勇、恭、信、宽、敏、惠、敬、诚、义等德。《论语·阳货》篇记述：子张问仁于孔子。孔子曰："能行五者于天下，为仁矣。"请问之。曰："恭、宽、信、敏、惠。恭而不侮，宽则得众，信则人任焉，敏则有功，惠则足以使人。"《论语·宪问篇》说："仁者必有勇，勇者不必有仁。"《子路》篇说："刚、毅、木、讷，近仁。"凡此种种论述，皆能见孔子以仁统摄诸德的精神。所以朱熹在《仁说》中强调："故人之为心，其德亦有四，曰仁、义、礼、智，而仁无不包。"

孔子论仁，实含天道与人道或宇宙界与人生界通而言之。《论语》中的仁，以人道、人生界为重点；《易传》中的仁，则以天道、宇宙界为重点，与"天地之大德曰生""生生之谓易"的含义相通。因此，仁是一个根源性、普遍性、根本性的范畴，体现了天人合一、内圣外王的精神，是孔子仁学的内核或基石。确如钱穆在《孔子与论语》中所说，"孔子思想，本于人心，达于大同；始乎人文，通乎天地"，而一以贯之的则是仁。④ 正因为仁为内核的仁学涵盖天道与人道、宇宙界与人生界、天文与人文两大领域，

---

① 熊十力：《新唯识论（语体文本）》，载《熊十力集》，北京：群言出版社，1993年版，第175页。
② 马一浮：《复性书院学规》，载滕复编《默然不说声如雷——马一浮新儒学论著辑要》，北京：中国广播电视出版社，1995年版，第134页。
③ 冯友兰：《中国哲学史（上册）》，上海：华东师范大学出版社，2000年版，第62页。
④ 钱穆：《孔子思想与世界文化新生》，载中国孔子基金会学术委员会编《近四十年来孔子研究论文选编》，济南：齐鲁书社，1987年版，第614页。

故仁学不仅体现了"轴心时代"中华民族文化的基本精神,也成为后世儒家学说的精神支柱,从战国、秦汉之际的儒学,到宋明儒学,再到现、当代新儒学,其主导精神也是源于孔子的这一思想核心的。儒家以仁为内核观念而建构的伦理哲学、政治哲学、艺术哲学、教育哲学、社会哲学以至宇宙哲学、宗教哲学等,之所以具有不同于西方此类哲学的特质,实与仁学所蕴含的文化精神相关。因此,探究孔子仁学所蕴含的文化精神,有助于我们进一步理解仁学的特质。

探究孔子仁学的文化精神,一要让文本自己说话,才能与文本进行对话。孔子仁学思想的文本,并不限于《论语》《易传》《中庸》等典籍中所有,要贯通起来全面理解诠释。二要联系在孔子生活的时代中华文化演进的历史脉络,特别是要结合春秋时期礼崩乐坏的秩序紊乱、文化转型的现实进行反思。用孟子的话来说是"以意逆志"与"知人论世"。基于上述两点,我们尝试对孔子仁学所蕴含的文化精神做一纲领性的诠释,其要义约略有十:

一、忧患意识。孔子仁学,上承了殷周之际人文精神觉醒时形成的忧患意识。孔子的仁学是在忧患意识下奋然挺立的哲学,体现了向忧患挑战的责任感与使命感的宝贵的忧患精神。《易传·系辞下》说:"《易》之兴也,其于中古乎?作《易》者其有忧患乎?""其出入以度,外内使知惧,又明于忧患与故。""《易》之兴也,其当殷之末世,周之盛德耶?当文王与纣之事耶?""多难兴邦",孔子生活的时代与《易经》作者生活的时代有类似之处,均为社会失序、道德危机的动乱时期。徐复观认为"忧患意识是殷周之际宗教中人文精神跃动的动力"。[①] 从《易传》看,忧患意识的诱发来自周文王与殷纣间微妙而困难的处境,生长于一个艰难时世,而在艰难中熔铸出极为强烈的忧患意识,进而凝成悲天悯人的观念,由悲悯之情而形成高度的道德责任感与历史使命感,奋然挺立以回应忧患时代的挑战。孔子仁学中的忧患意识与《易经》中的忧患意识相比较而言,虽有内转的倾向,但主导精神是一脉相承的。"天下有道,丘不与易也。"(《论语·微子》)一部《论语》被强烈的忧患意识所笼罩,夫子栖栖遑遑,席不暇暖,

---

① 徐复观:《中国人性论史(先秦篇)》,上海:上海三联书店,2001年版,第21页。

奔走于列国之间，其淑世悲悯之忧患精神是何等强烈。孔子仁学是忧患之学，旨在忧患时代唤醒人们的主体精神。

《易传·系辞下》："子曰：'危者，安其位者也。亡者，保其存者也。乱者，有其治者也。'是故君子安而不忘危，存而不忘亡，治而不忘乱，是以身安而国家可保也。"由安转危、由存转亡、由治转乱，是孔子所处的现实，孔子称之为"天下无道"。孔子深深感触到礼崩乐坏的动乱时代危机之严峻：社会秩序紊乱，政治专横腐败，诸侯争战，生灵涂炭，上下凌替，骨肉相残，礼乐僵化，精神衰颓。孔子的仁学不仅怀忧患意识对现实进行批判与反思，其主旨还在重建社会秩序、政治秩序及文化秩序，而忧患意识则成为重建上述秩序的内在动力。

二、尊生健动。孔子仁学，内含一种"生生""健动""尊生"的精神。一方面肯认仁是生命创化的原理，另一方面又强调尊重生命。特别是尊重人的生命价值。仁象征着真实的生命，仁的原理即是生的原理、创造的原理，仁学即是生命哲学。王夫之在《周易外传（卷二）》中说："圣人尽人道而合天德。合天德者，健以存生之理；尽人道者，动以顺生之几。"仁的体现与落实，首要合乎"存生""顺生"，以及"厚生""大生""广生"之理，此谓遥契天德。后儒以"生生"释仁，或者仁与"生生"互相诠释，是符合《论语》《易传》孔子论仁的精神的。

《易传·系辞》："显诸仁，藏诸用，鼓万物而不与圣人同忧。盛德大业至矣哉。富有之谓大业，日新之谓盛德。生生之谓易。""天地之大德曰生。"孔子的思想以仁为基础，而仁则以生命为根源，生命的创化、发育为仁。因此，仁是生的原理、创化的原理。孔子拈出一个"仁"字来指称"天地之大德曰生"，是对宇宙创造化育生命的原理最深切的体验。尊生、健动的精神，在《论语》中也有体现。如《阳货》记述："子曰：'予欲无言'。子贡曰：'子如不言，则小子何述焉？'子曰：'天何言哉？四时行焉，百物生焉，天何言哉？'"《子罕》记述："子在川上曰：'逝者如斯夫，不舍昼夜。'"宇宙是一个健动不息的生命洪流，孔子此语可与《易传·系辞》诸语互相参证，可以领悟"生生"与"仁"两个概念在精神上的共同点：仁的原理即是生的原理。朱熹注释说："天地之化，往者过，来者续，无一息之停，乃道体之本然也。然其可指而易见者，莫如川流。"《论语集注》

就是基于这一观点，朱熹直接以"生"释仁，说"生底意思是仁"，"仁者，天地生物之心。"（《朱子语类》）戴震在《原善》中说："得乎生生者谓之仁。"他在《孟子字义疏证》中又说："仁者，生生之德也。"现代新儒家如熊十力、方东美等，对孔子仁学所蕴含的尊生、健动的精神阐发得尤为精详，认为自孔子行教以来，中华民族的历史文化慧命得以一脉相传，绵延赓续，垂数千年而不坠者，实系赖此种"生生"与仁的精神。

三、人道精神。孔子仁学具有鲜明的人道精神，"仁者，人也"（《中庸》），"立人之道，曰仁与义"（《易传·说卦》）。"道二，仁与不仁而已矣。"（《孟子·离娄上》）"人而不仁，如礼何？人而不仁，如乐何？"（《论语·八佾》）由于孔子非常重视仁与人的关系：以仁界定人的存在的意义与价值，揭示人的本质、潜力和理想，因此，就具现实与理想的关系而言，具有人道精神的仁学亦可称为"人学"或"哲学人类学"。

首先，仁学的人道精神体现于尊重人与爱人方面。《论语·颜渊》："樊迟问仁。子曰：'爱人。'""仲弓问仁。子曰：'出门如见大宾，使民如承大祭。己所不欲，勿施于人。'"《论语·雍也》："子贡曰：'如有博施于民而能济众，何如？可谓仁乎？'子曰：'何事于仁！必也圣乎！尧舜其犹病诸！夫仁者，己欲立而立人，己欲达而达人。能近取譬，可谓仁之方也已。'"此三条论仁的话，从消极与积极两个方面揭示了仁学所蕴含的人道精神。"爱人""己欲立而立人，己欲达而达人"是从积极方面而言的，而"己所不欲，勿施于人"则从消极方面而言，表示一种对人充分尊重的心态。仁学的建构，从一定意义上说是以尊重人、爱人为根源与出点的。1793年的《人权宣言》，1993年的《走向全球伦理宣言》都写上"己所不欲，勿施于人"一语，作为人道的基本原则或准则，可见孔子仁学中的人道精神影响之深远。其次，孔子仁学中的人道精神，开辟或彰显了人格世界，仁是人格的价值与意义的内涵，是人格的理想境界，践仁的工夫即挺立自己的道德人格，这是孔子生命智慧的基本方向。《论语·里仁》："子曰：'苟志于仁矣，无恶也。'""子曰：'富与贵，是人之所欲也；不以其道得之，不处也。贫与贱，是人之所恶也；不以其道得之，不去也。君子去仁，恶乎成名？君子无终食之间违仁，造次必于是，颠沛必于是。'"身处忧患时代，终其一生坚持不懈地追求仁，实践仁，超越而崇高的人格于此可见一斑。

再次，孔子仁学的人道精神落实于政治实践，赋予古代的民本精神新的含义。孔子认为"苛政猛于虎"，在《春秋》中孔子以褒贬的笔法对违背仁道公义的现实"苛政"进行了批判，主张施政以仁。"民之于仁也，甚于水火。水火，吾见蹈而死者矣，未见蹈仁而死者也。"（《论语·卫灵公》）"民兴于仁。"（《论语·泰伯》）"夫政也者，蒲卢也。故为政在人，取人以身，修身以道，修道以仁。"（《中庸》）以仁为价值尺度来评价政治、改善政治，充分体现了孔子政治理念中的人道精神。在天下无道、役民、虐民、贼民、残民的现象十分普遍的年代，孔子大声疾呼"爱民""养民""富民""利民""惠民""安民""教民"，其民本精神已不限于"民惟邦本，本固邦宁"（《尚书·五子之歌》）了，而是以此为起点提升到仁学的境界了。英国思想家伯林强调政治哲学要在特定的社会情境中审视生活目的、人的目的。此论可启发我们理解孔子仁学中政治理念的人道精神。

四、主体精神。孔子仁学最大的特色是高扬的主体精神，尤其是道德主体性的彰显与挺立，是孔子仁学以至儒学的重点或支点。仁学及儒学之所以具有不同于道家、佛教及西方柏拉图式的哲学，与其主体性实践的哲学品格有密切关系。牟宗三在《中国哲学十九讲》中说："开辟价值之源，挺立道德主体，莫过于儒。"他在《生命的学问》中又说："察业识莫若佛，观事变莫若道，而知性尽性，开价值之源，树立价值之主体，莫若儒。"[1]此论有助于我们理解孔子仁学及儒学作为生命的学问而特重价值之主体或道德主体的缘由。与西方柏拉图、黑格尔式的概念哲学或思辨哲学相比较，孔子仁学及儒学是以生命——实践为中心而展开的，而不是概念（知识）——思辨为中心而推行的，故彰显开辟、挺立、完善价值主体或道德主体是其重点或中心点。孔子仁学所开辟的主体精神，经孟子、陆九渊、王阳明等后儒的弘扬，对中华民族文化精神的建构影响极为深远。

如果我们细读《论语》《易传》《中庸》《孟子》等书，就可以发现孔子及其学生特别关切主体精神的开辟、挺立的问题。"天行健，君子以自强不息。"（《易传》）"人能弘道，非道弘人。"（《论语·宪问》）"为仁由己，而由人乎哉！"（《论语·颜渊》）"仁远乎哉！我欲仁，斯仁至哉！"（《论

---

[1] 牟宗三：《生命的学问》，台北：三民书局，1970年版，第30页。

语·述而》）"三军可夺帅也，匹夫不可夺志也。"（《论语·子罕》）"其为人也，发愤忘食，乐以忘忧，不知老之将至云尔。"（《论语·述而》）"士不可以不弘毅，任重而道远，仁以为己任，不亦重乎！死而后已，不亦远乎！"（《论语·泰伯》）都是对主体精神的肯认与高扬。由于孔子仁学、儒学特重道德主体性的问题，政治主体、知识主体及实用技术活动的主体的开辟不如西方哲学，故现代新儒家主张在自觉弘扬道德主体精神的基础上，进而建构政治的主体、认识的主体及实用技术活动的主体，使中国人的人格有更高的完善。

五、经世致用。孔子的一生是行动、实践的一生，与古希腊柏拉图式的哲学相比较，孔子的仁学并不以静观的人生为最高境界，而是以行动的人生为生命实践的理想。仁学不是静观冥想的《理想国》，而是生命实践的真实写照，确如金岳霖在《中国哲学》中强调的："中国哲学家都是不同程度的苏格拉底式人物。其所以如此，是因为伦理、政治、反思和认识集于哲学家一身，在他那里知识与美德是不可分的一体。他的哲学要求他身体力行，他本人是实行他的哲学的工具。""与道家相比，儒家在政治思想方面要积极得多。孔子本人就既是哲学家又是政治家。"[①] 行动的人生、实践的人生，强烈的悲悯之情、忧患意识，人文关切和救世精神，使孔子仁学具有鲜明的入世、经世品格，仁学是经世致用的实学或经世之学。在孔子看来，仁学的真生命乃寄于身体力行之中，没有志于仁、志于道的良心与勇气去承当，没有身体力行的实践，一切人生理想与社会理想都将落空。《史记·太史公自序》记孔子语："我欲载之空言，不如见之于行事之深切著明也。"此语为孔子仁学经世精神的真实写照。

"《春秋》经世，先王之志。"（《庄子·齐物论》）梁启超补充说："'春秋经世，先王之志'，为学而不以治天下为事，其学焉果何为矣。"（《饮冰室合集·文集》第二册）"经世""济世""淑世""救世"，皆指称孔子仁学及儒学的入世精神或经世致用的精神。《史记·太史公自序》中说："夫《春秋》，上明三王之道，下辨人事之记，别嫌疑，明是非，定犹豫，善善

[①] 金岳霖：《中国哲学》，载王元化等主编《释中国》第3卷，上海：上海文艺出版社，1998年版，第656、659页。

恶恶，贤贤贱不肖，存亡国，继绝世，补敝起废，王道之大者也。"孔子著《春秋》，实寓仁学经世的精神。"知我者其唯《春秋》乎，罪我者其唯《春秋》乎。"《春秋》是孔子思想的精神寄托，凝结了孔子生命中的历史智慧与政治智慧。"春秋经世"的精神成为从孟子、荀子到康有为、梁启超"经世""改制""革命"的思想源头。陆九渊在《与王顺伯书》中说："儒者虽至于无声无臭，无方无体，皆主于经世。释者虽尽未来际度之，皆主于出世。"（《陆九渊集》）王龙溪说："儒者之学，以经世为用。""儒者之学，务为经世。"（《龙溪先生全集》卷一）顾炎武说："君子之为学也，非利己也，有明道淑人之心，有拨乱反正之事，知天下之势之何以流极而至于此，则思起而有以救之。"（《亭林文集》）章学诚也说："史学所以经世，固非空言著述也。且如六经同出于孔子，先儒以为功莫大于春秋，正以切合当时人事耳。"（《文史通义·浙东学术》）可见，孔子仁学中的经世精神影响是何等深远。

孔子仁学的经世精神于《春秋》中显得尤为突出，但并不限于《春秋》。如《易传》："夫易开物成务"，"举而错之天下之民谓之事业"。《论语》："鸟兽不可与同群，吾非斯人之徒与而谁与？天下有道，丘不与易也。""吾岂匏瓜也哉？焉能系而不食？""夫召我者，而岂徒哉？如有用我者，吾其为东周也。"在天下滔滔、举世昏乱、政治失序、生灵涂炭的岁月，孔子怀"知其不可而为之"的精神，经世、救世之心多么热切。

六、厚德载物。《易传》象曰："地势坤，君子以厚德载物。"所谓厚德载物，意为君子要有淳厚的德性、宽大的胸怀以包容万物，有兼容并包的含义。《中庸》所说的"宽裕温柔，足以有容"，也是指厚德载物、有容乃大的意思。唐君毅在《人文精神的重建》中论及孔子的人格与精神说："夫孔子之精神，即超越的涵盖持载精神，亦即一绝对之真诚恻怛，诚之所至，即涵盖持载之所至，亦即超越有限之自我，以体现无限之精神之所至。"以《论语》《易传》《中庸》等经典记载的孔子言行证之，唐氏所论实为确切。

《中庸》说："仲尼祖述尧舜，宪章文武，上律天时，下袭水土。辟（譬）如天地之无不持载，无不覆帱，辟如四时之错行，如日明之代明。万物并育而不相害，道并行而不相悖，小德川流，大德敦化，此天地之所以为大也。"《孟子·万章》说："伯夷，圣之清者也；伊尹，圣之任者也；柳下惠，圣之和者也；孔子，圣之时者也。孔子之谓集大成。集大成也者，金声而玉振之也。"此二段论孔子精神的话，其要义在于强调孔子有宽容广博的胸怀、兼容并包的心态，立于中道，汇纳群流，统摄百家，"尊德性而道问学，致广大而尽精微，极高明而道中庸"，成为集大成的哲人。

《易传·系辞》说："天下同归而殊途，一致而百虑。"《论语·子路》说"君子和而不同"，其精神与"厚德载物"是一致的，体现了一种多元开放、兼容并包的文化学术观。蔡元培改革北京大学时提倡"万物并育而不相害，道并行而不相悖"，可见孔子精神影响之深远。

七、和谐有序。孔子生活于动乱的时代，社会失序、政治失序、文化失序、生活失序，因此，重建秩序是孔子仁学的主导精神之一。他追求中和、和谐的社会、政治、文化与生活理想，有深刻的历史依据与现实依据，所谓"拨乱世，返之正"，即结束历史的混乱无序状态，进入升平、太平的和平有序状态。

周秦之际，"礼坏乐崩""天下无道"，社会失序。《左传》隐公三年记："贱妨贵，少陵长，远间亲，新间旧，小加大，淫破义。"《公羊三传》卷首提要说："侵六十，伐二百又三，战二十三，围四十四，入二十七，迁十，灭国五十。"《史记·太史公自序》说："《春秋》之中，弑君三十六，亡国五十二，诸侯奔走不得保其社稷者不可胜数。察其所以，皆失其本已。"在周文衰敝、王纲失坠、政治无序、社会动乱、战争频繁的年代，不仅统治者内部骨肉相残，强凌弱，众暴寡，争权夺利，政治腐败黑暗，而且诸侯之间争地以战，杀人盈野，争城以战，杀人盈城，篡弑、战乱无穷，生灵涂炭，天下无道。"世道衰微，邪说暴行有作，臣弑其君者有之，子弑其父者有之，孔子惧，作《春秋》。"（《孟子·滕文公》）拨乱反正，重建秩序，天下统一，实现太平，孔子所寄托于《春秋》中的希望与理想，不仅仅是为了春秋一代，而是为了人类的千秋万代。

《论语·季氏》说："天下有道，则礼乐征伐自天子出；天下无道，则礼乐征伐自诸侯出。"《论语·泰伯》："周监于二代，郁郁乎文哉！吾从周。"《子路》："名不正，则言不顺；言不顺，则事不成；事不成，则礼乐不兴；礼乐不兴，则刑罚不中；刑罚不中，则民无所措手足。"《论语·颜渊》："克己复礼为仁。一日克己复礼，天下归仁焉。"《季氏》："盖均无贫，和无寡，安无倾。夫如是，故远人不服，则修文德以来之。既来之，则安之。"《论语·子路》："如有王者，必世而后仁。"《论语·学而》："礼之用，和为贵。先王之道，斯为美。"《论语·泰伯》："兴于诗，立于礼，成于乐。"孔子此类言论，中心议题是强调建立和谐的社会秩序、文化秩序和政治秩序。因此，和谐、秩序的观念是孔子仁学中非常重要的观念。《中庸》说："中也者，天下之大本也；和也者，天下之达道也；致中和，无地位焉，万物育焉。"《乐记》说："乐者天地之和也，礼者天地之序也。""仁近于乐，义近于礼。"这都是对孔子仁学和谐有序精神的总结。和与序的精神或理想在春秋时代一时虽难以实现，但毕竟为动乱时代的人们提供了希望，为思想家批判黑暗时代提供了价值尺度。朱光潜在《乐的精神与礼的精神——儒家思想系统的基础》中说："这'和'与'序'两个观念真是伟大。""一个有幸福的社会必然是一个无争无怨、相安和谐、群策群力的社会，因为如此，社会才有它的生存理由，才能最合理的发展。"[①] 可见，孔子仁学中和谐有序的精神，对当今充满冲突的人类社会建立新的、和谐的秩序有启发意义，文明的对话与沟通也与重建人类社会秩序有关。

八、内圣外王。梁启超在《儒家哲学》中说："儒家哲学范围广博，概括起来，其用功所在，可以《论语》'修己安人'一语括之，其学问最高目的，可以《庄子》'内圣外王'一语括之。"[②] 此论揭示了孔子仁学及儒学的最根本的特征。陆九渊曾以"十字打开"来喻孔孟仁学，是对"内圣外王之道"的形象概括："夫子以仁发明斯道，其言浑无罅缝。孟子十字打开，更无隐循。"（《陆九渊集》）"内圣外王"一语虽出于《庄子·天下篇》，但确如牟宗三在《心体与性体》中说的："以之表象儒家之心愿最为恰当。"

什么是"内圣外王之道？"梁启超说："做修己的功夫，做到极处，就是内圣；做安人的功夫，做到极处，就是外王。"至于条理次第，以《大

---

　　① 朱光潜：《乐的精神与礼的精神》，《思想与时代月刊》1942年第7期。
　　② 梁启超：《儒家哲学》，载梁启超著《饮冰室专集》第24册，上海：中华书局，1936年版。

学》上说得最简明。《大学》所谓"格物致知诚意正心修身",就是修己及内圣的功夫;所谓"齐家治国平天下",就是安人及外王的功夫。(《儒家哲学》)牟宗三也说:"内圣者,内而在于个人自己,则自觉地作圣贤工夫(作道德实践)以发展完成其德性人格之谓也。""外王者,外而达于天下,则行王者之道也。王者之道,言非霸道。此以而足见儒家之政治思想。"换句话说,"外王者,即客观而外在地于政治社会方面以王道(非霸道)治国平天下之调也"。①

孔子仁学就其精神实质而言,是以内圣外王之道的精神方向开展的。《论语》记述:"子贡曰:'如有博施于民而能济众,何如?可谓仁乎?'子曰:'何事于仁!必也圣乎!尧舜其犹病诸!'"(《雍也》)"德之不修,学之不讲,闻义不能徙,不善不能改,是吾忧也。"(《述而》)子路问君子。子曰:"修己以敬。""如斯而已乎?"曰:"修己以安人。"曰:"如斯而已乎?"曰:"修己以安百姓。修己以安百姓,尧舜其犹病诸?"(《宪问》)子曰:"如有王者,必世而后仁。"(《子路》)《论语》中虽未有"圣""王"连用的概念,但从单用的"王""圣"与"仁"的关系而言,内圣外王之道的精神已经完备。后来《荀子》中的"尽伦"与"尽制",《大学》中的"明德新民"与"致知、格物、诚意、修身、正心、齐家、治国、平天下",皆孔子仁学内圣外王之道的开展。故徐复观在《孔子德治思想发微》中称孔子德治是相对于极权专制政治而言的,是无为而治,是仁的社会或王道。孔子的政治理想、社会理想极为高远,《礼运》论"小康"(天下为家)"大同"(天下为公),公羊家总结的《春秋》"三世"说——据乱世、升平世、太平世,都是孔子仁学内圣外王理念的具体展现,直到近代康有为、孙中山,还以孔子憧憬的"天下为公"大同世界为政治理想。

九、人文化成。《易传》说:"刚柔交错,天文也。文明以止,人文也。观乎天文,以察时变。观乎人文,以化成天下。"治国者须观乎天文,以察时序之变化;观乎人文,以化成天下之人。孔颖达疏:"言圣人观察人文,

---

① 牟宗三:《心体与性体》,载牟宗三著《牟宗三集》,北京:群言出版社,1993年版,第308、371页。

则诗书礼乐之谓,当法此教而化成天下也。"所谓人文化成,乃是以诗书礼乐教化世人,以实现"成人""为邦"的目的,此乃孔子及儒家教化天下的最大特色。孔子仁学的人文精神在功能上主要体现于以"六艺"化育人生、化育社会。唐君毅在《人文精神之重建》中说:"我们理想的世界,是人文的世界。人文润泽人生,人文充实人生。人文表现人性,人文完成人性。"① 在周文衰敝、礼坏乐崩的春秋时代,孔子倡导"人文化成"的"六艺"教育,是中国人文精神自觉的表征。

《史记·孔子世家》说:"孔子以《诗》、《书》、礼、乐教,弟子盖三千焉,身通六艺者七十有二人。""孔子布衣,传十余世,学者宗之。"自天子王侯,中国言"六艺"者折中于夫子,可谓至圣矣!从殷、周官学礼、乐、射、御、书、数"六艺",到孔子的《诗》《书》《礼》《乐》《易》《春秋》"六艺",变化最大的特点是以仁的精神统摄新六艺,人文精神更加浓厚,更侧重于道德精神、艺术精神的培养及人格境界的提升。"礼云礼云,玉帛云乎哉?乐云乐云,钟鼓云乎哉?"(《阳货》)"人而不仁,如礼何?人而不仁,如乐何?"(《八佾》)以"六艺"化育天下,重点是人性的完善与文化秩序的和谐。

《论语》中有关孔子以"六艺"化成天下的言论与实践颇多。如"文之以礼乐,亦可以成人矣。"(《宪问》)"兴于诗,立于礼,成于乐。"(《泰伯》)"志于道,据于德,依于仁,游于艺"。(《述而》)"诗可以兴,可以观,可以群,可以怨。"(《阳货》)等等。《史记·滑稽列传》记述:孔子曰:"六艺于治一也。《礼》以节人,《乐》以发和,《书》以道事,《诗》以达意,《易》以神化,《春秋》以义。"可见,孔子以"六艺"化育人,化育社会,其目的是治天下,变天下无道为天下有道。《礼记·经解》说:"孔子曰:入其国,其教可知也。其为人也,温柔敦厚,《诗》教也;疏通知远,《书》教也;广博易良,《乐》教也;洁静精微,《易》教也;恭俭庄敬,《礼》教也;属辞比事,《春秋》教也。故《诗》之失,愚;《书》

---

① 唐君毅:《人文精神的重建》,载唐君毅著,黄克剑、钟小霖编《唐君毅集》,北京:群言出版社,1993年版,第340页。

之失，诬；《乐》之失，奢；《易》之失，贼；《礼》之失，烦；《春秋》之失，乱。"《诗》《乐》体现了人对感性、艺术性的理解，《礼》凝结了人对道德性、社会性的理解，《尚书》代表了人对政治性的理解，《春秋》蕴含了人对历史性、政治性的理解，《易》集中人对超越性、哲学性的理解。孔子以"六艺"化育人生，化育社会与政治，以期达到人文以化成天下的目的。唐君毅在《中国人文精神之发展》中说："真正对于中国传统之人文中心的文化精神，加以自觉了解，而抒发其意义与价值者，乃孔子所开启了的先秦儒家思想。而由孔子至秦之一时期，即可称为中国人文思想之自觉的形成时期。孔子一生之使命，不外乎重建中国传统之人文中心的文化。"①此论对我们理解孔子仁学中的人文精神及"人文以化成天下"的思想是有启发意义的。

十、道尊于势。道，在孔子仁学中是人生、政治的真理，是人生、政治的最高价值，道即是仁，仁即是道。以道（仁）自任，以道（仁）为尊，以道抗势，以身殉道，以道改制或革命，是孔子仁学中又一独特的精神。《论语》记述孔子以道为尊的言论颇多。如："士志于道，而耻恶衣恶食者，未足与议也。"（《里仁》）"君子忧道不忧贫。"（《卫灵公》）"朝闻道，夕死可矣。"（《里仁》）"吾道一以贯之。"（《里仁》）"苟志于仁，无恶矣。"（《里仁》）"富与贵，是人之所欲也。不以其道得之，不处也。贫与贱，是人所恶也。不以其道得之，不去也。君子去仁，恶乎成名。"（《里仁》）"志士仁人，无求生以害仁，有杀身以成仁。"（《卫灵公》）"三军可夺帅也，匹夫不可夺志也。"（《子罕》）"笃信善学，守死善道也。危邦不入，乱邦不居。天下有道则见，无道则隐。"（《泰伯》）"饭疏食饮水，曲肱而枕之，乐亦在其中矣。不义而富且贵，于我如浮云。"（《述而》）"人能弘道，非道弘人。"（《宪问》）"天下有道，丘不与易也。"（《微子》）综合上述言论，结合孔子一生身体力行道（仁）的实践例证，可以看出：以道为尊，以道为乐，以道自任，以道抗势的精神是孔子仁学的精神特征之一。故孟子说："仁也者，人也，合而言之，道也。"（《孟子尽心》）道（仁）

---

① 吕地：《呻吟语》，台北：河洛图书出版社，1974年版，第43—44页。

具人生真理与人生价值意蕴。

司马谈说："夫阴阳、儒、墨、名、法、道德，此务为治者也。"（《史记·太史公自序》）章学诚也说："官守失传，而各以道德明其教，则人人皆自以为道德矣。故夫子述而不作，而表章六艺，以存周公之旧典也，不敢舍器而言道，而诸子纷纷则已言道矣。庄生譬之为耳目口鼻，司马谈别之为六家，刘向区之为九流，皆自以为至极，而思以其道易天下矣。"（《文史通义·原道中》）由于"务为治"或"思以其道易天下"的经世心态，必然存在以道自任者与现实的执政者之间微妙而紧张的关系，即道与势之间孰尊孰卑、孰重孰轻、孰先孰后的关系。以道自任、以道为尊的孔子，在道与势的取舍、选择上显得尤为紧张。所谓"势"是权力与地位的标志。孔子是"布衣"（《史记》），"有德无位"（《文史通义·原道中》），要"思以其道易天下"，而"天下之无道也久矣，天将以夫子为木铎"（《论语·八佾》）。首先面临的是如何对待现实政治权力问题。确如后儒所说的，孔子不会"枉道而从彼势"（《滕文公》）或"曲学而阿世"，因此，道尊于势的精神是孔子仁学的主导精神。孔子仁学中有关道（仁）的思想，要置于春秋时代道与势之间的微妙而又紧张的关系中去理解，才能体认它的价值与意义。

孔子仁学中道尊于势的精神影响是极为深远的。从曾子、孟子到梁漱溟、徐复观，道尊于势已成为真儒的精神传统的信念。曾子说："士不可以不弘毅，任重而道远，仁以为己任，不亦重乎！死而后已，不亦远乎！"（《论语·泰伯》）"晋楚之富，不可及也；彼以其富，我以吾仁，彼以其爵，我以吾义，吾何慊乎哉？"（《孟子·公孙丑下》）孟子说："古之贤王好善而忘势，古之贤士何独不然？乐其道而忘人之势，故王公不致敬尽礼，则不得亟见之。见且由不得亟，而况得而臣之乎？"（《孟子·尽心》）"故士穷不失义，达不离道。穷不失义，故士得已焉；达不离道，故民不失望矣。"（《孟子·尽心》）"居天下之广居，立天下之正位，行天下之大道；得志，与民由之；不得志，独行其道。富贵不能淫，贫贱不能移，威武不能屈，此之谓之大丈夫。"（《孟子·滕文公下》）士不论在顺境与逆境，不论穷与达，都以道（仁或义）为依归，不因权势所威逼与利诱而"枉道而从彼势"(《孟子·滕文公》),进而慨然提出以德抗位、以道抗势的观念。可见,道的尊严感与超越感是孔孟仁学的精神价值所在。

秦汉以来,孔子、曾子、孟子所倡导的以道抗势、以德抗位的精神信念,他们所揭出的道尊于势的价值准则,一直为身体力行仁学的真儒所继承与弘扬。如明代吕坤在《呻吟语》中说:"故天地间惟理与势为最尊。虽然,理又尊之尊也,庙堂之上言理,则天子不得以势相夺。既夺焉,而理则常伸于天下万世。故势者,帝王之权也;理者,圣人之权也。帝王无圣人之理,则其权有时而屈。然则理也者,又势之所恃以为存亡者也。以莫大之权,无僭窃之禁,此保者之所不辞,而敢于任斯道之南面也。"① 此论是总结宋明时期理与势的紧张关系后进而重申孔孟道尊于势、以德抗位、以道抗势的信念,也点破了数千年来中国政治史里道与势之间紧张关系之源。徐复观在《理与势》一文中,对孔孟仁学中道尊于势的观念做了现代诠释后进而说道:"中华民族的信念,是理而不是势,这是几千年的历史经验所培育的、所证明的。"

值得重视的是,孔子仁学中蕴涵的道尊于势、以德抗位、以道抗势的精神,不仅成为儒家以道为价值尺度批判历代黑暗政治,形成儒家抗议精神的思想源泉,而且也是历代儒家为改变天下无道的政治局面而倡导改制与革命的精神动力。如公羊家以"三世大同"说为政治理想的尺度对当时现实中霸道、苛政的批判;东汉末年太学生的抗议运动;朱熹、陆九渊、王阳明、顾炎武等对虚伪的社会礼俗、腐败的科举考试制度以至官僚制度的批判;还有宋明谏议官的犯颜直谏;东林党人的正义精神;黄宗羲对专制皇权的批判;再如康有为的公车上书、谭嗣同的殉身变法、孙中山摧毁封建专制王朝的革命、五四运动、全民族抗战以及中国共产党人推翻三座大山黑暗统治的斗争等等,都是孔子以道抗势精神的继承与弘扬。《易传·革卦》说:"汤、武革命,顺乎天而应乎人!"康有为《孔子改制考》:"改制立度,思易天下。"不论是革命或者改制,其目的都是改变天下无道的局

---

① 唐君毅:《人文精神的重建》,载唐君毅著,黄克剑、钟小霖编《唐君毅集》,北京:群言出版社,1993年版,第405页。

面。孔子仁学中所蕴含的道尊于势、以道抗势、以道抗位的精神，哺育了历代先进的中国人，是他们批判当时腐朽势力和黑暗统治的精神动力，是中华民族巍然屹立数千年、历经磨难而弥坚的不屈的脊梁，值得我们做进一步的反思与研究。

［原载于国际儒学联合会：《儒学的当代使命——纪念孔子诞辰 2560 周年国际学术研究会论文集（第一册）》，北京：九州出版社，2010 年版；合作者：韩钟文］

孔子言说的"道"

细读《论语》，感悟孔子之"道"，真切体验圣学真精神，我们不难发现，孔子"道"之真义不过仁礼合一、"即凡而圣"（极高明而道中庸）二语而已。就主要内涵来说，孔子之"道"要在仁礼合一；由哲理精神而论，孔子之"道"要在"即凡而圣""极高明而道中庸"。也即是说，孔子的仁礼合一之"道"本身彰显着一种"即凡而圣""极高明而道中庸"的深邃哲理。仁礼合一与"即凡而圣"也正是孔子儒学之精神所在。孔子这种圆融贯通道德自觉与道德规范、超越理想与生活日用的生命的学问，正是当代学人创构生活儒学所亟待开发的宝贵精神资源。

众所周知，孔子的思想起点是礼，其创立儒学源于补礼、纠礼的致思路向。周文疲敝，礼乐不兴，孔子欲兴亡继绝，接替斯文，就必要对礼有一番因时制宜、损益革新的处理。孔子之为孔子者，就在于他敏求善思自家体贴出了礼背后那个更为重要的根本——仁，为古老的礼乐文化重新注入了生机与活力。当然，述礼作仁虽是孔子创立儒学的基本线索，但这并不意味着仁、礼简单拼凑相加就自然化生儒学，言礼不及仁，非儒也；言仁不及礼，亦非也；仁礼和合，真儒之谓。因此，孔子虽把仁界定为礼之本，但并未因仁而废礼，一方面以仁释礼，另一方面又强调以礼来外化仁、落实仁。仁、礼不偏废，内外合为一；仁是内化的礼，礼是外化的仁，两者和谐互动、感通为一。如果仁不外化为礼而落实于日用常行间就不能实现其价值，此其所谓"克己复礼为仁"（《论语·颜渊》）；同样，如果外在的礼失去了内在之仁做支撑，那么礼就流于形式、虚文，此其所谓"人而不仁，如礼何？人而不仁，如乐何？"（《论语·八佾》）"礼云礼云，玉帛云乎哉？乐云乐云，钟鼓云乎哉？"（《论语·阳货》）可见，仁与礼构成孔子之"道"的一体两面，具有同等重要的地位：仁之要在于使礼合乎主体内在的心性情感，而不至于流于空有其表、形式僵化的所谓"吃人的礼教"；礼之要则在于将主体内在的情感化作外在的力量，落实于具体的社会关系中。仁的内在情感与礼的外在行为合而为一，方是道德实践整个过程的完成。

由此，仁礼合一或许才是孔子的生命智慧和成德之教的真义所在，这也便是儒门所传的"道"，此"道"所内蕴的正是"即凡而圣""极高明而道中庸"的深邃哲理：它既高举远瞻，又平实切近；既是终极关怀，又不离人伦日用；既是形上超越之道，又是百姓日用之道。具体论说如下。《论语》中论"道"多与仁相连，比如：

> 子曰："富与贵，是人之所欲也；不以其道得之，不处也。贫与贱，是人之所恶也；不以其道得之，不去也。君子去仁，恶乎成名？君子无终食之间违仁，造次必于是，颠沛必于是。"[1]

> 子曰："志于道，据于德，依于仁，游于艺。"[2]

> 曾子曰："士不可以不弘毅，任重而道远。仁以为己任，不亦重乎？死而后已，不亦远乎？"[3]

上引数语明白地指出了道与仁不可分割的关系，据此，以孔子之"道"为仁（须是合着礼的仁），道也似无不可。这个仁道，一方面是孔子的终极托付之所在，"朝闻道，夕死可矣"（《论语·里仁》），可以清楚地看到道作为人的终极关怀的宗教意涵；另一方面"人能弘道，非道弘人"（《论语·卫灵公》），又分明地揭示了"道不远人"的重要特点，所谓"仁远乎哉？我欲仁，斯仁至矣"（《论语·述而》），"为仁由己，而由人乎哉"（《论语·颜渊》），此之谓也。当作为礼之本的内在的仁显发为用而成外在的礼时，又可化民成俗，落实于百姓生活、日用常行之间。小至视听言动、举手投足，大至行军作战、为政治国皆要合乎礼。《论语》有言如是：

> 颜渊问仁。子曰："克己复礼为仁。一日克己复礼，天下归仁焉。为仁由己，而由人乎哉？"颜渊曰："请问其目。"子曰："非礼勿视，

---

[1]《论语·里仁》。
[2]《论语·述而》。
[3]《论语·泰伯》。

非礼勿听，非礼勿言，非礼勿动。"①

孟懿子问孝。子曰："无违。"樊迟御，子告之曰："孟孙问孝于我，我对曰，无违。"樊迟曰："何谓也？"子曰："生，事之以礼；死，葬之以礼，祭之以礼。"②

子曰："能以礼让为国乎？何有？不能以礼让为国，如礼何？"③

当我们一言一行、待人接物都依礼而行时，自可"求仁得仁""从容中道"，此即孔子所谓"克己复礼为仁"。其实，这也正是芬格莱特所说的礼的神奇魅力、魔术效应：人们纯熟地实践人类社会各种角色所要求的礼仪行为，最终便可以从容中道，使人生焕发出神奇的魅力。圣人境界就是人性在不离凡俗世界的礼仪实践中所透射出的神圣光辉。概而言之，"即凡而圣"四字恰切地表述了孔子仁礼合一之"道"的深层意涵，凡俗与神圣相即不离正是其最为显著的特点。

孔子的以上思路在《中庸》中得到了更加淋漓的体现。人与道的关系是《中庸》所关注的中心问题之一，而其立论的基点，则是道非超然于人，"道不远人。人之为道而远人，不可以为道"。道并不是与人隔绝的存在，离开了人的为道过程，道只是抽象思辨的对象，难以呈现其真切实在性。而所谓为道，则具体展开于日常的庸言庸行："君子之道，造端乎夫妇；及其至也，察乎天地。"道固然具有普遍性的品格，但它唯有在人的在世过程中才能扬弃其超越性，并向人敞开。正是在此意义上，《中庸》强调"极高明而道中庸"。中即无过无不及，"庸者，常也"。"极高明"意味着走向普遍之道，"道中庸"则表明这一过程即完成于人在生活世界中的日用常行。"极高明而道中庸"一语虽非出自孔子之口，却最能表述孔子"道"之本旨，可以说，这也正是儒学之真精神所在。儒家传统一方面能"与时偕行""日新又新"（变），另一方面又"万变不离其宗"，终不改其"极高明而道中庸"之底色（常），这或许正是其穷变通达、可大可久的依据。恰如有论者指出的，"'极高明而道中庸'体现了儒家的精义、儒家的真精神，是儒家有别僧、道、耶、回处"。如果我们把孔子"道"之两面——礼和仁做进

---

① 《论语·颜渊》。
② 《论语·为政》。
③ 《论语·里仁》。

一步分解，就会析出"外在的规范制约与内在的道德自觉""他律式的遵从恪守（克己复礼）与自律式的自觉主动（为仁由己）""规范建设与情感建设""道德实践与心性修养""世俗生活与超越理想""行为规范与社会正义"等多重分疏。在这样的分界中，我们更可以觉察到孔子"极高明而道中庸"的高超智慧，不偏不倚，恰到好处，取法乎中，无过无不及，遂避免了游走两极的偏执，成就了原始儒学这一阳刚劲健、元气淋漓、生生和谐、可大可久的思想系统。

回顾了孔学精神，我们不难明白，儒门之"道"应是此仁礼合一之"道"，应是此"即凡而圣""极高明而道中庸"的"道"。在后新儒学的时代语境下我们正需要接续、光大此"道"，确立合乎时代精神的新道统，并以此为纲领展开当代儒学的重构。当我们回归孔子之"道"，以之为指引重建当代儒学时，一定要守住儒家的根，切实把握儒家之为儒家的真精神，致力于建构一种"形上超越与百姓日用""心性修养与道德实践""理想与现实""神圣与凡俗"等平衡互动、通为一体的新儒学。

（原载于《光明日报》2014年8月26日第16版；合作者：郑治文）

"夫子之道，忠恕而已矣"辨析

曾子将孔子之道概括为"夫子之道，忠恕而已矣"[1]。对这句话的理解，历来争议颇多，其焦点主要有三：何为夫子之道？何为忠恕？曾子将孔子之道概括为"忠恕"是否符合孔子本意？其实，从孔子整个思想体系来看，夫子之道是多维的，既蕴含有天地之道的哲学智慧，又具有丰富的政治、社会、伦理、教育思想，而以尽己、推己为核心理念的忠恕之道，正是达到夫子多维理想之道的根基所在。从多维角度审视孔子思想，可以看出，曾子对夫子之道的概括是切合孔子思想实际的。

一、夫子之道

道是中国文化史上的一个重要概念。通观《论语》《孔子家语》《礼记》等关涉孔子论道的内容可知，孔子之道主要包括天道、地道和人道三个方面。准确把握孔子之"道"，对于理解孔子整个思想体系具有重要意义。

孔子生活的时代，"历史所呈示的，是天的权威的动摇，是神的地位的沉沦，是士阶层的崛起，是人的力量的迸发"[2]。民本主义的高扬，使笼罩在天命神权上的光芒逐日暗淡，特别是周人轻天、重人的理念，深深影响着孔子，但生产力的低下及文化传承的特点，也决定了孔子不可能完全走出具有神秘色彩的天命观的樊篱。因而，孔子的天道思想是充满矛盾的：

---

[1] 杨伯峻：《论语释注》，北京：中华书局，1980年版。
[2] 冯天瑜等：《中华文化史》，上海：上海人民出版社，2005年版。

一方面，他相信天命鬼神，认为天可主宰人事；另一方面，他又对天命鬼神持怀疑态度，注重事在人为。其实，孔子对天道、天命或命的认可，只是在"道之不行"或遭遇困境、处境尴尬时，对无奈、痛苦、自信等感情的淋漓尽致的表达，他更看重人的力量在国家存亡及个人祸福方面所起的作用。如《孔子家语》所记："哀公问于孔子曰：'夫国家之存亡祸福，信有天命，非唯人也。'孔子对曰：'存亡祸福，皆己而已，天灾地妖，不能加也。'"①

孔子的地道观，建立在古代农业社会天时、地利、人和的"和合"文化观基础之上，认为只有做到"与天地合其德"，才能"先天而天弗违，后天而奉天时"②。作为统治者，首先要有天地好生之德，将人民的利益置于首位，并由己推人，才能得到上天的庇护与人民的拥戴。从这个意义上来讲，孔子谈地道，也是为了突出人德。在孔子思想体系中，地道是为人道服务的。

人道观是孔子思想的核心。他关切社会现实，希望通过推行自己的学说，调节失序的人际关系，进而达到改善社会的目的。《周易·说卦》言，"立人之道，曰仁与义"，而孔子的恕道，正是从行仁之方的角度，为人际关系的和谐找到了最基本的法则。于是，政治上的大同社会和道德上的君子人格的追求，是孔子推行恕道预设的两条途径。

第一，大同社会理想。医治礼坏乐崩的乱世，是孔子一生的追求。他周游列国十四年，寻找能推行其道的明君，虽然处处碰壁，"累累若丧家之狗"③，但并未因此而降低对道的追求。孔子追求的"道"是什么？从其政治思想来看，是他的大同社会理想。"它是一个奋斗目标，是纲领，寄托了孔子的远大政治理想，是孔子入仕行道，终生为之奋斗的最终目的。"④ 在孔子心目中，这一理想的社会模式是："大道之行，天下为公，选贤与能，讲信修睦。故人不独亲其亲，不独子其子，老有所终，壮有所用，矜寡孤疾，皆有所养。"⑤ 大道之行的时代，是指夏商周三代"圣王"当政的时代。

---

① 王肃：《孔子家语》，郑州：中州古籍出版社，1991年版。
② 周振甫：《周易译注》，北京：中华书局，2001年版。
③ 司马迁：《史记》，北京：中华书局，1982年版。
④ 方延明：《孔子思想的四个来源和四个组成部分》，《求索》1985年第5期。
⑤ 王肃：《孔子家语》，郑州：中州古籍出版社，1991年版。

"信而好古"的孔子，以这种理想社会为模板，寄希望于依靠人人仁爱、守礼，使"大道既隐"的社会向"大道之行"回归。而礼，是秩序的保证，也是一种外在的形式，大同社会的实现需要来自内心的自我约束及对仁的坚守，更需要作为民之父母的统治者，怀有一颗推己及人的恕道情怀，做到为政以德。为政以德，要求为政者必须具有高尚的德性修养且要以身示范。孔子认为，统治者的德行对于一个国家良好风气的形成及国家的长治久安有着不可替代的重要意义，正所谓"政者，正也。子帅以正，孰敢不正"，"苟子之不欲，虽赏之不窃"，"君子之德风，小人之德草。草上之风，必偃"[1]。统治者若能以"恕"存心，做到养老、恤孤、上贤、简不肖，就会摒弃罪恶，形成良好的社会风尚。因此，为了说服统治者实行德治，他从"心"入手阐述问题。

"心"在古人那里占有重要地位，故有言曰"欲修其身者，先正其心"[2]，"美恶皆在其心"[3]，"君子以仁存心，以礼存心"[4]。可见，"心"在古人那里已被抽象上升到人生哲学的层次，成为一个内涵十分丰富的哲学概念，"'心'是个人自我体验和修养的一个核心概念"，"也成为阐释人际关系的一个十分重要的范畴"，"它含有很强的道德伦理的含义"[5]。正是在这个意义上，孔子看到了如心之"恕"，在个人修养成仁方面的应有之义，故他说："夫仁者，己欲立而立人，己欲达而达人。能近取譬，可谓仁之方也已。"[6] 而当子贡问及是否有一言而可以终身行之时，孔子告知曰："其恕乎！己所不欲，勿施于人。"[7]

孔子指出，恕是终身行之的伦理规范，是为政者安身立国的根本，是人际和谐的心理基础。后世儒家发展了这一思想，提出"推恩足以保四海；不推恩不足以保妻子。古人所以大过人者无他焉，善推其所有而已"[8]；"功

---

[1] 杨伯峻：《论语释注》，北京：中华书局，1980年版。
[2] 钱玄等：《礼记》，长沙：岳麓书社，2001年版。
[3] 钱玄等：《礼记》，长沙：岳麓书社，2001年版。
[4] 杨伯峻：《孟子译注》，北京：中华书局，2003年版。
[5] 费孝通：《费孝通九十新语》，重庆：重庆出版社，2005年版。
[6] 杨伯峻：《论语释注》，北京：中华书局，1980年版。
[7] 杨伯峻：《论语释注》，北京：中华书局，1980年版。
[8] 杨伯峻：《孟子译注》，北京：中华书局，2003年版。

及子孙，光辉百世，圣人之德，莫美于恕"①；"敬以持己，恕以及物"②，阐发恕在修己与治国方面的重要性。为了使为政者能有一颗仁爱之心，自觉地推行恕道，孔子作《春秋》，"上明三王之道，下辨人事之纪，别嫌疑，明是非，定犹豫，善善恶恶，贤贤贱不肖"③，以此告诫后世统治者，以史为鉴，致力于民心的考虑，尽己所能，做到"民之所好好之，民之所恶恶之"④，只有这样，才能开太平盛世，实现社会大同。从百姓之心出发调整统治政策，心系百姓，以己之心，推百姓之心，一直是思想家们向往的圣主所为。丰富的历史典籍给我们留下了诸多贤人忠臣奉劝统治者实行恕道的感人事迹。因为古人早已意识到"就有位者而言，则所推者大，而所及者甚广"⑤的重要性，因而，对统治者进行恕之劝诫，是为臣者的重要职责。当然，实现社会大同，除了统治者实行德治、推行恕道外，还需要从修己到安人、由齐家到平天下，坚持仁、义、礼、宽、孝、恕等诸德统一与中庸之道的君子，君子人格的构建也成为孔子推行其道的重要内容。

第二，君子人格。孔子以前，"君子"是对贵族统治者的统称。春秋时代的社会变革为德才兼备的人施展才能开拓了广阔的空间，而现实中的贵族君子们道德上的堕落，使孔子意识到重建社会秩序，必须"通过对君子人格进行新的解释和新的规定而把他们引向一种崭新的文化理想和价值观念"⑥，以此作为建立良好人伦秩序的基础。这种君子人格是对三代文化中理想人格普遍价值的积累，也是对弊病丛生的社会状态下人性扭曲的反省。为此，孔子以自己的大同社会理想为蓝图，教育弟子由以孝事亲出发，以忠事君，以信交友，以爱待众，层层递进，自觉守礼、践仁，真心地推行恕道，在自修为君子之后，"学而优则仕"，为重建社会秩序贡献力量。他认为，培养君子人格，提高个体的道德修养并辐射于社会，是提高整个国民德性修养的必经之路。因此，培养君子是孔子教学的重要内容，而博学于文、约之以礼，则是成为君子的首要条件。他告诫弟子："其容体不足观

---

① 董仲舒：《春秋繁露》，上海：上海古籍出版社，1989年版。
② 黎靖德：《朱子语类》，北京：中华书局，1986年版。
③ 司马迁：《史记》，北京：中华书局，1982年版。
④ 钱玄等：《礼记》，长沙：岳麓书社，2001年版。
⑤ 陈淳：《北溪字义》，北京：中华书局，1983年版。
⑥ 吴龙辉：《原始儒家考述》，北京：中国社会科学出版社，1996年版。

也,其勇力不足惮也,其先祖不足称也,其族姓不足道也。终而有大名,以显闻四方,流声后裔者,岂非学之效也。故君子不可以不学。"① 容貌、勇猛、宗族等外在的东西并不能成为炫耀的资本,只有学习才会有好的名声,才会流芳百世,内学外饰才是真正的君子之为。他希望弟子们通过学习,达到知礼、守礼、克己复礼,实现"天下归仁"的理想社会状态。因此,在教学中孔子除了传授给弟子们"六艺""六经"这些基本的技艺和文献外,更注重对弟子们进行君子人格的养成教育,并且通过对舜、微子、箕子、比干、柳下惠、管仲及孔门弟子等人物的评价,将仁、义、礼、忠、恕、信、孝等伦理观念进行阐述,使弟子们分清高尚与低俗、合礼与成仁、君子与小人,在修己以敬的基础上外推,做到修己以安人,修己以安百姓。积极入仕,是儒家的一贯风格。"仕本身并不是目的,推行王道政治才是目的。"② 这些入仕的儒门弟子们,坚持"以道事君,不可则止"③ 的正义追求;坚守"节用而爱人,使民以时"的仁民之道,通过上下通达,宣传儒家治国理念与礼乐教化之风,起到了移风化俗的作用,为推行王道政治奠定了基础。

二、忠恕

自"忠恕"由曾子提出,就引发了诸多关注,众说纷纭,莫衷一是。孔颖达《礼记正义》云:"忠者,内尽于心。恕者,外不欺物。恕者,忖也;忖度其义于人。"皇侃《论语集解义疏》云:"忠,谓尽中心也;恕,谓忖我以度于人也。"又引王弼曰:"忠者,情之尽也;恕者,反情以同物者也。未有反诸其身而不得物之情,未有能全其恕而不尽理之极也。能尽理极则无物不统,极不可二,故谓之一也。推身统物,穷类适尽,一言而可终身行者,其唯恕也。"朱熹《论语集注》云:"尽己之谓忠,推己之谓恕。"这些解释,都强调在尽己(情)的基础上外推,达到忖我度人、推己及物,以实现恕,这与"忠恕"造字结构所表达的思想相当一致(中心为

---

① 王肃:《孔子家语》,郑州:中州古籍出版社,1991年版。
② 罗安宪:《学而优则仕辨》,《中国哲学史》2005年第3期。
③ 杨伯峻:《论语释注》,北京:中华书局,1980年版。

忠，如心为恕）。可是后人在解释"忠恕"时，却人为地将本为密切相关的一个词，强分为并列的两部分，如杨伯峻《论语译注》讲，"恕，孔子自己下了定义：'己所不欲，勿施于人。''忠'则是'恕'的积极一面，用孔子自己的话，便应该是：'己欲立而立人，己欲达而达人。'"①

其实，后人之所以误解"忠恕"之本义，在于忽略了"忠"的真实内涵。《说文解字》云："忠，敬也。"邢爵释"忠"为"尽中心"。《周官·大司徒》注："忠，言以中心。"《国语·周语》云："中能应外，忠也。"《大戴礼记·小辨》云："知忠必知中，知中必知恕，知恕必知外，知外必知德。"又曰："内思毕心曰知中，中以应实曰知恕。"朱熹《论语集解》云："中心为忠"，"尽己之谓忠"。刘宝楠《论语正义》引《荀子·礼论》注："忠，诚也……诚心以为人谋谓之忠。"从字形上来看，"忠"，上"中"下"心"，即"中""心"，而"中"在先秦时期出现极早，《尚书·大禹谟》已有"允执厥中"的记载。孔子将"中"发展为中庸，称其为"天下之正道""天下之大本"②，使其成为儒家追求的一种极高的道德修养和必须坚守的方法。

综观诸家对"忠"的解释，不难看出，在"忠恕"一词中，"忠"侧重于所蕴含的"中"之意蕴，强调"中心""敬""诚"之意。至此可以推断，"忠"是用来说明、界定"恕"的，意为"忠（尽、诚）心地推己及人"或"恭敬地推己及人"，即不论对什么人，都要满怀敬意，不偏不倚，始终将心放于正中的地位，以一颗中庸之心，推己及人，只有这样，才能避免"人之其所亲爱而辟焉，之其所贱恶而辟焉，之其所畏敬而辟焉，之其所哀矜而辟焉，之其所敖惰而辟焉"的现象，真正做到"好而知其恶，恶而知其美"③。

对"忠恕"作上述解释，并非空穴来风、无证可寻。其实，在《论语》《孔子家语》《孔丛子》等典籍所记孔子及弟子的对话中，"忠"的此种用法，亦出现过多次。如"忠告而善道之"④；"言必诚信，行必忠正"⑤；"忠

---

① 杨伯峻：《论语释注》，北京：中华书局，1980年版。
② 钱玄等：《礼记》，长沙：岳麓书社，2001年版。
③ 钱玄等：《礼记》，长沙：岳麓书社，2001年版。
④ 杨伯峻：《论语释注》，北京：中华书局，1980年版。
⑤ 王肃：《孔子家语》，郑州：中州古籍出版社，1991年版。

报之心在于宗":①;"忠笃之道"②。这些近似的用法,足以说明上述对"忠恕"的解释是符合历史实际的。另外,就恕道应以一种敬与诚的心态来推行,在《论语》也可找到相关证据。如:"仲弓问仁。子曰:'出门如见大宾,使民如承大祭。己所不欲,勿施于人。在邦无怨,在家无怨。'"③孔子告诉冉雍,待人接物,都应以敬持之,又要恕己及物,这样就会为人民所爱戴,也就无相怨也,这就是"爱人者人恒爱之,敬人者人恒敬之"④。又如,当樊迟问仁于孔子时,孔子答之曰:"居处恭,执事敬,与人忠。虽之夷狄,不可弃也。"⑤在孔子看来,恭、敬、忠,无论何时都不可放弃,这是达到仁所必须具备的人格操守。尽心、诚意、忠心,是推行恕道的内在要求,而只有诚于中,才能行于外,只有守住方寸,才能处处行恕。

由上观之,曾子对孔子思想的理解是正确的,即贯穿整个孔子思想体系始终的,就是忠实地推行推己及人之道,即"夫子之道,忠恕而已矣"。

三、夫子之道,忠恕而已矣

忠恕思想,是孔子在继承三代文化中有关宽、宥、让、恕等伦理精义的基础上,结合礼崩乐坏的社会现实,将救世的希望寄托于对人的改造上,从而将恕伦理提升至"可以终身行之者"的高度。他强调上对下的恕,为统治者设计了处理人际关系、调试社会矛盾的方法,以维护父权制家国同构的有序性。在孔子时代,没有后世那样强大的专制主义统治,恕道比较容易伸张,孔子孜孜以求的,正是通过对上层的改造,变天下无道为有道。而要实现这一目的,舍推己及人、"能近取譬"的恕道,是不可能的。因此,怀揣救世理想的孔子,亦将忠恕作为其伦理思想、政治思想、教育思想的一贯之道。

然而,20世纪中国历史上两次文化上的剧变,却使恕道这一传统美德受到了空前的打击:宣扬民主与科学、提倡新道德、反对旧道德的新文化

---

① 王肃:《孔子家语》,郑州:中州古籍出版社,1991年版。
② 孔鲋:《孔丛子》,北京:中华书局,1985年版。
③ 杨伯峻:《论语释注》,北京:中华书局,1980年版。
④ 杨伯峻:《孟子译注》,北京:中华书局,2003年版。
⑤ 杨伯峻:《论语释注》,北京:中华书局,1980年版。

运动，使人们沐浴在民权、平等、自由、科学的春风中，但也使一些人丧失理性、走向极端，全盘否定中国固有文化及传统美德，极力批判深受仁恕熏陶下的民族的劣根性，极力反对"犯而不较"的恕道。"文革"时期，大批特批孔孟之道，宣扬"'忠恕之道'就是欺人之道，吃人之道，复辟之道"①，这种不分青红皂白地全盘否定恕道的极端做法，使做人处世的这一民族优良传统几近断绝。以利为上和个人主义至上的价值观，催生出诸如食品、药品、环境污染等诸多领域因恕道不施而造成令人痛心的事件，不断拷问着人们的道德良知。

与恕道惨遭批判与冷落相伴而来的，则是以重建儒家思想在社会上的主导地位并贯通西学、谋求儒学的复兴及其现代化为己任的现代新儒家，为复兴忠恕之道而付出的努力。例如，一直坚持中国文化早熟论的梁漱溟认为，中国人自有其民主精神，"'己所不欲，勿施于人'之恕道，即其第一点精神之表现"②；冯友兰提出，"忠恕一方面是实行道德的方法，一方面是一种普通'待人接物'的方法"③；杜维明更是站在全球化的高度，指出"全球化和地方化的整合意味着全球化可以突出地方性，而地方化未必排斥全球性；同时也显示了两者可以进行健康互动的可能。儒家'己立立人'，'推己及人'和'成己成人'的教言正是这种以'亦此亦彼'取代'非此即彼'的思路"④。这些论断，在一定程度上为恕道光辉的重现开辟了道路。

正是忠恕之道的曲折发展，促使人们重新思考忠恕的价值。反映在学术上，则表现为曾子所言"夫子之道，忠恕而已矣"一语遭到了各方质疑。有学者指出，被孔子评价为"参也鲁"⑤的曾子，不一定能准确领会孔子思想的主旨，并且，曾子说此话时，孔子并不在场，未对之表态，这便给后人留下了无限的遐想。有学者指出，"曾参以'忠恕'概括孔子之'道'显然不妥"⑥，"忠恕固然不能概括孔子之道，仁也同样不能"⑦。但钱逊、周

---

① 北京大学哲学系：《〈论语〉批注》，北京：中华书局，1974年版。
② 梁漱溟：《中国文化要义》，台北：里仁书局，1982年版。
③ 冯友兰：《新世训——生活方法新论》，北京：北京大学出版社，1996年版。
④ 杜维明：《全球伦理的儒家诠释》，《文史哲》2006年第2期。
⑤ 杨伯峻：《论语释注》，北京：中华书局，1980年版。
⑥ 沈茂骏：《"吾道一以贯之"新释》，《广东社会科学》1991年第6期。
⑦ 王滋源：《何谓孔子之道》，《齐鲁学刊》1986年第4期。

予同等却支持曾子的观点，周予同认为："己立己达，尽己之谓也，忠之事也。立人达人，推己及人之谓也，恕之事也。""忠恕二字，千头万绪，究其实际，却只是尽其在我与推己及人二义，皆只是仁之两面"①。钱逊指出，恕是孔子之道的核心精神，忠与敬相连，恕代表爱人，忠恕之道正体现了爱敬之心，而爱和敬又是仁与礼精神的基础与体现，是孔子的一本万殊之道。也就是说，钱逊强调爱敬之心与孔子一本万殊之道的密切关系，而忠恕这一行为要求，正是孔子的一以贯之之道。

其实，不管对曾子所言"夫子之道，忠恕而已矣"持什么态度，有一个原则必须坚持，即要全面理解与把握一种思想，一定要回到它产生的社会背景这一源头。孔子的思想来源于对三代文化的积累与改造，并结合当时礼坏乐崩的现实，提出了一系列伦理范畴，目的是使混乱的社会走向有序、走向和谐。特别是在人际关系方面，君不君、臣不臣、父不父、子不子的现象层生，凸显出人与人关系的无序与残酷。正如司马迁所言："《春秋》之中，弑君三十六，亡国五十二，诸侯奔走不得保其社稷者不可胜数。察其所以，皆失其本已。故曰：臣弑君，子弑父，非一旦一夕之故也，其渐久矣。"② 失仁义之道，是导致上述事件发生的根本原因。是什么导致了仁义之道的丧失？孔子已关注到这一根本性的问题。因而，当子贡问是否有一言而可以终身行之时，他答道："其恕乎！己所不欲，勿施于人。"③ 不仅视恕为终身行之的根本道德规范，还视之为成仁之方。而仁者，人也；仁者，爱人，它是人的根本特性，是人类普遍具有的爱人之心。故孔子认为，仁统领诸德，是万德之和、全德之总："夫温良者，仁之本也；慎敬者，仁之地也；宽裕者，仁之作也；逊接者，仁之能也；礼节者，仁之貌也；言谈者，仁之文也；歌乐者，仁之和也；分散者，仁之施也。"④ 孔子认为，忠、孝、悌、信、义、敬、让、刚、宽等都是仁的具体体现。但"'仁者爱人'只是一伦理原则，在一对一的关系中究竟如何表现爱，还是要落实到孝、忠、敬、信等具体的规范上来。这些规范才能对具体的行为

---

① 周谷城：《周谷城史学论文选集》，北京：人民出版社，1983年版。
② 司马迁：《史记》，北京：中华书局，1982年版。
③ 杨伯峻：《论语释注》，北京：中华书局，1980年版。
④ 王肃：《孔子家语》，郑州：中州古籍出版社，1991年版。

有约束力"①。恕作为成仁之方,落实到具体的伦理范畴上,也理所当然地成了成就它们的方法。所以,只有内心真诚地推行恕道,这一伦理美德才能真正地落实,孔子所设想的大同社会才会到来。

通过对孔子思想体系中天道、地道、人道三个维度所蕴含的思想内容进行细致的分析,可以看出,怀揣着对现实社会深情关怀情结并积极入世的孔子,已经认识到社会的混乱因人祸而起,也必然会因对人的改造而获得重生,因而他对天道、地道的论述都是为了更好地服务于人道的,而忠恕正是对人进行改造的起点,只有人人践行"忠恕",大道之行的社会才会重现可处,曾子所言"夫子之道,忠恕而已矣"是切合孔子思想本真的。

(原载于《齐鲁学刊》2012年第1期;合作者:王汉苗)

---

① 韦政通:《伦理思想的突破》,台北:水牛图书出版事业有限公司,1987年版。

孟子对孔子仁学意义的开显及其伦理意蕴

孟子接续孔子,向人的生命深处追寻善的依据,以心性说仁,开显了孔子儒家仁学的意义。他发挥孔子仁学的主体精神而言"仁义礼智,非由外铄""仁义礼智根于心""由仁义行",强调道德价值内在于吾人的生命之中,确立了"性善"的基本立场。依其性善论的基本立场,孟子还提出了"扩而充之"的重要论说,强调通过尽心知性、存心养性的修养工夫来实现此善性。"仁义内在"的性善论和"扩而充之"的修养论构筑了孟子学说的基本框架。由此而言,牟宗三以"仁义内在,性由心显"概括孟学要旨,恐不能尽窥其全貌。为使义理分明,姑且借用宋儒之言来说就是,"仁义内在,性由心显"很大程度上仅揭示了孟子性善论(融合本体论和心性论)的主要意涵,未能反映出其工夫论的主张。因此,我们有必要辅以"扩而充之,善端成德"一义来说明孟学的总体思想概貌。

"仁义内在,性由心显"是孟子性善论的主体精神所在。"仁义内在"作为一种理论预设(本体论主张)从根本上回答了善何以可能的问题;性由心显(以心善说性善)则使"性善"由一种理论预设变为"乍见孺子入井"时的当下生活体验。"扩而充之"论作为孟子的工夫论主张,其所试图回答的是善端(性善)如何变为善德,善如何从可能变为现实的问题。从伦理学的视域下来看,孟子性善论的思想史效应可在德性伦理的范式下得到观照:当强调外在的道德行为规范必赖内在的道德自觉(德性)作为深层依据时,孟子性善论的重要理论意义不言自明。然其所重扩而充之、存心养性的"心上工夫",却遗落了孔子礼学的精神。孟学此弊当在规范伦理的范式下受到检视:当强调内在的道德自觉不化为外在的道德行为规范(德行)并不能保证善的实现时,孟子性善论的偏失又不可不察。

一、"仁义内在，性由心显"——善何以可能

纳仁于礼（以仁注礼）是孔子创立儒学的基本思路。所谓"纳仁于礼"，就是以仁作为礼之本，为礼寻求内在于人之生命的深层依据。孔子仁学的全副精神正在于，追问礼乐文化的合法性意义，以内在于己的仁作为价值源头。孟子继承、发展了孔子的这一致思路向，更进一步向人的生命深处追寻道德根源，以心性来说仁，从而开显了孔子仁学的义理精神①。当然，以心性说仁也并非纯是孟子的创获，它只是孔子思想逻辑发展的必然结果。"子罕言性"，孔子虽未明言心性，但他对礼背后人之心理、情感的追问和强调，这本身已自觉不自觉地把仁落到人之性情（在孔子主要是情）上来说了。《论语》有载：

子游问孝。子曰："今之孝者，是谓能养。至于犬马，皆能有养；不敬，何以别乎？"

林放问礼之本。子曰："大哉问！礼，与其奢也，宁俭；丧，与其易也，宁戚。"

子曰："居上不宽，为礼不敬，临丧不哀，吾何以观之哉？"

宰我问："三年之丧，期已久矣。君子三年不为礼，礼必坏；三年不为乐，乐必崩。旧谷既没，新谷既升，钻燧改火，期可已矣。"子曰："食夫稻，衣夫锦，于女安乎？"曰："安。""女安，则为之。夫君子之居丧，食旨不甘，闻乐不乐，居处不安，故不为也。今女安，则为之。"②

以人之敬、戚、哀等心理情感作为礼乐（道德价值）之本原，在安与不安处指点仁，孔子的这种思想睿识无疑在很大程度上已是孟子以心性说仁的先导了。孟子对仁学意义的开显主要表现在，接续孔子，追问礼乐的情感源头，以心性说仁点出性善论，证立道德心、主体性。也就是说，"孟子对礼乐本原探索的贡献在于，从性情论角度抉发礼乐生活的内在生命根

---

① 魏义霞：《仁——在孔子与孟子之间》，《社会科学战线》2005年第2期。
② 杨伯峻：《论语译注》，北京：中华书局，1980年版，第14、24、34、188页。

源,从而阐明礼乐制度、教化理念与人之心性修养、终极关怀之间的本质联系。"① 一言以蔽之,孟子对礼学的贡献在于"对礼的德性解读和心性证明"②。从孔子"人而不仁如礼何""人能弘道,非道弘人""我欲仁,斯仁至矣"到孟子"仁义礼智根于心""万物皆备于我""人皆可为尧舜",极大地提升了孔子仁学为仁由己的道德主体精神。对此,牟宗三、劳思光两位先生的精彩评说,为我们清楚地点明了孔孟之间的这种学术连接。特征引如下:

> 孔子讲仁,是从生活表现上讲,不是从义理的分解来讲。孟子讲性善,则有一理路,是从仁义内在一方面讲的,由恻隐之心见"仁",由羞恶之心见"义",由辞让之心见"礼",由是非之心见"智",即是从义理分解上讲的。……孔子只表现德慧,并未成为学问系统,必须有义理的分解,才能成为学问系统。③

> 孔子立人文之学、德性之学,其最大特色在于将道德生活之根源收归于一"自觉心"中,显现"主体自由"。……但就纯哲学问题说,则此一切肯定能否成立,必视一基本问题能否解决,此即"自觉心"或"主宰力"如何证立之问题。孔子虽透露对此基本问题之看法,但并非提出明确论证。……孟子日后有"心性论"之建立,证立主体性或道德心。孟子性善论是最早点破道德主体之理论。④

沿着孔子仁学的致思路向,孟子通过向人的生命深处追寻善的依据,将道德价值根源收归于自觉心中,实现了对礼的德性解读和心性证明。正如陈来指出的,"以恭敬之心说礼,合于早期儒家礼主恭敬之说,但古人以礼为规范,未有以礼为恭敬之心者",孟子把礼作为一种恭敬之心,作为一种德性,这在礼的问题上是一大变化⑤。以礼为恭敬之心,为礼乐寻求内在的德性依据,在人的生命深处确立价值根源,孟子循此导出了性善论的主

---

① 张树业:《礼乐政教的心性论奠基——孟子礼乐论及其思想史效应》,《中国哲学史》2012年第3期。
② 陆建华:《荀子礼学研究》,合肥:安徽大学出版社,2004年版,第22页。
③ 牟宗三:《人文讲习录》,长春:吉林出版集团有限责任公司,2010年版,第109页。
④ 劳思光:《新编中国哲学史》(一),北京:生活·读书·新知三联书店,2015年版,第118—119页。
⑤ 陈来:《孟子的德性论》,《哲学研究》2010年第5期。

张。他强调"仁义礼智,非由外铄""仁义礼智根于心""由仁义行",确立了以"仁义内在,性由心显"为主要内核的性善论立场。其中,"仁义内在"说为礼乐价值确立了"性善"的内在根据;"性由心显"说则使"性善"由一种理论预设变为当下的生活体验。

所谓"仁义内在"是指,孟子发挥孔子仁学的主体精神而言"仁义礼智根于心",以仁义礼智是"在我者"而非"在外者",强调道德价值根源内在于吾人的生命之中,人们的道德践履并非外在被动地去遵从道德的规范和要求(行仁义),而是人本身内在的道德自觉使然(由仁义行)。《孟子》原文如是:

> 君子所性,仁义礼智根于心,其生色也睟然,见于面,盎于背,施于四体,四体不言而喻。
>
> 人之所异于禽兽者几希,庶民去之,君子存之。舜明于庶物,察于人伦,由仁义行,非行仁义也。
>
> 仁义礼智,非由外铄也,我固有之也,弗思耳矣。故曰:"求则得之,舍则失之"。
>
> 万物皆备于我矣。反身而诚,乐莫大焉。强恕而行,求仁莫近焉。①

由此不难理解,这种强调道德价值根源内在于人而不在外(仁义内在)的根本预设,决定了"性善"必然是孟子对人性的基本看法,此也即是孟子性善论的开出。"性"何以为善?此当在孟学本身的思想精神下,遵循"以孟释孟"的原则,方可得到正确的理解。其实,孟子性善论的提出是儒家自孔子开始,不断向人之生命深处追问礼乐之合理性意义,追寻道德价值之源头的必然理论结果。孟子所谓"性善"主要是在"仁义内在"的意义上来说的。按照孟子的思想逻辑,如若行仁义是内在于人的"性"使然,那就得先承认"君子所性,仁义礼智根于心",否则就会出现仁义对人性的"戕贼"。这在他与告子的论辩中就清楚地指明了:

> 告子曰:"性犹杞柳也,义犹桮棬也;以人性为仁义,犹以杞柳为桮棬。"

---

① 杨伯峻:《孟子译注》,北京:中华书局,1960年版,第286、176、239、279页。

孟子曰:"子能顺杞柳之性而以为桮棬乎?将戕贼杞柳而后以为桮棬也?如将戕贼杞柳而以为桮棬,则亦将戕贼人以为仁义与?率天下之人而祸仁义者,必子之言夫!"①

这就意味着,孟子所谓"性善"之"性"应是在"仁义内在"之意义下特定的"君子所性",而非告子、荀子所说的一般意义上的"性"。正如徐复观先生所洞见的:"孟子不是从人身的一切本能而言性善,而只是从异于禽兽的几希处言性善。'几希'是生而即有的,所以可称之为性;'几希'即是仁义之端,本来是善的,所以可称之为性善。因此,孟子所说的性善之性的范围,比一般所说的性的范围要小。"②曾振宇也指出,"在文本释读与思想诠释上,应当区别'善端'与善、'君子所性'与'性'两对概念。在'君子所性'层面,孟子刻意强调君子与禽兽的'几希'之别,君子在应然意义上当自觉以'四端'为性,而不可以'食色'为性。"③正因为此"性"是特指在"仁义内在"的意义下说的能作为道德价值源头的"君子所性",是人之所异于禽兽的"性",孟子才会说:"人性之善也,犹水之就下也。人无有不善,水无有不下。"④

很明显,孟子在"人之所异于禽兽"的意义下道性善,更多的只是体现为一种抽象本质的思考和逻辑思辨的论证,孟子性善论之要义显然并不会只限于此。孟子还以心善来说性善,使"性善"由一种理论预设变为了人之生活中的真实体验。牟宗三"性由心显"、唐君毅"即心言性"⑤、徐复观"由心善以言性善"诸论,皆是说孟子以心显"性"为性善论注入了真实生命体验的内容。徐复观说:"孟子在生活体验中发现了心独立而自主的活动,乃是人的道德主体之所在,这才能作为建立性善说的根据。仅从人所受以生的性上言性善,实际只是一种推论。孟子由心善以言性善,这才是经过了自己生活中深刻地体认而提供了人性论以确实的根据,与后来许多从表面的事象,乃至从文字的字义上言性,在立论的根据上,有本质

---

① 《孟子译注》,第234页。
② 李维武编:《徐复观文集第三卷 中国人性论史·先秦篇》,武汉:湖北人民出版社,2009年版,第99页。
③ 曾振宇:《"遇人便道性善"——孟子"性善说"献疑》,《文史哲》2014年第3期。
④ 《孟子译注》,第235页。
⑤ 唐君毅:《中国哲学原论·原性篇》,北京:中国社会科学出版社,2005年版,第14页。

的不同。"① 此即是说，孟子"以心善言性善"所不同于"字义上言性"之处乃在于，其理论旨归是要求在"乍见孺子将入于井"的实际生活体验中由"体证"到"心善"（人皆有不忍人之心），进而肯认"性善"。其言如是：

> 人皆有不忍人之心。先王有不忍人之心，斯有不忍人之政矣。以不忍人之心，行不忍人之政，治天下可运之掌上。所以谓人皆有不忍人之心者，今人乍见孺子将入于井，皆有怵惕恻隐之心——非所以内交于孺子之父母也，非所以要誉于乡党朋友也，非恶其声而然也。由是观之，无恻隐之心，非人也；无羞恶之心，非人也；无辞让之心，非人也；无是非之心，非人也。恻隐之心，仁之端也；羞恶之心，义之端也；辞让之心，礼之端也；是非之心，智之端也。②

可见，"孟子论性善并不是通过形式逻辑证明性善可以成立，而主要是通过生命体验启发人们对于自己良心本心的体悟，只要体悟到了自己有良心本心，就会相信良心本心是人所固有的，就会对性善论坚信不疑。"③ 行笔至此，我们也就说明了孟学"仁义内在，性由心显"的要义。"仁义内在，性由心显"主要只是揭示了孟子性善论的内在意蕴。除此之外，孟子还依其性善论的基本立场，提出了"扩而充之"的工夫论主张，强调通过尽心知性、存心养性的修养工夫来实现此善性。"扩而充之"论作为一种工夫论要求，其所试图回答的是善端如何变为善德、善如何从可能变为现实的问题。

二、"扩而充之，善端成德"——善如何从可能变为现实

孟子倡言"性善"，强调"仁义礼智根于心"，以心性作为道德价值之根源，主要只回答了"善何以可能"的问题。就理论之系统性、完整性而言，孟子还需追问善如何变为现实的问题，此一追问则又导出了孟子心性论的工夫论向度。从"仁义内在"的本体论预设到"扩而充之"的工夫论

---

① 《徐复观文集第三卷　中国人性论史·先秦篇》，第104页。
② 《孟子译注》，第72—73页。
③ 杨泽波：《孟子与中国文化》，贵阳：贵州人民出版社，2000年版，第199—200页。

（德性修养论）主张，整个孟学呈现出如下这样一种逻辑架构：

> 正因性善，修行始可能。如不肯定性善，则一切修行，全成依他，乃无源之水，无根之木。此义与恻隐之心的问题同。"恻隐之心，人皆有之"，是说在德性上，人同有此本，但不是说人随时皆是恻隐之心流露。如此便是圣人，恻隐之心的肯定是一事，表现不表现又是一事。……要表现，必须有一步"自觉"，此在古人，即说工夫，在今日，即说教育或经验引发。①

那么，恻隐之心（善性）如何表现？善如何从可能变为现实？孟子是通过对"四端"与"四德""大体"（贵体）与"小体"（贱体）的对分，"逼"出了其工夫论主张。在确认了人有恻隐之心、羞恶之心、辞让之心、是非之心的"四端"后，孟子随即点出了"扩而充之"的说法。他说：

> 人之有是四端也，犹其有四体也。有是四端而自谓不能者，自贼者也；谓其君不能者，贼其君者也。凡有四端于我者，知皆扩而充之矣，若火之始然，泉之始达。苟能充之，足以保四海；苟不充之，不足以事父母。②

"扩而充之"就是要把这"几希"的善性（善端）扩而充为善德。当然，除了"扩而充之"之论外，在孟子那里，"从心""求放心""尽心知性""存心养性""先立乎其大""不失赤子之心"等皆可归于工夫论的范畴。善端能否变为善德，关键在"扩而充之"。"从心志"还是"从耳目"，"从大体"还是"从小体"，"立乎其大"还是"立乎其小"③，则会出现善与恶、圣与凡、君子与常人、"为大人"与"为小人"的区别。或如曾振宇所揭示的，"人性皆有善端，并不意味着人性'已纯乎善'。善端只是善质，属于'未发'，善是'已发'。人之性除了'皆有善'之外，实际上也有恶端，关键在于是'立乎其大'，还是立其'小者'。"④ 为免所论浮泛，征引《孟子》原文如下：

> 仁，人心也；义，人路也。舍其路而弗由，放其心而不知求，哀

---

① 牟宗三：《人文讲习录》，长春：吉林出版集团有限责任公司，2010年版，第17页。
② 《孟子译注》，第72—73页。
③ 朱熹注曰："贱而小者，口腹也；贵而大者，心志也。"
④ 曾振宇：《"遇人便道性善"——孟子"性善说"献疑》，《文史哲》2014年第3期。

哉！人有鸡犬放，则知求之；有放心而不知求。学问之道无他，求其放心而已矣。

尽其心者，知其性也。知其性，则知天矣。存其心，养其性，所以事天也。夭寿不二，修身以俟之，所以立命也。

君子所以异于人者，以其存心也。君子以仁存心，以礼存心。

体有贵贱，有小大。无以小害大，无以贱害贵。养其小者为小人，养其大者为大人。

公都子问曰："钧是人也，或为大人，或为小人，何也？"孟子曰："从其大体为大人，从其小体为小人。"曰："钧是人也，或从其大体，或从其小体，何也？"曰："耳目之官不思，而蔽于物。物交物，则引之而已矣。心之官则思，思则得之，不思则不得也。此天之所与我者。先立乎其大者，则其小者不能夺也。此为大人而已矣。"

大人者，不失其赤子之心者也。①

"存心"为"君子"，"从大体"为"大人"，"扩而充之"则"四端"成"四德"。倘以"扩而充之"来统摄"从心""从大体""存心养性""先立乎其大"诸论的话，我们有必要在"仁义内在，性由心显"一说外，辅以"扩而充之，善端成德"一义②，借以点明孟子心性论的工夫论意涵。"仁义内在"说回答了"善何以可能"的问题；"扩而充之"论则说明了善如何从可能变为现实的问题。辛丽丽《善的形上学追问——孟子善恶观的道德解析》，通过对善何以可能、善如何实现的不断追问，孟子建构了一个较为完整的伦理思想体系。在这个意义上，我们认为，唯有统合"仁义内在""扩而充之"两义，方能透显孟学的主体精神。正如梁涛所指出的，"孟子道性善"的深刻意蕴至少应用"人皆有善性""人应当以此为善性""人的价值、意义即在于其充分扩充、实现自己的性"三个命题来概括③。这就是说，孟子"道性善"的完整意涵应包括"仁义内在，性由心显"和"扩而充之，善端成德"两义。前者强调"人皆有善性""人应当以此为善

---

① 《孟子译注》，第247、278、182、248、249—250、174页。
② 我们认为，孟学要义在"仁义内在，性由心显；扩而充之，善端成德"一语。为引述方便，下仅以"仁义内在""扩而充之"概之。
③ 梁涛：《郭店竹简与思孟学派》，北京：中国人民大学出版社，2008年版，第362页。

性"；后者则强调"人的价值、意义即在于其充分扩充、实现自己的性"。概括起来或可说，"仁义内在"的性善论和"扩而充之"的道德修养论是孟子伦理智慧的主要体现。

三、孟学 "仁义内在" "扩而充之" 两义的伦理意蕴

"仁义内在"和"扩而充之"两义构成孟子学说的总体框架。在伦理学的视域下，孟子学说的义理精神可做如是观：人性皆有善端（善质、善因），若能顺之而有善行，则可成就善德。善端是善的可能依据，善行使善之可能变为现实。"乃若其情，则可以为善矣，乃所谓善也，若夫为不善，非才之罪也。"①孟子此语正好完整概揭了这种内涵。这里，孟子是以才、情论性，"所谓才，即天赋之可能，亦即'可以为善'之因素。所以谓性善者，乃谓人生来即有为善之可能。"②也就是说，性之情、才（善因）决定了善之可能（可以为善），为善则使善因成为善德（乃所谓善）。正如有论者指出的，"此句包括了'性善论'的三要素，此三者是一个有机的整体。'其情'指'善因'，可以'为善'指'善行'，'所谓善'指'善德'（圣人顺善因，而行善行，最终具备善德）。"③正因为"善因"可通过"为善"而变为"善德"，孟子才会在"乃若其情"一语后接着就说："恻隐之心，人皆有之；羞恶之心，人皆有之；恭敬之心，人皆有之；是非之心，人皆有之。恻隐之心，仁也；羞恶之心，义也；恭敬之心，礼也；是非之心，智也。"④

人之有是"四端"，经"扩而充之"，"四端"可成"四德"。从"仁义内在"说到"扩而充之"论，孟子似乎已经十分完整地回答了善如何实现的问题。然需要留意的是，孟子自己说"乃若其情，则可以为善，乃所谓善也"，他承认唯有经过"为善"才可以真正成就善（乃所谓善）。显然，其所谓"扩而充之"主要只是"从心""尽心知性""存心养性"的心性修

---

① 《孟子译注》，第239页。
② 张岱年：《中国哲学大纲》，北京：中国社会科学出版社，1982年版，第186页。
③ 戴吉亮、张殿朋、黄开国：《"性善论"与〈大学〉理路的契合》，《社会科学战线》2014年第8期。
④ 《孟子译注》，第239页。

养工夫，并不等于实际去"为善"。我们知道，人顺"善因"而有"善行"，因"善行"而成就"善德"，这是善的实现过程。然孟子的性善论更多只照顾到了前者，对后者并没有足够的理论自觉。换言之，孟子"仁义内在说"之合理性、贡献性自不必言，然对其"扩而充之论"则还需一番检视。

孟子的"仁义内在"说即性善论"是孔子'我欲仁，斯仁至矣'思想的开显扩大，它进一步凸显了人的道德自由，使人的道德主体性得以最终确立"[①]。它不仅深化了孔子内在于人之生命、追问价值源头的致思路向，而且证立了道德主体性和自觉力，淋漓尽致地展现了孔子仁学的思想效应。对此，明儒罗近溪赞曰："……其后，却亏了孟子，是个豪杰。他只见着孔子几句话头，便耳目爽朗，亲见如圣人在前，心思豁顺，就与圣人吻合。一气呵出，说道人性皆善。至点掇善出，唯是孩提之爱敬。达之天下，则曰道在迩，事在易，亲亲长长而天下平。"牟宗三指出，孟子在根源形态中，直接点出"性善"，即是直接把握住内在道德性，此就是一个绝对的主体，此主体为一道德的主体。此主体一透露，即有"道德的主体自由"之可言。他说："若徒有孔子之天地浑圆气象，而无孟子之破裂以显'主体'，则精神表现之理路即不具备，而精神之所以为精神亦终不彰显。故绝对主体性，道德的主体自由，皆因有孟子始可言也。孟子于此立下一个型范。此其所以有功于圣门处。"[②] 在伦理学的视域下，孟子有功于圣门处，乃在于立性善之说，凸显了德性的重要意义，其"仁义内在"说所强调的是外在的道德规范是内在德性的外化、外在道德行为（德行）必须要合乎内在德性的要求[③]。当然，孟子立性善之说，直接把握住内在道德性，其开显孔子仁学意义的理论贡献在德性伦理的视域下自可得到高度的肯定，然若换从规范伦理的视域切入，孟子性善论的思想效应立时也就减煞了几分。

点破道德主体，证立"自觉心""主宰力"，开显仁学之意义，是孟子"极有功于圣门处"。然肯定"性善""四端"和"仁义内在"，又经由"从心""从大体""尽心知性""存心养性"的修养路径，只能保证主体自身

[①] 赵法生：《孟子性善论的多维解读》，《孔子研究》2007年第6期。
[②] 牟宗三：《历史哲学》，长春：吉林出版集团有限责任公司，2010年版，第112页。
[③] 王华：《孟子德性伦理的逻辑层次》，《西安石油大学学报》（社会科学版）2008年第2期。

有高度的道德自觉，而有道德之自省自觉无道德之行为实践，道德价值是无现实意义可言的。这就意味着孟子以心性论仁而建构的"性善"学说遗落了关键的思想环节：即将此内在于人的德性客观化、外在化，表现落实于人伦日用之间。这也正是蔡元培所指出的，"孟子之伦理说，注重于普遍之观念，而略于实行之方法。"① 对于这种重视内在道德自觉而轻忽外化落实的思想弊病，徐复观也有一番深刻的"诊断"。他说：

> 内在的道德性，若不客观化到外面来，即没有真正的实践。所以儒家从始即不采取"观照"的态度，而一切要归之于"笃行"的。……要笃行，即须将内在的道德性客观化出来。于是儒家特注重"人伦""日用"。②

> 圣贤教人，只是从实践上去指点。若仅凭言语文字，将道德根源的本体构画出来，这对于道德而言，纵使所构画者，系出于实践之真实无妄，但人之接受此种说法，亦只是知解上的东西。从知解上去领会道德的本体……且易使道德的根基走样。③

若仅仅追问价值源头，肯定道德自觉，而不着力思考如何由道德自觉引发道德行为，道德价值是根本无从实现的。因此，我们一方面承认孟子性善论开显仁学意义的重要贡献，另一方面又要对孟学偏失有所察觉，从而彰显出回归孔子、统合孟荀④之必要。我们一再论述，顺善因而有善行，因善行而成就善德，这是善的实现过程。其实，孔子仁礼合一之学的伦理意蕴正在于此。孔子仁礼合一之学包含"人而不仁如礼何"与"克己复礼为仁"两个重要维度。前者所凸显的是以道德自觉和内在德性来确立道德规范、指导道德实践；后者则强调通过道德行为实践来涵养德性、实现德性。仁礼交互为一之关系所反映的正是美德与规则辩证统一、德性与德行通为一体、道德价值得以实现的完整过程。"规范约束之外力不内化于德性之自律，难以知善恶、辨美丑、识真伪，足以表明德性构建之重要；德性之自律不为社会伦理氛围所支撑，难以显良知、倡世风、立楷模，足以见

---

① 蔡元培：《中国伦理学史》，北京：商务印书馆，2010 年版，第 20 页。
② 徐复观：《徐复观全集　儒家思想与现代社会》，北京：九州出版社，2013 年版，第 19 页。
③ 徐复观：《徐复观全集　儒家思想与现代社会》，第 35 页。
④ 梁涛：《儒家道统说新探》，上海：华东师范大学出版社，2013 年版，第 2 页。

德性化德行之重要。"① 此正是孔子儒学仁礼合一的原创伦理智慧的主体精神所在。

就孔孟之间的学术嬗变而言，孟子以性善论注仁，主要发挥了孔子仁礼合一之学中"人而不仁如礼何""为仁由己"的仁学主体精神；却未多措意其"克己复礼为仁"（主要是"复礼"）的礼学向度。从孟学"仁义内在"一义来看，无疑极大地拓展和深化了孔子仁学的精神内涵；然从"扩而充之"一义来看，孟子"从心志""从大体""尽心知性""存心养性"的工夫论主张似乎只是发展了孔子的"克己"说，未能涉及复礼的关键环节。没有复礼的要求，通过"存心养性""立乎其大"的"克己"工夫，只能确保道德之自省自觉，而道德价值的实现还涉及如何外化落实此自觉的问题。孔子特立"复礼"之说，正教人在日用常行中表现仁，在视听言动间遵从礼。《论语》记载如是：

颜渊问仁。子曰："克己复礼为仁。一日克己复礼，天下归仁焉。为仁由己，而由人乎哉？"颜渊曰："请问其目。"子曰："非礼勿视，非礼勿听，非礼勿言，非礼勿动。"②

孔子这种要求在生活世界的视听言动间遵从礼的复礼的睿识为孟子所忽视，由此使得其所谓的"扩而充之"很大程度上只是存心养性的心上工夫，而不是实际去为善，将道德自觉转化为道德行为实践。朱熹言："《孟子》一书，只是要正人心。"③ "正人心"、挺立道德主体是孟子"有功于圣门处"，然"只是要正人心"，其实并不能完全确保善的实现，孟学此弊不可不察。

总之，孟子主"仁义内在"，立性善之说，极大地开显了孔子仁学的意义。他的这种"仁义内在"说（性善论）的思想史效应可在德性伦理的范式下得到肯定和说明，即强调外在的道德行为规范必赖内在的道德自觉（德性）作为深层依据。"规范约束之外力不内化于德性之自律，难以知善恶、辨美丑、识真伪，足以表明德性构建之重要"，孟学之优长正在于凸显

---

① 俞世伟、白燕：《规范·德性·德行——动态伦理道德体系的实践性研究》，北京：商务印书馆，2009年版，第3页。

②《论语译注》，第123页。

③ [宋] 朱熹：《孟子集注·孟子序说》，载朱熹撰《四书章句集注》，北京：中华书局，1983年版，第200页。

了德性构建的重要意义。然其所重"扩而充之"、存心养性的心上工夫,却遗落了孔子礼学的精神。在规范伦理的范式下检视,孟学之弊正在于忽略了内在的道德自觉如不化为外在的道德行为规范(德行),其实并不能保证善(德)的实现。"德性之自律不为社会伦理氛围所支撑,难以显良知、倡世风、立楷模,足以见德性化德行之重要",孟子伦理精神的理论缺失正在于轻忽了德性化德行的重要。

(原载于《东岳论丛》2016年第12期;合作者:郑治文)

孟子"养气"说浅析

孟子关于"养气"的言论,在儒家早期思想史上颇为新奇。因为"养气"说原本不为儒家思想体系所有,孟子自称是孔子的信徒,然《论语》中不见任何"养气"之说,孟子师承子思,与子思合称"思孟学派",子思也未曾有一语涉及养气。"孟子性善、养气之论,皆前圣所未发"(《孟子集注》),看来属于孟子的一大发明了。

学术界一般认为孟子的"养气"说是主观唯心主义的东西。把他说的气看成"仅仅是一种精神状态",养气是"把主观精神进行自我扩张,便可以从认识世界进而主宰世界"[1]。其实,上述观点并没有全面把握孟子"养气"说的本意,因此有必要重新加以研究。

一、"养气"说的内容及真谛

孟子的"养气"说包括"气"与"养气"两部分内容。

先看孟子所说的气究竟是一种什么东西。《孟子·公孙丑上》(以下凡引《孟子》皆不注)有两段文字,较集中地讲到了"养气"说。一段是:"(公孙丑问)曰:'敢问夫子恶乎长?'(孟子答)曰:'我知言,我善养吾浩然之气。''敢问何为浩然之气?'曰:碑难言也。其为气也,至大至刚。以直养而无害,则塞乎天地之间。其为气也,配义与道,无是,馁也。是集义所生者,非义袭而取之也。行有不谦于心,则馁也。'"另一段是:"夫志,气之帅也;气,体之充也。夫志至焉,气次焉。故曰:'持其志,无暴

---

[1] 杨荣国:《简明中国哲学史》,北京:人民出版社,1975年版,第53页。

其气。'……志壹则动气，气壹则动志也。今夫蹶者，趋者，是气也，而反动其心。"

学者们历来只重视第一段的"配义与道"和"集义所生"，而忽视了第二段，这就难免得出片面的结论。其实孟子所说的气具有双重属性，而不仅仅是一种精神状态。

一是指物质性的气。常态之下，它存在于人体内，运动时会产生一种推动身体活动的力，从而对心产生一种反动力，当它得到正确的培养、引导时，还会冲出体外，与自然界相通，充斥于天地之间，浩浩荡荡，不可言状。它的特性是至大至刚，与人们的意志是辩证统一的。总的说来，志帅气从、志向专一时，可以调动气的运行，但气一旦完全运行起来，也可以变动人们的意志。这种气显然具有客观性，是一种真实存在。

二是指道德性的气。这种气，必须符合义，而且不是仅做一件事符合义，这种气就会培养起来，必须事事都合乎义，因此才叫"集义所生"。一旦人们的行为不合乎心中所想，这种气就会丧失。由此看来，气又具有主观性，是一种精神状态。

既是真实存在，又是精神状态；既具备客观性，又带有主观性，岂不矛盾吗？正是这样。它恰好反映出孟子哲学体系的内在矛盾性，以及初次运用气概念时的不周密性。

气，本身含义丰富：有物质之气，如呼吸的空气、练功的内气；有伦理道德之气，也有哲学意义上的虚无缥缈之气。不能一见到气，就一概认为是精神之气。从孟子有关志与气的关系表述看，志是第一位的，气则是第二位的，如果把这里的气只理解成一种类似于志的意念、精神，岂不等于同义反复、毫无意义？

再看如何养气。人体内充满了气，必须运用正确的方法去培养、引导，才能无害，达到浩然之状。孟子自诩为养气内行，提出了"直养、无害、无暴"的原则。怎样才算直养？真者，正也，顺也，勿违也，即顺乎气性。一方面，不可丢掉气不要，如朱子所言："人固当敬守其志，然亦不可不致养其气。盖其内外本末，交相培养。"（《孟子集注》）另一方面，又不能过于心急，要任其自然，不能拔苗助长，否则，"非徒无益，反又害之"。当然，养气必须有义的指导，否则也会丧泄。

然而，并不是所有的气都具备"养"的价值。孟子认为，只有平旦之气（即夜气）才是最可宝贵的。因为这时的气，"其好恶与人相近者几希"，即更多地带有人性，朱熹释曰："平旦之气，谓未与物接之时，清明之气也，好恶与人相近，言得人心之所同然也。"（《孟子集注》）

至于具体的养气方法，孟子语焉不详，只能从他讲过的话中窥其大略：

1. 运（气）。孟子多次提到"运"的概念，《梁惠王上》说"天下可运于掌"，《公孙丑上》说"犹运之掌也"，"天下可运之掌上"等等。如此频繁、熟练地使用"运"这一术语作比，绝非偶然。这是因为养气需要运气，孟子对运气动作太熟悉了，以至于不自觉地将它活用于口语之中，这是他运气经验的自然流露。

2. 守（气）、存（气）。所谓守夜气、存平旦之气，都是指在早晨养气。旦气，也叫晨气、朝气、赤气。按我国古代中医理论，平旦之气十分宝贵。古人相信吸食平旦之气可以健身，养赤气与传统健身法的"子午功"，在道理上是相通的。孟子既善于存平旦之气、守夜气，所以才有"天将降大任于斯人也，必先苦其心志，劳其筋骨，饿其体肤，空乏其身，行拂乱其所为，所以动心忍性，曾益其所不能"的宏论。

我国古代的哲学家，几乎都深谙医学要旨，都有自己的一套健身理论和养生功夫。因此，孟子的"养气"很可能就是一种原始的养气功。它的特点是在某种意念的指导下，通过正确的方法，如运、守、存、直养无害、无暴等，使体内之气正常运行，外可以充斥天地之间，内可以静心入定，以达到保存人类善心与善性的目的。尽管孟子努力赋予所养之气以某些意念的特性，但这种意念的载体，却处处以物质运动的方式存在着，进行着。所以，"养气"说具有一定的合理成分和科学价值。

我国最早的气功，称为"导引"之术。其中就有一种以意念为主，以入静为特征的"内养功"，它本身没有什么过多的动作。从李经纬、朱建平《中国传统健身养生图说》看出，1973年长沙马王堆三号汉墓出土的彩绘帛画上的练功导引图中就有凝神入静存想的养气功。

当然，孟子不同于一般方士，他养气练功的目的并非仅仅为了养生，而是借用养气这种健身功的运动形式，来论证气与志的相辅相成关系，来达到其坚定信念、蓄志成仁的崇高理想，这当然不是单纯主观精神的自我扩张。

孟子的养气功,具有使人胆壮志坚、正义凛然的明显功效。据朱熹说:"人能养成此气,则其气合乎道义而为之助,使其行之勇决,无所疑惮;若无此气,则其一时所为虽未必不出于道义,然其体有所不充,则亦不免于疑惧,而不足以有为矣!"(《孟子集注》)你看,这里说得多清楚!充气于体,即运起气来,便无所畏惧,力量倍增。这时的气,即使还载有运气者的意念,不也难以否认它是一种物质之气吗?所以,恃此气,孟子"说大人,则藐之,勿视其巍巍然",即使面对国君,也敢当场揭丑,使"王顾左右而言他";恃此气,孟子决心成为人世间顶天立地的大丈夫,"贫贱不能移,富贵不能淫,威武不能屈";恃此气,孟子笃信:"如欲平治天下,当今之世,舍我其谁也!"难怪后人叹服孟子"有些英气"(《孟子集注》)呢!

二、"养气"说与道家思想

"养气"说是孟子受道家思想影响的产物,它闪烁着道家养生理论的耀斑。

1. 孟子的"气"与道家的"道""精气",都是一种浩大而难以用语言描述的真实存在。孟子的浩然之气,"难言也,塞乎天地之间";道家谓:"夫道,窅然难言哉"(《庄子·知北游》)"在太极之先而不为高,在六极之下而不为深,先天地生而不为久,长于上古而不为老"(《庄子·大宗师》),"道在天地之间也,其大无外,其小无内。""精(气)存自生,其外安荣,内藏以为泉原,浩然和平,以为气渊。"(《管子》)二者连语言几乎都是一致的。

2. 都认为气本来蕴藏在人的身体之内。孟子说"气,体之充也",《管子》:"夫道者,所以充形也","气者,身之充也"。

3. 都主张养性。孟子讲"存心养性",道家讲"导气养性"。"存心"与"导气",表面看起来不同,但孟子的"存心"恰恰是通过"存平旦之气""守夜气"来进行的,"存气"当然属于"导气"的一种。保存好气、善气,必定要抛弃坏气、恶气,这不正是《庄子·刻意》中所说的"吹呴呼吸，吐故纳新"吗？区别惟在一个主静，一个主动而已。

4. 都提倡"清心寡欲""无为而治"。孟子言"养心莫善于寡欲，其为人也寡欲，虽有不存焉者，寡矣；其为人也多欲，虽有存焉者，寡矣"，"有无为而能有为"；老子在《道德经》云："大道泛兮，其可左右……常无欲，可名于小"。

5. 都相信从人的颜色、肌肤可以看出人的内心善恶。孟子"存乎人者，莫良乎眸子。眸子不能掩其恶。胸中正，则眸子瞭焉；胸中不正，则眸子眊焉。"《管子》："金心在中不可匿，外见于形容，可知于颜色。""全心在中，不可蔽匿，和于形容，见于肤色。"

不过，孟子的气与道家的气也有相异之处。孟子的气实际上未涉及宇宙本体论，从孟子的言论中，我们无法知道世界万物是否由气所构成，因此，孟子的气，从其物质性一面来说，不具备严格的哲学意义。它可以通过正常运行来壮人之胆，强人之力，坚定人们的信念意志，更像一种气功之气。另一方面，孟子从其唯心主义哲学体系的需求出发，赋予气以伦理道德的禀性。一再强调养气必须配以义，否则气就会丧泄掉，所谓"一为私意所蔽，则歉然而馁"（《孟子集注》）。这样，本来物质性的气便与伦理道德之气混到了一起，模糊了人们的视线。

不过，这似乎也不能全怪孟子，因为在孟子"养气"说从所由来的道家那里，就是一方面讲物质性的道和气，一方面又讲带有灵性与意念的道和气："道也者……修心而正形也""精之所舍，而知之所生"（《管子·内业》）"凡物之精，比则为生。下生五谷，上为列星，流于天地之间，谓之鬼神，藏于胸中，谓之圣人"。显然同样没有严格地加以区分。

由于认识水平的局限，加之初次引入气的概念，孟子这种生吞硬剥其他学派的思想的做法，本不难理解，如果再考虑到孟子哲学体系本身的折中调和色彩，那简直就可以说带有某种必然性了。

孟子是战国儒家代表人物，其思想中融入了大量道家思想的成分，这一点儿也不奇怪。不同学派之间的思想本来就是互相影响、互相渗透的，纯而又纯的学派思想实际上是不存在的。道家思想是中国土生土长、资格最老的一种思想，它深深植根于人们的日常生活，以阴阳二气解释宇宙生成，以不死成仙唤起万众对永生的渴望，并借助医学救死扶伤，济世活人，因此拥有广泛的影响。后起的各种学派可以说无不打上了道家思想的烙印，只是程度不同而已。孟子自然无法摆脱这种强有力的影响。孟子生于战国中期，在他之前，老子《道德经》《管子》等书早已在社会上广为流传，"孟子显然是揣摩过《心术》《内业》《自心》这几篇重要作品的，只是孟子袭取了来，稍微改造了一下"①。孟子到过齐国，并且以访问学者的身份在稷下学宫讲过学。齐国是我国道家思想的主要发源地之一，稷下学派则属黄老思想体系，孟子正是在这里受到了道家思想的影响，把气的理论从齐文化引入到鲁文化中的。孟子以闻见杂博著称，他表面上虽然激烈地攻击其他学派，暗地里却偷偷汲取各方的理论营养，将其融入自己思想体系中，有明显的实用主义倾向。孟子思想，实际上是战国百家争鸣时主要学派思想的大杂烩。举凡法家、墨家、阴阳五行家、道家等学派的主要观点，孟子都有所吸收，反映出我国古代学术流派发展史中典型的混融互补性。

三、孟子"养气"说与性善论

性善论与"养气"说既被宋儒吹捧为孟子的两大发明，它们之间必定有某些联系。

性善论在以下几个方面或多或少受到了"养气"说的影响。

1. 内容。当孟子使用伦理道德意义上的气时，性善论与"养气"说指的其实是一回事。性善论主张人性本善，这种善性先天藏于人们心中。古人认为，人是禀天地之间元气而生的，元气就是善气，而善气生善性，因此，养善气与养善性、养善心是一致的。

2. 培养方式。孟子认为当时许多人的善心都放矢了，因此要"求其放心"，把失去的善性找回来；而"求其放心"的最好途径就是"守夜气""存平旦之气"，"一找一存"是培养善性善气的基本途径。

3. 结果。孟子说："人之异于禽兽者几希，庶民去之，君子存之。"庶民所去，君子所存的就是善心、善性和善气。君子善于养气，知道"求其放心"，所以保住了善性；小人不善于养气，"有放心而不知求"，当然把善

---

① 郭沫若：《十批判书》，北京：人民出版社，1954年版，第162页。

性全丢光了,"好恶遂与人远矣"(《孟子集注》)。与人远,当然与禽兽近,孟子在这里近乎骂人了。由此得出的结论只能是,少数性善的大人、君子、圣贤是天生的统治者,而多数丧失了善性的庶民、小人只有乖乖听从摆布。

孟子援道入儒,首倡"养气"说,丰富了儒家思想内容。"我善养吾浩然之气"素为儒家学者所称道,浩然之气其实就是顶天立地的大丈夫气,如何培养这种气,儒家学者是孜孜以求、分外看重的,而且从历史上深受孔孟思想影响的志士仁人壮怀激烈的表现来看,似乎确有不少人获得成功。

(原载于《齐鲁学刊》1992年第2期)

论正统儒学对东汉史学的影响

——以《汉书》《汉纪》为中心

董仲舒是汉代正统儒学的主要奠基者，在"罢黜百家，独尊儒术"的过程中发挥过重大的历史作用。但在《史记》中，司马迁将其杂列于《儒林列传》，仅以寥寥三百余言，简单记载了他的生平，并以不无调侃的笔调，写到了他"（作）《春秋》灾异之变推阴阳所以错行"（《史记·儒林外传》）的荒唐。《汉书》对董仲舒的处理则与《史记》迥然不同：不仅把他的事迹从《儒林列传》中单列出来，专门作了《董仲舒传》，篇幅大为增加，对他的历史地位也进行了高度评价，认为："及仲舒对册，推明孔氏，抑黜百家。立学校之官，州郡岁举茂材孝廉，皆自仲舒发之。"还引用刘向、刘歆、刘龚等学者的话，肯定董仲舒是"令后学有所统一，为群儒首"（《汉书·董仲舒传》）。更为关键的，是以近万字的规模，全文收录了董仲舒创立正统儒学思想体系的代表作——《天人三策》。这是一个耐人寻味的对比。众所周知，历史本身不可改变，但对史实的剪裁和认识，却主要取决于史家的治史指导思想。司马迁本为董仲舒的入门弟子，曾经跟随董仲舒研读过《公羊春秋》，对董仲舒的言论无疑是极为熟悉的，但他却偏偏略去最能代表其学说的《天人三策》，显然是有意为之。同样，班固不惜笔墨，全文收录，亦非无意之举。一略一增之间，恰恰反映了《汉书》与《史记》在指导思想上的明显差异。

司马迁生活的时代，儒学尚未完全取得独尊的地位，用董仲舒的话说是"今师异道，人异论，百家殊方，指意不同，是以上亡以持一统"（《汉书·董仲舒传》),《史记》的撰写就主要是在黄老思想指导下完成的。到了东汉，情况却有了根本性的变化。司马光在评述东汉末年的历史时，曾经对曹操等当时"蓄无君之心久矣"的枭雄"至没身不敢废汉而自立"的现象进行了分析，认为原因就在东汉正统儒学的兴盛，所谓"教立于上，俗成于下。其忠厚清修之士，岂惟取重于缙绅，亦见慕于众庶；愚鄙污秽之人，岂惟不容于朝廷，亦见弃于乡里。自三代既亡，风化之美，未有若东汉之盛者也"。故曹操等虽然"蓄无君之心久矣"，却"犹畏名义而自抑也"。

确实，从董仲舒建议汉武帝"罢黜百家，独尊儒术"，至东汉章帝召诸儒会于白虎观讲议五经同异，"帝亲称制临决"，并命班固撰《白虎通德论》，在最高统治者的大力倡导下，正统儒学在汉代的意识形态领域取得了完全的统治地位，举凡汉之政治、经济、军事、司法、文化等等，无不深深打上了儒学的烙印。史学，作为国家意识形态的重要组成部分，当然也不例外。成书于东汉的几部史书，如班固《汉书》《东观汉记》、司马彪《续汉书》、荀悦《汉纪》，都是在正统儒家思想的指导下完成的，其中尤以班固的《汉书》、荀悦的《汉纪》最为典型。

一

《汉书》的作者是东汉史学家班固，但其指导思想却是由班固的父亲班彪所确定的。班彪，字叔皮，是两汉之际正统观念极强的儒学大师。在新莽末年的军阀混战中，他先是以《王命论》劝说割据陇右的隗嚣顺应刘秀，后又参与了河西窦融的归汉行动。他学识渊博，晚年尤好史学，"既才高而好述作，遂专心史籍之间"（《后汉书·班彪传》），以史学为巩固刘氏统治服务。班彪曾专门写了一篇《略论》，以评论《史记》的形式阐明其治史宗旨，他谈道：

> 迁之所记，从汉元至武以绝，则其功也。至于采经撮传，分散百家之事，甚多疏略，不如其本，务欲以多闻广载为功，论议浅而不笃。其论学术，则先黄老而薄《五经》；序货殖，则轻仁义而羞贫穷；道游侠，则戏守节而贵俗功：此其大弊伤道，所以遇极刑之咎也。然善述

序事理，辨而不华，质而不野，文质相称，盖良史之才也。诚令迁依《五经》之法言，同圣人之是非，意亦庶几矣。①

在班彪看来，《史记》尽管在组织、结构、综合、"序事"等具体方面表现出了卓越的"良史之才"，但由于未能"依《五经》之法言，同圣人之是非"，因此难免"大弊伤道"。而他撰《史记后传》百余篇，则"记事详悉，义浅理备"（《论衡·超奇篇》），不仅补充司马迁"自太初以后，阙而不录"的史实，而且着重突出了正统儒学的义理。

班固是《白虎通义》的撰写者，本人就为东汉正统儒学的发展起了很重要的作用。他编纂《汉书》，不仅全面继承了班彪的正统观念，而且旗帜鲜明地提出了以《汉书》宣汉的主张。他批评《史记》"是非颇谬与圣人"（《汉书·司马迁传·赞》），认为"汉绍尧运以建帝业，至于六世"，司马迁却将汉高祖"编于百王之末，厕于秦项之列"（《汉书·叙传》），是极其荒谬的。他著《汉书》，放弃司马迁的通史体例，断汉为代，目的正是要突出"汉绍尧运"，实现其宣汉的目的。

《汉纪》成书于汉献帝建安五年。作者荀悦，出身于颍川大族，是儒学大师荀子的后裔。当时，尽管东汉政权在黄巾大起义和军阀混战的打击下已经土崩瓦解，荀悦却仍然坚持着浓厚的刘氏正统思想，"见汉室崩乱，每怀匡佐之义"（《后汉书·荀彧传》）。他和堂兄弟荀彧、荀攸等人先后投奔曹操，试图借助曹操的军事实力曲折地实现"中兴汉室"的目的。但事与愿违，荀彧终因反对曹操"加九锡"而被逼自杀，荀悦也是"志在献替"而"谋无所用"，只能通过编纂史书的方式，一方面表达自己忠于刘汉的政治理想，另一方面也希望汉献帝能够"拨乱反正，统武兴文，永惟祖宗之洪业，思光启乎万嗣"（《后汉书·荀悦传》）。荀悦特别重视历史记载的鉴戒作用，认为"君举必记，臧否成败无不在焉。下及士庶，等各有异，咸在载籍。或欲显而不得，或欲隐而名章；得失一朝而荣辱千载。善人劝焉，淫人惧焉。故先王重之以嗣赏罚，以辅法教"（《申鉴·时事》），并明确宣称史家治史的根本使命就在于为统治者提供"立度宣教""崇立王业"（《汉记·荀悦曰》）的工具。他说："君子有三鉴，鉴乎前，鉴乎人，鉴乎

---

① 《后汉书·班彪传》。

镜。前惟训，人惟贤，镜惟明。夏商之衰，不鉴于禹汤也。周秦之弊，不鉴于群下也。侧弃垢颜，不鉴于明镜也，故君子惟鉴是务。"（《申鉴·杂言上》）在这里，所谓"鉴乎前"，指的就是以史为鉴。具体到他本人所作的《汉纪》，荀悦对其"资鉴"的宗旨反复予以说明："凡汉纪，有法式焉，有监戒焉……惩恶而劝善，奖成而惧败。"（《汉纪·序》）"中兴以前，一时之事，明君贤臣，规模法则，得失之轨，亦足以监矣。撰《汉纪》百篇，以综往事，庶几来者，亦有监乎此。"（《汉纪·目录》）

在此基础之上，荀悦又提出了史书编写的原则和方法。《汉纪·序》说："夫立典有五志焉：一曰达道义；二曰章法式；三曰通古今；四曰着功勋；五曰表贤能。"所谓"达道义""章法式"，主要是指宣扬国家纲纪，即正统儒学的伦理观念；"通古今"，是指通过对历史上兴衰成败的记载和分析，使统治者能够从中获取有用的经验和教训，以更好地维护统治。"着功勋""表贤能"则是表彰明主贤臣等的功业事迹，为统治者树立学习的榜样。荀悦对自己的这五条标准十分自信，认为依此著史，就可以"天人之际，事物之宜，灿然显着，罔不备矣"。

二

天命史观是班固和荀悦史学思想的一个重要内容，《汉书》《汉纪》都反复宣扬"刘为尧后"、汉朝政权是得自"天统"的观念，这种天命史观的理论基础就是董仲舒以来正统儒学的"君权天授"说。

班彪在新莽末年军阀混战之际，就专门撰写了为刘氏复兴进行鼓吹的《王命论》，认为刘邦能够开创汉朝帝业，关键在于刘邦是"帝尧之苗裔"，是上天授命的真龙天子。他说："刘氏承尧之祚，氏族之世，着乎《春秋》。唐据火德，而汉绍之，始起沛泽，则神母夜号，以章赤帝之符。由是言之，帝王之祚，必有明圣显懿之德，丰功厚利积累之业，然后精诚通于神明，流泽加于生民，故能为鬼神所福享，天下所归往。未见运世无本，功德不纪，而得出起在此位者也。"（《汉书·叙传》）正因为"汉德承尧，有灵命之符，王者兴祚，非诈力所至"（《后汉书·班彪传》），所以"虽遭其陒会，窃其权柄，勇如（韩）信、（英）布，强如（项）梁、（项）籍，成如王莽，然卒润镬伏质，亨醢分裂"(《汉书·叙传》)。班固在《汉书》中，正是按照班彪《王命论》的框架来构建西汉的历史的。《叙传》明确提出了"汉绍尧运"的主张，把刘汉政权上接于尧。沿着这一基本思路，班固于《高帝纪》中不仅以大量的笔墨记载了所谓刘邦"斩白蛇"乃"赤帝子""斩白帝子"等种种神异之说，而且费尽心思地为刘邦考出了一个能够上接于尧的刘氏世系。

论证"刘为尧后"的目的在于就此推出"汉承尧运"，"协于火德，自然之应，得天统矣"的结论。至于秦和王莽，《王莽传》则认为他们不在得天命之列，其先后败亡是必然的，是"皆炕龙绝气，非命之运，紫色蛙声，余分闰位，圣王之驱除云尔"。"余分闰位"，按照服虔注的解释是："言（王）莽不得正王之命，如岁月之余分为闰也。"圣王，指的是汉光武帝刘秀。除《叙传》外，《高帝纪》和《王莽传》恰恰是《汉书》的一首一尾，表明了班固以西汉历史来神化东汉皇权的明显意图。

荀悦的《汉纪》在东汉政权已经是名存实亡的情况下，仍然坚持"圣汉统天"(《申鉴·政体》)的正统观念。他的根据和《汉书》一样，仍是"刘为尧后"，继尧之运，得了"天统"，"汉有再受命之符……他姓殆未能当也"。

所谓"刘为尧后"，当然是不可信的。宋代史学家郑樵就曾经严厉批评过《汉书》，认为："高帝起于微贱，不知族氏，且亲莫如其母，不知其姓，但谥昭灵后而已；近如大父，又不知其名，但以居丰，呼为丰公。如此汉家祖祢，可谓荒唐矣。高祖即位之后，采诸儒之言，泛祀其先……今汉家之祀其先也如此，良由不知所祖，求之多方，庶几或中。汉儒又从而推之，以陶唐为火德，汉承尧运，断蛇著符，旗帜尚赤，协于火德，自然之运，得天统者，何哉?"(《通志·前汉纪五上》)

不过，"刘为尧后"的观念并非始于班固父子，而是出自董仲舒，如《汉书·眭孟传》就记载董仲舒的弟子眭孟说过："先师董仲舒有言……汉家尧后。"在《春秋繁露·三代改制质文》中，董仲舒还同时采用了"五行相胜"和"五行相生"说，因为只有以五行相生来解释历史，刘汉和尧才能同属火德，从而构成了其"君权天授"说的重要组成部分。

董仲舒在君权起源问题上提出"君权天授"的命题。他在《春秋繁露·楚庄王》中说："今所谓新王必改制者，非改其道，非变其理。受之于天，易姓而王，非继前王而王也。若一因前制，修故业，而无有所改，是与继前王而王者无以别。"天对君主的授命以"符瑞"的形式来表达，"有非力之所能致而自至者，西狩获麟，受命之符也"（《春秋繁露·符瑞》）。君主在得到受命之符接受天命后，就必须采取改正朔、易服色、徙居处、制礼乐等改制措施，"所以明易姓，非继人，通以己受之于天也"（《春秋繁露·符瑞》）。然后行郊祭和封禅大典，以此表示答谢上天。

应该说明的是，董仲舒反复谈到天为君权本源，虽说"天者，百神之大君也"（《郊语》），但在他的整体理论框架中，天并没有仅仅停步在宗教意味的人格神范畴上，而是更多地表现为一种与其他诸多要素相互联系、配合的结构体。如《春秋繁露·官制象天》中就认为"天有十端"，天、地、阴、阳、水、火、金、土、木、人皆为一端，天固然是最高的主宰，但它既是十项要素（十端）中的一个，又是结构本身，并不完全等同于宗教意义上的神。因此，认为董仲舒主张"君权神授"的传统说法并不十分准确，应直接称之为"君权天授"。

董仲舒的"君权天授"说，是在杂糅墨子的"天志"说和孟子的"君荐天与"说的基础上，吸收西周、春秋流行的天道观思想，并加以理论升化而成的。在现实政治生活中，则是对秦代认为君权来自"宗庙之灵"的否定，而后者实际上更为重要。秦始皇在统一中国后，数度下诏天下说："寡人以眇眇之身，兴兵诛暴乱，赖宗庙之灵，六王咸伏其辜，天下大定"；"天下共苦战斗不休，以有侯王，赖宗庙，天下初定"（《史记·秦始皇本纪》），认为他所拥有的君权来源于宗庙，即自己的祖先神。汉否定了这种说法，如刘邦就强调："吾以布衣提三尺取天下，此非天命乎？"（《汉书·高帝纪》）张良也说："沛公殆天授。"（《史记·留侯世家》）显然，这些提法对董仲舒"君权天授"说的提出都是有影响的。

《白虎通义》全面继承了董仲舒"君权天授"的思想，如开篇就说："王者父天母地，为天之子也。""帝王之德有优劣，所以俱称天子者何？以其俱受命于天。"另外，根据东汉王朝的需要，还有意识地突出了由董仲舒较早提出的"五行相生"说，以证明"刘为尧后"，其德为火，从而进一步神化了刘氏政权。

三

强调以忠君为中心的伦理纲常,是《汉书》《汉纪》的又一突出特点。像《汉纪》就是"极为治之体,尽君臣之义",《汉书》为了颂扬皇帝的圣明,更是经常不惜歪曲事实,曲为粉饰。如本因汉武帝废长立幼而导致的戾太子刘据被杀的政治动乱,在班固的笔下却成了命中注定:"此不惟一江充之辜,亦有天时,非人力所致焉。"(《汉书·武五子传·赞》)又如西汉后期的成、哀二帝,原本都为沉溺酒色内宠的昏庸之主,对西汉的灭亡,他们要承担相当大的责任,但在《汉书》当中,成帝被描绘成了"博览古今,容受直辞"(《汉书·成帝纪·赞》)的守成良君,而哀帝则是"文辞博敏,幼有令闻"(《汉书·哀帝纪·赞》),精明强干,屡诛强臣,竟有中兴之主的气象。对此,范晔批评道:"其议论,常排死节否忠直。"(《后汉书·班固传·赞》)傅玄也批评说:"论国体,则饰主阙而抑忠臣;叙世教,则贵取容而贱直节。"(《全晋文》)

不仅如此,在《汉书》中,班固还把意在维护君主统治的等级观念神圣化,认为伦理纲常是圣人根据天的意志创造的,"所以通神明,立人伦,正情性,节万事者也",并强调说:"为国者,一朝失礼,则荒乱及之矣。"(《汉书·礼乐志》)正是在这种观念指导下,《汉书》虽然和《史记》一样都有游侠的传记和《货殖传》,选材也大致相似,但两者的精神却有天壤之别。如《游侠列传》,司马迁意在表彰游侠们:"其行虽不轨于正义,然其言必信,其行必果,已诺必诚,不爱其躯,赴士之厄困,既已存亡死生矣,而不矜其能,羞伐其德,盖亦有足多者焉。"(《史记·游侠列传》)班固却认为他们是"自卿大夫以至于庶人各有等差,是以民服事其上,而下无觊觎"的统治秩序的破坏者,是"以匹夫之细,窃杀生之权,其罪已不容于诛矣"(《汉书·游侠传》)。又如《货殖传》,司马迁强调的是财富在决定人类社会地位中的重要作用,而班固却宣扬上下尊卑乃是天意,"各有等差,小不得僭大,贱不得逾贵",要求民众"有耻而且敬,贵谊而贱利"(《汉书·货殖传》),等等。

这种差别的背后,正反映了正统儒学伦理纲常观念对《汉书》的深刻影响。

董仲舒和荀子等儒学大师的观点一致，都认为只有"分"，即将社会成员区别成贵贱尊卑的不同层次，才能实现"群"，也就是形成较为和谐的人类社会。董仲舒说："是故王者上谨于承天意，以顺命也。下务明教化民，以成性也。正法度之宜，别上下之序，以防欲也。修此三者，而大本举矣。"（《汉书·董仲舒传》）而且，他认为其中最为关键的一环，就是予君主以凌驾于社会成员之上的地位和权力，使君主有条件成为构成社会群体的核心，以政治和道德双重表率的身份承担起维持社会安定发展的重任。所以，董仲舒在《天人三策》中就明确宣布说："《春秋》大一统者，天地之常经，古今之通义也。"颜师古解释说："此言诸侯皆系统天子，不得自专也。"为了维护君权，他再三强调做臣子的要自觉认同君尊臣卑的政治秩序，不要对君位妄生非分之想。如他在《春秋繁露·楚庄王》篇中就借楚灵王诛齐庆封的史实大发议论："今诸侯之不得专讨，固已明矣，而庆封之罪未有所见也，故称楚子，以伯讨之，着其罪之宜死，以为天下大禁。曰：人臣之行，贬主之位，乱国之臣，虽不篡杀，其罪皆宜死。"并不时以《公羊春秋》中"君亲无将，将必诛"之类杀气腾腾的词语来威吓臣下们服从君权。不仅如此，董仲舒还借助阴阳五行的思想对君尊臣卑进行了理论上的论证。他说：

> 阴者阳之合，妻者夫之合，子者父之合，臣者君之合。物莫无合，而合各有阴阳。阳兼于阴，阴兼于阳，夫兼于妻，妻兼于夫，父兼于子，子兼于父，君兼于臣，臣兼于君。君臣、父子、夫妇之义，皆取诸阴阳之道。君为阳，臣为阴；父为阳，子为阴；夫为阳，妻为阴。阴道无所独行，其始也不得专起，其终也不得分功，有所兼之义。是故臣兼功于君，子兼功于父，妻兼功于夫，阴兼功于阳，地兼功于天。①

在董仲舒的理论体系当中，阳是天然尊于阴的，即所谓"阳贵而阴贱，天之制也"（《春秋繁露·天辨·疑在变·在人》）。既然君阳臣阴，臣卑君尊当然就是依据上天意志为天意所规范的先验模式，不得更改。由此出发，

---

① 《春秋繁露·基义》。

董仲舒提出了"王道之三纲，可求于天"（《春秋繁露·基义》）的著名论断。三纲，按照纬书《含文嘉》的解释就是指君为臣纲、父为子纲、夫为妻纲，君主从而在理论上登上了世俗权力的最高峰。

《白虎通义》在董仲舒《春秋繁露》的基础上，结合两汉之际宗族势力迅速发展的客观条件，重视以父权和族权来强化君权，进一步提出了"三纲六纪"说，所谓："三纲者，何谓也？谓君臣、父子、夫妇也。六纪者，谓诸父、兄弟族人、诸舅、师长、朋友也……何谓纲纪？纲者，张也。纪者，理也。大者为纲，小者为纪。所以张理上下，整齐人道也。人皆怀五常之性，有亲爱之心，是以纲纪为化，若罗网之有纪纲而万目张也。"并宣布说："三纲，法天地人；六纪，法六合。"（《白虎通义·三纲六纪》）在"三纲六常"当中，居于核心地位的是"君臣父子之义"，"臣之事君，犹子之事父"（《白虎通义·朝聘》），"臣、子与君、父，其义一也"（《白虎通义·诛伐》），对以父权为中心的宗法制度的强调，目的还是在于突出君权。

四

灾异谴告思想，是两汉正统儒学的重要组成部分，对《汉书》《汉纪》等史学著作也有着极为深刻的影响。

借助日月食、洪水、干旱等自然灾害来批评时政的做法，不始于董仲舒，但直至董仲舒方将它升华为比较严密的理论体系，构成其天人合一学说的重要一翼。如在《天人三策》中，他说："故《春秋》之所讥，灾害之所加也；《春秋》之所恶，怪异之所施也。书邦家之过，兼灾异之变，以此见人之所为，其美恶之极，乃与天地流通而往来相应，此亦言天人之一端也。"又说："臣谨按《春秋》之中，视前世已行之事，以观天人相与之际，甚可畏也。国家将有失道之败，而天乃先出灾害以谴告之，不知自省，又出怪异以警惧之，尚不知变，而伤败乃至。此见天心之仁爱人君，而欲止其乱也。"（《汉书·董仲舒传》）在董仲舒看来，灾异的来源都是君主行事违背天道所招致的结果，"凡灾异之本，皆生于国家之失"（《春秋繁露·必仁且智》）。"国家"指君主，这是汉人习惯的说法。灾异固然代表着上天对君主的惩戒，但在董仲舒所设计的理论体系当中，灾异的出现是上天对君主尚未完全失去信心，依然中意于君主的体现。所以君主在面临灾异时，就应采取像楚庄王那样"畏而不恶"（《春秋繁露·必仁且智》）的正确态度，并且及时地反省自己，根据灾异所指出的错误，主动地改过自新，这在董仲舒那里称之为"反道"，"亦欲其省天谴而畏天威，内动于心志，外见于事情，修身审己，明善心以反道者也"（《春秋繁露·二端》）。为鼓励君主勇于改过，董仲舒还煞费苦心地说："匹夫之反道以除咎尚难，人主之反道以除咎甚易。"（《春秋繁露·竹林》）这样一来，灾异就会从坏事变成好事。当然，如果君主仍然执迷不悟，不顺天道，董仲舒认为天就会采取剥夺其君位的断然措施，以免不义的昏君继续残害民众，因为"天之生民，非为王也；而天立王，以为民也。故其德足以安乐民者，天予之；其恶足以贼害民者，天夺之"（《春秋繁露·尧舜不擅移，汤武不专杀》）。

《白虎通义》尽管基本上是按照董仲舒的说法来定义灾异，认为"天所以有灾变何？所以谴告人君，觉悟其行，欲令悔过修德，深思虑也"（《白虎通义·灾变》），但鉴于西汉中后期以来儒生们纷纷以灾异谴告说为理论武器对君主进行猛烈批判的教训，尤其是眭孟曾公开要求汉帝让位，"汉帝宜谁差天下，求索贤人，禅以帝位，而退自封百里，如殷、周二王后，以承顺天命"（《汉书·眭孟传》）；京房则当面指责元帝朝政局为"水旱螟虫，民人饥疫，盗贼不禁，刑人满市，《春秋》所记灾异尽备"（《汉书·京房传》）的极乱之世，等等。因此，《白虎通义》的重点就是淡化董仲舒灾异说的谴告（君主）色彩，而着重论证霜雹日食水旱等自然灾害，其起因并非在于君主的失德，而是所谓"阴侵阳也""阳以散亡"（《白虎通义·灾变》）所致，寓意臣子僭越君主。灾异由此演变为上天对君主巩固个人权力的警示，反而成了加强皇权的工具。

《汉书》《汉纪》都是以《白虎通义》的精神来处理灾异的。如《汉书》就一方面在《天文志》中采纳董仲舒的思想，说："政失于此，则变见于彼，犹景之象形，乡之应声。是以明君睹之而寤，饬身正事，思其咎谢，则祸除而福至，自然之符也。"另一方面，在《眭两夏侯京翼李传》赞中则对包括董仲舒在内的敢于以灾异来抨击西汉统治者的夏侯胜、眭孟、李寻等人，予以了激烈的批评，认为："察其所言，仿佛一端。假经设谊，依托象类，或不免乎'亿则屡中'。仲舒下吏，夏侯囚执，眭孟诛戮，李寻流放,此学者之大戒也。"在班固看来,灾异只能用作神化刘氏皇权,就像他在《五行志》中那样,几乎通篇都在宣扬上天是如何以灾异对王氏篡夺刘氏天下而示警的。《汉纪》的情况也是如此,荀悦不仅遍记西汉一朝的灾异详情,而且竭力把灾异同当时的政事拼凑在一起,目的也正是为了宣扬"帝王之作,必有神人之助",而刘氏皇帝"实天生德,应运建主"(《申鉴·政体》)的结论。

总之,以《汉书》《汉纪》为代表的东汉史学,正是儒学正统思想在史学领域的反映。

(原载于《齐鲁学刊》2001年第5期;合作者:范学辉)

董仲舒与儒家政治理论的建构

儒家政治理论作为儒学一大主干，在儒家思想中占有十分重要的地位，尤其是汉代儒学独尊后，儒家政治理论上升成为国家意识形态，深刻影响了自汉至清两千多年专制政治的总体面貌。然而儒家政治理论的建构并非一蹴而就，自孔子奠基到汉代"罢黜百家，表彰六经"已历数百年，历经孟荀、汉初诸儒几代儒者的不懈努力，直至董仲舒才最终完成，这其中秉承"述而有作"宗旨对儒学进行改造的政治思想家董仲舒至关重要，功不可没。

自孔子至董仲舒终于完成了儒家政治思想由理论建构到实践普及的过程，也正因有了汉代以后的政治实践，儒家政治理论的重要性才凸显出来，在强大的政治力量的推动下，儒家的价值理念才得以渗透到古代中国政治、经济、文化等各个方面。如果说孔子述而有作之儒家文化是形塑中华文明的主要思想资源，那么孔子则应是中国文化之第一人；如果说儒家建构新型国家政治文明体系始于汉代儒学独尊，那么董仲舒则应是孔子之后儒学振兴的第一人。

政治首先是秩序安排。在存在社会分工、阶级和阶层差别及其对立矛盾的历史条件下，这种秩序必须满足劳心、劳力两大社会群体或集团的利益。基于这一理论前提，历史主义地看，董仲舒对儒家政治理论的主要贡献有：

一、 述而有作——董仲舒的返本与开新

孔子之时，"周室微而礼乐坏"，旧制不行，新制未立，"道术将为天下

裂",由此开始了诸子百家争鸣之局面。"在一社会之旧制度日即崩坏之过程中,自然有倾向于守旧之人,目睹'世风不古,人心日下',遂起而为旧制度之拥护者,孔子即此等人也……予旧制度以理论上的根据。"① 诚然,孔子就是在予旧制度以理论上的根据之基础上创立儒学的。与儒家修正旧制不同,法家则走了一种另起炉灶以立新制的路子。

儒法两家对待旧学之态度是截然不同的,如果说儒家走的是述中有作、有述有作的路子,法家则走的是一种作而无述或者至多是大作略述的路子。儒法对待述、作的不同态度,决定了两家迥异的文化精神,而其迥异的文化精神又决定了两家的命运沉浮。儒家述而有作,然其"从周""复古"之念于礼坏乐崩的乱世似显不切实际了,所以先秦儒家之述而有作,准确说来,是述有余、作不足。述有余,则传统文化之精华为儒家所承传,此其所长;作不足,即切合时代精神之新内涵注入过少,儒家自然难以有效回应时代课题,此其所短。法家标榜"作而无述"、大"作",即彰显时代精神,故有切中时弊、因时制宜之长,所以战国至秦可以大行其道;无"述"则会导向偏激、极端,远离中华民族心性理路,此其所短,正是其"严而少恩"之短葬送了强大的秦帝国。

法家述而无作构筑了包含一长一短双重品格的功利政治哲学体系,决定了其一起一落的两种命运。与法家相类,儒家一短一长双重品格也决定了自身的两种命运变化。不过恰恰相反,儒家于春秋战国之时"郁郁不得志",孔老夫子苦苦追求的王道理想终未实现,此其"迂远"之短所致;然儒家之所以为儒家者,就在于其思想体系中孕育着日后崛起的基因,这种基因正是其"序君臣父子之礼,列夫妇长幼之别,虽百家不可易"(《史记·太史公自序》)之长。儒法对比,法家作而无述以现实、功利为旨归;儒家述有余,作显不足,以理想、道德为追求。各引一端,各有长短,倘能调和,扬其长避其短,一旦豁然贯通,必有大成。为政治制度的千秋大计,远谋与短视,体现了儒、法两家不同的历史选择。

秦汉大一统的新时代背景下,"君使臣以礼,臣事君以忠"(《论语·八佾》),先秦儒家这套君臣双向互动的价值观念显然是大不合时了。儒家之

---

① 冯友兰:《中国哲学史》,北京:商务印书馆,2006年版,第16页。

旧学不行，身处此种背景下的董仲舒面临着春秋之时与孔子相类的理论困境。或许正是鉴于孔子兴亡继绝、贯通古今的文化贡献，董仲舒继承和发挥了孔子述而有作的文化精神。深刻意识到先秦儒家政治理论不合时宜的董仲舒并未尽弃其学，全盘否定，而是辩证地审视了先秦儒家一长一短的双重理论品格，在此基础上开始了其新儒学的建构。一方面，他继承和发展了先秦儒家政治理论中"序君臣父子之礼，列夫妇长幼之别"（《史记·太史公自序》）的合理精神，此谓扬其长、返其本；另一方面，有鉴于先秦儒家政治理论迂阔之短，他又注入了合乎大一统时代背景的法家化、政治化的新内涵，使儒学可以致用，此谓避其短、开其新。述而有作，扬长避短、返本开新正是董仲舒构创新政治学说的内在理路。述以扬其长，作以避其短，一返本一开新，董仲舒终于建构了合乎时代需要的新型儒家政治哲学体系。

述而有作、扬长避短、返本开新的文化精神在董仲舒新政治儒学体系中多有体现，并集中表现于"三纲五常"思想中。董仲舒博大精深之学说体系，一言以蔽之，曰"屈民而伸君，屈君而伸天"（《春秋繁露·玉杯》）。就其整个思想体系来说，"屈民而伸君"的"尊君"论主要是对先秦儒家政治理论迂远不切实际的一种大纠正，为此他以儒为宗、博采众家之长给儒学注入了新内涵，使儒学更趋于实用。这主要是开新，是作而避其短；当然也是对先秦儒家"序君臣父子之礼"的拓展，故也可算是返本，是述而扬其长。其"屈君而伸天"的"抑君"论，主要是对先秦儒家"君使臣以礼，臣事君以忠"（《论语·八佾》）的继承，同时又包含了对君臣双向互动关系的超越。就"三纲"思想来说，与先秦儒家"序君臣父子之礼，列夫妇长幼之别"（《史记·太史公自序》）恐怕还是大相径庭的，"孔子从维护周礼的立场，提出了保持君臣、父子上下尊卑秩序的重要性，强调'君君、臣臣、父父、子子'。这对三纲观念的孕育无疑有某种催化的作用。但是从《论语》来看，孔子并不认为君臣之间必须是单方面的绝对服从关系，而主张'君使臣以礼，臣事君以忠'，这里，君臣之间还只是体现着双向互动的关系。关于父子关系，主要体现在他说的'孝'道中，孔子的孝主要体现在'敬''生事、死葬、终祭'等方面，同时又主张父子互隐，这些都似与'父为子纲'不搭界。《论语》中没有明确讲到夫妻关系，更谈不到夫妻的尊卑秩序问题。"① 到汉代董仲舒注入了新内涵后，这种情况就发生了大转型。他说："君臣、父子、夫妇之义，皆取诸阴阳之道。君为阳，臣为阴；父为阳，子为阴；夫为阳，妻为阴。"（《春秋繁露·基义》）这里董子虽未直接提及"君为臣纲，父为子纲，夫为妻纲"，然若按其"阳尊阴卑"论来理解，"三纲"之义不言自明了。所以由孔子"君臣父子"之说到董子"王道三纲"之义的大转型则明确彰显了董学创立的作而避短精神。至于"五常"，先秦儒者那里似未直接提及，然仁、礼是孔学之核心，"智""信"多见于《论语》，"义"在孟子那里多有发挥。"夫仁、谊（义）、礼、知（智）、信五常之道，王者所当修饬也。"（《汉书·董仲舒传》），董子虽明确将"五常"规定为"仁、义、礼、智、信"，然"五常"的发明权似应归功于孔孟，只是到董子这里又辅于"五行"之说加以证明。所以"五常"之说由孔子智、仁、勇"三达德"，孟子仁、义、礼、智"四端"至董子"五常"之道是董学创立的述而扬长之精神的明确表达。总的说来，"屈民而伸君""三纲"主要是开新，"屈君而伸天""五常"则主要是返本，述中有作，作不离述，相辅相成，并行不悖。

述而有作是孔子创立儒学的内在理路，亦是董学建构之基本精神。秦汉大一统的新时代背景下，儒家述而有作的理论品格在董仲舒那里再次得到了完美诠释，他既集先秦儒家政治思想之大成，又纳入了合乎时代精神的新内涵，由此建构了儒家博大精深的政治哲学体系。孔子述而有作，"可以说，他（孔子）的思想学说是'集'了中国上古以来文化之'大成'。故孟子云：'孔子之谓集大成'，正因为孔子的集大成，他才能有那样巨大的思想潜力影响了中国历史文化又两千多年。"② 以此观之，董仲舒亦是此等人。

二、 尊君重臣养民——董仲舒与儒家政治理论的完整建构

植根于农业宗法社会基础上的儒家政治文化，天然地包含了尊君和重

---

① 刘学智：《三纲五常的历史地位及其作用重估》，《孔子研究》2011年第2期。
② 韩星：《全球化背景下的儒学与中国文化整合》，《东方论坛·青岛大学学报》2006年第1期。

民两个向度。彼此孤立的农业自然经济构筑了分散的社会，需要君主集权政治加以统合；农业宗法社会的正常运转又离不开农民的安居乐业。因此，"'国不堪武''敬德保民''民为邦本'的思想传统是农业宗法社会的必然产物。'尊君'和'重民'相反而又相成，共同构成了中国传统政治文化的一体两翼。"[1] 如果说以孔孟为代表的先秦儒家主要发展了儒家政治理论中的重民思想（德治、仁政、民本思想等），汉代董仲舒则主要奠定了儒家政治理论中的尊君思想。从孔孟到董仲舒正好初步确立了儒家完整的政治思想体系，汉代以后儒家政治思想主要就是沿着这两个向度迈进的。然值得一提的是，董仲舒在继承和发展先秦儒家重民思想的基础上，又首创了儒家的尊君论（主要借鉴了法家尊主卑臣思想），两者调合为一，终于建构了儒家完整的政治思想理论。董学政治思想的完整性主要表现在尊君和重民的结合，其"屈民而伸君，屈君而伸天"（《春秋繁露·玉杯》）的说法正是这种完整性的明确表达。"屈民而伸君"的尊君论是董学的主干，是董子作中而来，也是其最主要的贡献，它主要包含"天人感应""君权至上""三纲五常"等思想内容；"屈君而伸天"，从某种意义上说，它是先秦儒家重民思想在董学中的体现，是董子述中所得，主要包含"德治论""养民说"等思想内容。

（一）"君权天予"的君权至上论

董仲舒认为，强调君权至高无上，仅仅依靠人为的力量是远远不够的。于是，人事与天意挂钩，阴阳五行与自然、社会现象紧密结合，力倡"君权天予"说，从解答君权合法性的角度论证君权的至上性更成为董仲舒君权理论的一大特色。董仲舒杜撰了天的体系，通过天人合一完成了天的神秘主义人格化："天者，百神之大君也。"（《春秋繁露·郊语》）这是就意志之天的意义把天看作主宰自然和社会的至上神。董仲舒的"天人合一"，只是天王合一，使统治者的地位神圣化、绝对化。按照董仲舒"天人合一"的内在逻辑：天是人的主宰，人是天的附属，人必须遵从天道的指引，服从天意的约束。董仲舒认为"唯天子受命于天，天下受命于天子"（《春秋

---

[1] 张岱年、方克立：《中国文化概论》，北京：北京师范大学出版社，2004年版，第275页。

繁露·为人者天》)。他还指出,全国臣民也都要无条件服从君主,上上下下必须"以人随君,以君随天"(《春秋繁露·玉杯》)。董仲舒的"天人合一"政治论为调节天人关系规定了基本模式,一切有关人类社会政治问题的解答都可以从中找到理论依据,尤其是"君权天予"说,借神权以尊君权,将君权天道化,天君同道、神权与王权合一,用神权、君权压制人权、民权,为强化君主专制提供了有力的理论依据。

当然,董仲舒在极力为君权至上张目的同时,也深知在实际政治生活中,君主个人的权力过于强大往往会走向反面,造成政治动荡甚或政权颠覆,这是有悖于统治阶级整体利益的。有鉴于此,董仲舒试图用天的权威给君主以一定的约束。然而怎样运用天的权威来制约君权呢?董仲舒沿着"天人合一"的理论基线,提出了两套具体的办法。其一,利用天道规律及"四时之政"约束君主的政治活动。董仲舒说,"圣者法天"(《春秋繁露·楚庄王》),"圣人副天之所行以为政"(《春秋繁露·四时之副》)。君主要以天道作为政治活动的摹本,君主的政治行为要遵循天的规律,不得随意扰乱。其二,利用天人感应即"天遣"说制约君主的个人行为和政策。董仲舒说:"《春秋》之中,视前世已行之事,以观天人相与之际,甚可畏也。"(《汉书·董仲舒传》)假如君主滥用权力,逆天道而行,致使"国家将有失道之败",天就会给予责罚,这就是所谓"天谴说"。因此,当君主见到"五行变至,当救之以德,施之天下,则咎除"(《春秋繁露·五行变救》)。从总体上看,"天谴"说在当时条件下不无一定的合理之处,受此影响,汉武帝晚年的"罪己诏"开启历史上封建帝王自我批评的先河。

(二) 德治与养民

董仲舒在仁义伦理观上是与早期儒家一脉相承的,他主张在具体的政治生活中积极推行仁义的法则,而这一仁义的法则主要是针对统治者而言的。他要求统治者根据仁义的原则,在治国原则上选择以德治为主,要富民、养民、教民。

他遵照天人合一的认识逻辑,把实行德治说成是天意的体现。他说:"天道之大者在阴阳。阳为德,阴为刑;刑主杀而德主生……以此见天之任德不任刑也……王者承天意以从事,故任德教而不任刑。"(《汉书·董仲舒传》）董仲舒认为能以德安民是天选择受命之君的主要条件，受命之君要遵循天道"任德"以治理天下，于是实施德治乃势在必行。董仲舒认为，以德治天下主要包括行教化和施仁政两个方面。教化的根本在于各级执政者要自身清正。而施仁政最主要的就是养民。针对因土地兼并造成的贫富悬殊的状况，主张限制土地兼并，"薄赋敛，省徭役，以宽民力"（《汉书·食货志》），以使贫富悬殊不要太大，做到"富者足以示贵而不至于骄，贫者足以养生而不至于忧"（《春秋繁露·度制》）。另外，董仲舒虽主张以德治天下，但并不排斥刑罚，只是不可专任刑罚。他指出，秦之所以灭亡，是由于"师申商之法，行韩非之说"，"弃捐礼谊而恶闻之，其心欲尽灭先王之道，而专为自恣苟简之治，故立为天子十四岁而国破亡矣"（《汉书·董仲舒传》）。根据这种认识，董仲舒向汉武帝建议，必须当机立断，实行更化。所谓更化，就是拨乱反正，彻底改变自秦以来相沿成习的以法令刑罚治国的方针，采用儒家的德政说，以礼乐教化来治理国家。汉武帝采纳了董仲舒的建议，"罢黜百家，表彰六经"。从此以后，儒家的德政学说就进入了实际的政治生活，成为指导国家政治的根本方针。

董仲舒建构的博大精深的新型政治理论体系，紧扣时代脉搏，适应了汉代社会的需要，成为汉代政治运作的理论支柱。这主要表现在：解决了汉政权的合法性问题，维护了汉帝国的安定和统一；由此带来了汉代长期的经济繁荣与进步，成就了汉文明高峰；汉代儒家政治理论的成功实践，推动汉王朝建立了大一统的基本政治格局和礼乐行政制度，为大一统的中国古代政治文明建设提供了成功范示，影响、造福中国和中华民族近两千年。[1]

三、泽被后世——董学合理内核的现代价值

世异时移，世事沧桑。虽然我们今天生活的时代与董子的时代已经大为不同了，然董仲舒政治思想中的某些合理内核在今天仍是不可或缺的镜鉴。对于董学，我们不能简单地将之斥为封建糟粕而全盘否定，以现代精

---

[1] 柳河东：《董仲舒对政治儒学发展的历史贡献及现代意义》，《衡水学院学报》2011年第3期。

神实事求是、具体分析地加以审视，才是我们现代人应有的态度。既要看到其历史合理性，还要看到其时代局限性，同时对于其中某些具有普适价值的精华还要予以继承和弘扬。

（一）"三纲五常"评析

"三纲五常"恐怕是董仲舒政治思想中最为后人诟病的内容了，甚至到了谈"纲常"色变的地步。笔者以为实无必要。首先，"三纲五常"于传统中国国情（小农经济、宗法血缘、君主专制等）而言，有其历史合理性的一面；其次，"三纲"与"五常"也不能等而视之。"三纲"是封建时代社会控制系统的核心和枢纽，"三纲"举则万目张。董子所构建的神圣化与绝对化的"三纲"体系，正是君主专制制度的护身符。然"五常"就不能简单化归护身符的系列了，"三纲"和"五常"的历史特点和存留价值是不同的。"三纲"最鲜明地体现了宗法等级社会的秩序和不平等性，直接维护君权、族权和夫权，所以时代性极强，一旦宗法等级社会解体，"三纲"也就随之失效。"五常"则不同，它是具有普遍性和长久性的道德规范。仁的主要内涵是爱人。一方面是"己欲立而立人，己欲达而达人"的忠道，另一方面是"己所不欲，勿施于人"的恕道，行仁的方法是能近取譬，推己及人，以孝悌为本，推之于天下。总之，仁是一种古代的人道主义原则，除去其宗法性，是可以继承下来的。义，"义者宜也"，以行为适宜为义是儒家的共识。正当的行为才合乎义。儒家用义表示合于社会公德的行为规范，用利表示个人的物质利益，主张见利思义，反对见利忘义。从一般意义上说，义是人的行为的原则性，这个原则性总与社会公德和公共利益联系在一起，道义和正义具有长久的价值。礼，指中国家族社会宗法等级制度和社会行为规范。它是综合人们的政治行为和伦理行为而形成的社会行为体系。在古代，礼被用来定亲疏、明贵贱、别男女。礼仪亦严格而烦琐，束缚人的个性和自由，甚至可以变成吃人的礼教。但人的社会行为都要有规矩可遵，礼所包含的庄重、谦和、礼貌、互敬互谅，应加以继承。智，人的聪明和智慧。孔子将仁、智、勇三者并举，《中庸》称之为"三达德"。儒家重智，因而重教育与学习，在智育方面积累了深刻的见解和丰富的经验，值得今人借鉴。信，指诚实不欺，遵守诺言。对于国家政治来说，"民无信不立"(《论语·颜渊》);对于个人交往来说,"与朋友交,言而有信"(《论语·学而》)。信是一种美德,治国、做事、修身都需要信用、信任、信誉。总之,"三纲""五常"不可等量齐观,"三纲"已经过时了,"五常"加以现代转换是可以服务于现代社会的。恰如牟钟鉴先生所说:"三纲五常可以分开来看,三纲一个不能留,五常一个不能丢。"①

(二)"教民""养民"的民生理论

董仲舒的经济思想包含了丰富的内容,笔者以为,其"教民""养民"的主张最具现代价值,与现代社会问题多有切合。

汉初,奉行"无为"之治,与民休息、轻徭薄赋,成就了"文景之治"。经济繁荣,物质丰盈,"民则家给人足",然在这种盛世背后也隐藏着种种危机,地主豪强并起,以强凌弱,竞相兼并土地,社会贫富分化日益严重,极不利于社会稳定。董仲舒敏锐地意识到了土地兼并所带来的贫富对立的严重危机,"富者田连阡陌,贫者无立锥之地"(《汉书·食货志》)正是董子对此种危机的深刻揭露。"富而后教正当时"②,董仲舒针砭时弊地提出了"教民""养民"的主张。

针对"大富骄暴""富者愈贪利而不肯为义"(《春秋繁露·度制》)的现象,董仲舒继承发挥了孔子"富而后教"的思想,主张"教民","立大学以教于国,设庠序以化于邑,渐民以仁,摩民以义,节民以礼,故其刑罚甚轻而禁不犯者,教化行而习俗美也"(《汉书·董仲舒传》),主张通过推行礼乐教化来约束人们的行为。"大富则骄,大贫则忧;忧则为盗,骄则为暴"(《春秋繁露·度制》),针对贫富两极分化造成的"忧盗""骄暴"现象,董仲舒提出了"养民"主张。"养民"主要包括"调均"和"不与民争利"两方面。所谓调均,绝不是平均主义,董子的"调均"本于"使富者足以示贵而不至于骄,贫者足以养生而不至于忧"(《春秋繁露·度制》)的原则,"以此为度而调均之",从而避免"富者奢侈羡溢,贫者穷急愁苦"(《汉书·董仲舒传》),达到"财不匮而上下相安"的"易治"的目

---

① 牟钟鉴:《三纲一个不能留 五常一个不能丢》,光明网,2011年4月10日。
② 周桂钿:《董仲舒研究感想》,《董子研究》2009年第1辑。

的。至于怎样做到"调均",董仲舒提出了"不与民争利"的主张,"受禄之家,食禄而已,不与民争业,然后利可均布,而民可家足"(《汉书·董仲舒传》)。为此,他还提出了许多具体措施:"薄赋敛,省徭役,以宽民力"(《汉书·食货志》)"限民占田""盐铁皆归于民"等,对豪强大地主进行打击,努力缓和社会矛盾,成就了武帝时期的大汉盛世。

董仲舒"教民""养民"的主张,不仅在一定程度上缓和了封建国家、地主阶级与农民的矛盾,对社会稳定、国家统一起了很大作用,其中某些思想成分仍可为今天发展社会主义市场经济提供指导和借鉴。改革开放以来,中国经济飞速发展,综合国力得到极大提升的同时,民生、两极分化等问题日益凸显,"富而骄暴"的现象也时有发生。"教民""养民"似也成当今社会要高度关注的问题了,诉诸史鉴,我们或许可以从董子那里汲取许多灵感和智慧。

(原载于贾磊磊、杨朝明:《第四届世界儒学大会学术论文集》,北京:文化艺术出版社,2012年版;合作者:郑治文)

经学发展视域下儒学的"汉宋之变"

宋明理学又名"性命义理之学",因"性命义理"乃理学之主要意涵所在,最是理学之为理学而有异于汉唐儒学处,故此得名。"性命"者,是就儒家思想重心的转移言,即由汉唐宇宙论中心的儒学、政治儒学[①]向宋明心性儒学的转轨;"义理"者,是就经学范式的革新言,即由汉唐考据注疏之学向宋明义理之学的转轨。诚然儒学心性化是回应释、老挑战,为整合、会通三教所逼,对此自可在三教对话视域下得到说明,然对其义理化过程的解读则当由经学发展的视域切入。宋明新儒学之为新,是以经学范式的革新为起点,进而实现儒家思想义理的创新。因此绝无超然于经学之上的所谓理学。理学家发挥己意,实现思想创新仍是依靠创造性地诠释经典。三教互动、对话与经学调试、创新构成汉宋间儒学发展的两条主线。欲明宋明理学之何所出,当有必要兼顾三教对话与经学发展两种视域。囿于论旨,以下我们主要取经学史的视域对汉唐至宋明儒学演变之轨迹做线条式梳理。

就思想义理言,宋明理学所异于汉唐儒学者,在于理学融本体论与心性论为一体,明确儒家内在超越之思想形态,为儒家道德价值确立形上超越之依据。然这种变革,首先要依托经学范式的转型,只有打破汉唐儒学沉溺章句训诂的陈旧僵局,儒家学者才能发挥己意,自由阐发义理,实现思想创新。舍弃传注,以己意解经,发明义理,直探文本义,最是理学经学所异于汉唐经学处。这一过程,以玄学经学为起点,经中唐、宋初的经

[①] 劳思光先生将先秦以孔孟为代表的儒学称为"心性论中心之哲学",把汉代儒学称为"宇宙论中心之哲学"。蒋庆先生将儒学分为政治儒学与心性儒学两大传统。

学革新，由理学经学、心学经学而推向高潮。

一、 言意之辨与玄学经学

以董仲舒为主要代表的汉代经学奠立了汉唐儒学的基调，其所以式微，弊在：其一，沉溺章句训诂、烦琐考据，乏于创造活力；其二，"天人感应"之说简陋粗糙，神学弥漫，根基不稳。儒家欲振衰起弊，求得新生，就必须对症下药，于此两处多所用力。这样儒学的汉宋之变就当以经学名士对汉型经学之弊陋的批判和反思为起点，也即这种经学革新的工作并非起自宋代，实可远溯至魏晋玄学的经学新风，其中尤以王弼玄学最具典型。王弼玄学正是沿着补儒的理路来推进的，这主要表现在他对汉代经学"二弊"的纠偏与超越上：其一，谈道说无，为儒家寻求形而上学的支撑；其二，论"言意之辨"，以求经学范式的转型。为寻求儒家价值体系新的合法性支撑，王弼抛弃了汉代"天人感应"的神学架构，由天命论转向本体论的探求。当然，其义理精神并非论述重点，以言意之辨为焦点探求玄学思潮下的经学革新才是我们的主要论旨所在。

言意之辨是玄学的重要命题，然玄学家对言、意关系的讨论并非雅好这样的理论思辨，纯粹当作一种文字游戏来把玩。正像朱汉民等所指出的，"玄学家之所以热衷于言意之辨的思考，完全是由他们希望通过经典诠释而从事思想创新的学术形态所决定的。"[1] 玄学名士正是依托注解《老子》《庄子》《周易》所谓"三玄"来发挥己意，发明义理，实现思想创新的。他们对言、意关系的论证就是要为其重新诠释经典确立某种合法性的依据。或许正是有鉴于此，汤用彤先生才会说："玄学统系之建立，有赖于言意之辨。"[2] 言意之辨的重要性可见一斑。这其中，以王弼的言意之辨最具代表性，而其所以如此，也是意在打破汉代经学章句训诂、烦琐考据的限制，实现经学范式之革新。

关于言意之辨，王弼抓住了言与意的对立统一关系，然言、意关系的

---

[1] 朱汉民、曾小明：《玄学与理学的言意之辨》，《求索》2010年第9期。
[2] 汤用彤：《魏晋玄学论稿》，上海：上海古籍出版社，2001年版，第24页。

对立一面，无疑是其重点关注所在，也是王弼思想中最具价值、最富活力的部分。王弼对言、意统一关系的界定，即其所谓"寻言以观象""寻象以观意"，他说："夫象者，出意者也。言者，明象者也。尽意莫若象，尽象莫若言。言生于象，故可寻言以观象。象生于意，故可寻象以观意。言以象尽，象以言著。"（《周易略例·明象》）从言意之辨的角度来看，王弼是主张言能尽意言可达意的。其所以如此，旨在为儒家经学这一学术范式的存在确立依据。显然唯有承认"言可达意"这一前提才意味着我们可以通过注解、诠释经典来把握圣人微旨，体味圣人真意。不然，则意味着整个经学范式的崩塌不行。当然，王弼的工作并非止步于此，其所以能成为玄学第一人，构建新的经学范式实现对汉代经学的超越，很大程度上要归于他对言、意对立关系的深刻认识，此即其"言不尽意""得意忘言""得意忘象"的基本立场。他说："存言者，非得象者也；存象者，非得意者也。"（《周易略例·明象》）关于言、象、意，王弼在这里强调不能纠缠于言、象，而重在"得意"，"故言者所以明象，得象而忘言；象者所在存意，得意而忘象"（《周易略例·明象》），唯有"忘言""忘象"才能够"得意"。从汤用彤先生的研究来看，将此理念放之于经典诠释，王弼的观点就是超越汉代经学的烦琐考据，强调只有不拘泥于章句训诂的言（象）才能探明圣人之意。可见王弼所以主"得意忘言""得意忘象"之说，其意在突破汉代经学的规约，忘言忘象，获得真意，实现思想创新。这里，值得说明的是，"言不尽意"作为王弼赖以重释经典、实现思想创新的依据，并非其自家体贴出来，而更多的是先秦道家的"产品"。儒家《易传》中虽有"书不尽言，言不尽意"之言，然其基本立场倾向于言、象与意的统一，即强调由言或象可达意，这也正是儒家经学得以发生的前提。至于对言与意对立一面的揭示，则主要是老庄的发明。《老子》开篇即点明了道与言的矛盾，"道可道，非常道；名可名，非常名"，所以，老子也感慨不能以言来概其道之意，"有物混成，先天地生。寂兮寥兮，独立而不改，周行而不殆，可以为天地母。吾不知其名，强字之曰道，强为之名曰大"（《老子·二十五章》）。这里一个"强"字就充分揭示了言与意难以调和的矛盾。《庄子》则言："可以言论者，物之粗也；可以意致者，物之精也；言之所不能论，意之所不能察致者，不期精粗焉。"（《庄子·秋水》）庄子也承认有"言之所不能论者"，肯定了言、意间的张力。在此基础上，庄子直接提出了"得意忘言"的说法，他说："筌者所以在鱼，得鱼而忘筌；蹄者所以在兔，得兔而忘蹄；言者所以在意，得意而忘言。"（《庄子·外物》）可见，王弼基本上是持道家"言不尽意"之说立言借以阐明其"得意忘言""得意忘象"之旨，并以之作为其革新经学别开新风的依据。据此而言，我们以王弼为主要代表的玄学经学作为汉宋间经学新变的真正起点。

二、疑经惑传与宋学奠基——从疑经学派到宋初"三先生"

唐代儒学主要承续汉代经学之旧局，直至中唐前后，与时代语境之变化相表里，方才出现了儒门革新之风尚，"在儒学门庭冷落的现实面前，儒家有识之士开始觉醒了，他们尝试从自身角度反思儒学发展不前的原因，试图用一种反传统的解经方法或在理论层次上融会贯通其他学说的方式来振兴儒学发展，这股清新的力量，先有以啖助为代表的疑经学派的出现，后有以韩愈、李翱为代表的对传统儒学心性理论的发展，还包括柳宗元、刘禹锡在天人关系问题上对儒学的推进。"[①] 韩李之学标志着禅宗启示下儒家心性化之开启，疑经学派和柳刘之学则代表了中唐以后的经学新风，表现出对汉唐经学系统的否定和超越：疑经学派"舍传求经"，以经驳传，是对汉唐传注义疏之学的重大突破；柳刘新天人之学则是对汉唐经学系统中天人感应谶纬神学的一次大清算。中唐经学新风构成了儒家经学汉宋分野的中转过渡环节。

唐代著名史家刘知几从史学的角度反思经学得失，首开疑经之先河，其名著《史通》有《疑古》《惑经》两篇，对儒家经典《尚书》《论语》《春秋》等进行了大胆驳斥。在《惑经》篇中，他指出《春秋》有"十二未谕""五虚美"的问题，所谓"十二未谕"是指《春秋》有十二处难于理解和明白的地方，所谓"五虚美"是指后学孟子、左丘明、司马迁和班固为推尊孔子做脱离事实的发挥。此二说足以昭显刘知几革新经学、别开风气的尝试和努力。以刘知几疑古、惑经之学为先导，中唐在新的时代语

[①] 王洪军：《中古时期儒释道整合研究》，天津：天津人民出版社，2008年版，第236页。

境下，出现了经学革新的新动向，疑经之学蔚然成风，此以疑经学派的崛起为标志。疑经学派，是唐中叶兴起的要求突破传统经解，重新诠释《春秋》经传的经学流派，以啖助及其门人赵匡、陆质（淳）为代表，因其敢于打破《五经正义》经典诠释的既定成说，故此得名。以经驳传，攻传不合经；舍传求经，发挥己意是疑经学派经学思想之灵魂所在。以下我们以啖助为例来加以说明。啖助著有《春秋集传》，作为疑经学派得以确立的关键人物，他已经明确提出舍弃传注、以己意解经的治学主张。他说："微言久绝，通儒不作，遗文所存，三传而已。传已互失经旨，注又不尽传意，《春秋》之意几乎泯灭。"认识到"传失经旨，注不尽传意，《春秋》之意几乎泯灭"，啖助进而提出了以己意裨补阙漏的主张，"予辄考核三传，舍短取长，又集前贤注释，亦以愚意裨补阙漏，商榷得失，研精宣畅，期于浃洽。"（《春秋啖赵集传纂例》卷一，《啖氏集传集注义第三》）啖助敢于抛弃成说，冲破汉唐经学章句注疏之藩篱，倡言舍传求经，发挥己意，实已开宋学风气之先。《四库全书·总目提要》有言品评其学曰："盖舍传求经，实导宋人之先路。生臆断之弊，其过不可掩；破附会之失，其功亦不可没也。"皮锡瑞《经学历史》中也称其"颇能发前人所未发"，陈振孙也赞"三传之外，能卓然有见于千载之后者，自啖氏始，不可没也"（《直斋书录解题》卷二）。

论及中唐时期的儒门新风、经学转型，如果说，以啖助为主要代表的疑经学派，开启了汉唐训诂学向宋明义理学之转轨的话，那么，柳宗元、刘禹锡新的天人观则是汉唐"天人感应"的谶纬神学与宋明哲学理性的道德形上学之间的中转过渡环节。孔颖达《五经正义》的编撰与颁行，虽标志着经学统一时代的到来，然以《五经正义》为代表的唐代经学系统主要只是翻版汉代经学旧说，并未实现大的突破和创新。《五经正义》仍沿袭了汉代经学之流弊，沉溺训诂，烦琐考据；宣扬谶纬迷信，神学弥漫。[①] 中唐柳宗元《天说》、刘禹锡《天论》所阐明的新天人观可以说是对汉唐经学系统中天人感应的谶纬神学的一次大清算。柳宗元以荀子"天人相分"论、道家"元气自然"说为主要思想资源，集中批判了自董仲舒以来的天命神

[①] 李申：《隋唐三教哲学》，成都：巴蜀书社，2007年版，第71—83页。

学思想并把天地万物变化之因归于气,"山川者,特天地之物也;阴与阳者,气而游乎其间者也。自动自休,自峙自流,是恶乎为我谋?自斗自竭,自崩自缺,是恶乎为我设?"① 以此为基础,柳宗元进一步提出了"天人不相预"的著名论说:"生植与灾荒,皆天也;法制与悖乱,皆人也。二之而已,其事各行不相预。"② 刘禹锡本于荀子"制天命而用之"的思想发挥河东之说,进而提出天人"交相胜还相用"的命题,既彰明柳氏"天人不相预"之旨,又强调了天与人交互为用的关系。"天,有形之大者也;人,动物之尤者也。天之能,人固不能也;人之能,天亦有所不能也。故余曰:'天与人交相胜尔'"。(《刘宾客文集》卷五,《天论上》)

如果说中唐经学革新还只是儒门少数有识之士的"孤明先发"的话,那么,舍弃传注、以己意解经则成了宋儒之普遍自觉。南宋陆游论述宋代学风转变时说:"唐及国初,学者不敢议孔安国、郑康成。况圣人乎!自庆历后,诸儒发明经旨,非前人所及。然排《系辞》,毁《周礼》,疑《孟子》,讥《书》之《胤征》《顾命》,黜《诗》之序,不难于议经,况传注乎!"③ 由此观之,自庆历以后,发明经旨、疑经惑传渐成经学发展之新风气。可以说,疑经惑传是宋代经学发展的主旋律,由义理化向哲理化的推进则是其主要发展线索。邢昺为何晏的《论语集解》作新疏,开宋代经学之先河。理学先驱"宋初三先生"接上中唐经学新说,提倡不惑传注,直探经文本义。石介之学上承韩愈,倡明道统,崇尚古文,主张文以载道。胡瑗之学以"体用合一"为要,要求以治事为导向诠释经义,以致用作为探明经义的首要原则。所以,他讲《易》时就注意"每讲罢或引当世之事予以说明"。宋神宗赞其:"经义治事,以适士用;议礼定乐,以迪朕躬。敦尚本实,还隆古之淳风;倡明正道,开来学之颛蒙。"(《宋元学案·安定学案》)与胡瑗一样,孙复之学也以致用为要,其所著《春秋尊王发微》,把尊王作为致用之具体所指,以尊王为指向发微《春秋》,得其本义。"不惑传注,其言简易,得经之本义",正是孙复《春秋尊王发微》的基本特点。可见,"三先生"对中唐新说的进一步发挥,实已"开伊洛之先",恰

---

① [唐]柳宗元:《柳河东集·卷四四》,上海:上海人民出版社,1974年版,第748页。
② [唐]柳宗元:《柳河东集·卷三一》,第503页。
③ [宋]王应麟:《困学纪闻》(卷八),文渊阁《四库全书》本。

如梨洲所评,"宋兴八十年,安定胡先生、泰山孙先生、徂徕石先生始以师道明正学,继而濂洛兴矣。故本朝理学虽至伊洛而精,实自三先生而始。故晦庵有伊川不敢忘三先生之语。"(《宋元学案·泰山学案》)

三、 程朱陆王与经学之哲理化推进

自邢昺、"三先生"开风气之先,疑传辨经遂成时代主潮,宋学规模得以立焉:欧阳修不惑传注,以己说疑经作《易童子问》,疑《易传》,排《系辞》,辨《易传·系辞》以下非孔子之言;李觏斥孟,力主"为学必欲见根本,为文必欲先义理";刘敞、苏洵发挥己意,总论群经;司马光"疑经";王安石疑《春秋》,斥其为"断烂朝报",还修撰《三经新义》,对《诗》《书》《周礼》做出新的解释。从汉学到宋学,标志着儒家经学的义理化推进,而宋学中"洛学"的崛起则昭示着经学哲理化之开启。二程兄弟在古文运动文以载道理论的基础上更进一步,提出了"经以载道"的主张。在二程看来,治学当以"趋道"为旨归,既不能惑于异端邪说,亦不能沉溺辞章义疏。"今之学者有三弊:一溺于文章,二牵于训诂,三惑于异端。苟无此三者,则将何归?必趋于道矣。"(《河南程氏遗书》卷一八)不沉溺考据训诂,重发明义理,是二程理学与宋学之所同,然二程之为二程,理学之为理学而异于宋学者在于,以义理说经、得经之本义在"二程"这里只居于第二序的位置,探求经中所载之道才是其根本归趋,而解经只是释理的手段。"由经穷理"(二程语)最能揭示二程经学思想之深刻意涵。"经所以载道也,器所以适用也。学经而不知道,治器而不适用,奚益哉?"(《河南程氏遗书》卷六)"今之学者,歧而为三:能文者谓之文士,谈经者泥为经师,惟知道者乃儒学也。"(《河南程氏遗书》卷六)治经只为穷理,二程"由经穷理"思想的提出,标志着经学理学化的开始,"所以说二程对经学的发展不限于以义理说经、批评汉学训诂考释,而是在宋学疑经惑传思潮一般特征的基础上对义理之学加以发展,把义理之学明确发展为理学,使理学占据了宋学发展的主导地位,而一般意义的义理之学让位于理学,完成了它疑经、批汉学的历史使命,成为宋学发展过程中的一个阶段和理学产生的铺垫。"①

二程主"由经穷理",把经义(诠释)与天理(本体)结合起来,已颇显理学"本体诠释"②的架构。朱熹继承发展了二程"经以载道""由经穷理"的思想进一步把经典诠释与体悟天理结合起来,通过创造性地诠释经典、发明义理来表达及说明天理这样一个活生生的宇宙本体。"以本体为本,以诠释为用",显然,朱熹把经典诠释与本体诠释充分结合起来,实已真正建构了理学的本体诠释学。"因为这种诠释不完全等同于经学诠释,它既包含了诠释经典的原义,同时也在注经的形式下从事本体论的哲学创造,为建构理本论哲学体系作论证,故称之为哲学诠释与经学诠释相结合的本体论诠释学。"③ 具体而言,朱熹是通过诠释"四书"来说明天理本体的,以穷理为指向来注解"四书",《四书章句集注》由是而来。《四书章句集注》的出现,不仅标志着儒家经典系统由"五经学"向"四书学"的转轨,而且还标志着宋学的最终确立。

二程"由经穷理"的思想,已暗含着理大于经的倾向,至象山言"六经皆我注脚"则将这一倾向夸大到了极致。可以说陆子"六经皆我注脚"的经学观是二程"由经穷理"思想合乎逻辑的发展。象山讲"学苟知本,六经皆我注脚",所谓"知本"即知心,若识得本心,"六经"不过就是心的注脚。依照象山的理解,心居第一序的绝对位置,"六经"不过心的记载。读经只为发明本心,既已识心知本,就可不立文字。"或问先生何不著书?对曰:'六经注我,我注六经。'"(《河南程氏遗书》卷六)"六经"不过我心的注脚,知本即可不必专门再去注解经典。当然,象山之说虽有轻视经典诠释的倾向,然心学得立仍需依傍经学形式,欲说明心之本体毕竟还是要诉诸经典诠释。事实上,与朱熹有类,象山也建构了心学的本体诠释学,朱熹是通过诠释经典来说明"理"本体,象山则是通过解经来说"心"。无可置疑的是,象山"六经皆我注脚"确乎是石破天惊之论,其间所充斥的解放、革新精神,代表着儒门士人打破经学旧瓶的大胆探索和尝

---

① 蔡方鹿:《中国经学与宋明理学》,北京:人民出版社,2011年版,第182页。
② 郑秋月:《对话·诠释:杜维明与成中英的美国儒学论说》,北京:中国社会科学出版社,2012年版,第228页。
③ 蔡方鹿:《朱熹经典诠释学之我见》,《文史哲》2003年第2期。

试。象山心学经学已将宋代疑经惑传的思想潮流推向了最高峰，明代王阳明继承发展了陆九渊"六经皆我注脚"的思想，把吾心（道）与"六经"结合起来，强调"六经者非他，吾心之常道"，"六经"不过吾心的记籍，"故'六经者'，吾心之记籍也。而'六经'之实，则具于吾心，犹之产业库藏之实积，种种色色，具存于其家。其记籍者，特名状数目而已。"（《稽山书院尊经阁记》，《王阳明全集》卷七）返求"六经"只为发明本心，读经要在致良知，这正是阳明"四书、五经不过说这心体""凡看经书，要在致吾之良知"的心学经学观。从象山"六经皆我注脚"到阳明"四书、五经不过说这心体"，标志着心学经学的最终确立。

（原载于《中国哲学史》2014年第1期；合作者：郑治文）

"形中"生活儒学与儒学的重构

当代儒学重构的实现,必须对宋明以来的儒学理论取向加以重新审视。笔者认为:宋明儒学之所以远迈汉唐儒学,理学之为理学,就在于对形上超越之"天理世界"的开拓与守护,从周敦颐、张载到二程、朱熹,宋儒由下到上层层推进儒家形上超越价值理想的追求,此一路向以朱熹为峰,至朱熹言"理在事先",将理学之"天理世界"引向超越极端,程朱之理学遂日成远离生活世界、虚玄高远的清谈玄学,此即立理学之"形上绝对""纯粹超越"之"极"。明代以心学、气学为代表的"反理学"思潮则要求回归真真切切的生活世界,面对一具有物质性的实存世界,此即宋明理学从天理世界到百姓日用的理论展开。然明代此面对物质世界、回归生活世界的思潮发展至罗钦顺以万物之生长收藏为理,王艮、李贽以穿衣吃饭为理,其所谓理学不过就是沉溺于物、滞于世俗、淡漠人文价值理想的功利器械之学了,理学之超越价值理想就尽被消解,理学也就不成其为理学,此即立"形下绝对""纯粹经验"之"极"。在宋明理学游走两极的理论走向借鉴和启示之下,徐复观先生之"形而中学"秉持和发扬了"执两用中"的儒学传统。我们认为在探求现代新儒学转向之途时,或可将其作为重要的展开向度。以此路向展开的儒学,其实就是"生活儒学"。

一、游走两极:宋明理学的理论展开

先秦轴心时期中国文化之突破,可以"北孔南老,对垒互峙"概之。"老道孔儒"代表中国南北两种文化不同之气质和精神,遂成中国文化儒道互补之基本格局。对于老子、孔子所代表的中国南北两学之不同特质,王国维和梁启超有着极为精彩的论述。王国维说:"周末时之两大思潮,可分为南北两派。北派气局雄大,意志强健,不偏于理论而专为实行。南派反之,气象幽玄,理想高超,不涉于实践而专为思辨。是盖地理之影响使然也。今吾人欲求其例,则于楚人有老子,思辨之代表也;于鲁人有孔子,实践之代表也。"①与此相类似,梁启超则指出:"故其(北学)学术思想,常务实际,切人事,贵力行,重经验,而修身齐家治国利群之道术,最发达焉。……探玄理,出世界;齐物我,平阶级;轻私爱,厌繁文;明自然,顺本性:此南学之精神也。"②将孔子与老子对比,我们不难发现孔子儒学务实际、切人事、重经验的显著特点,确实专于人伦物理,而乏于形上哲思。当然,我们引述以上论断,并非要做一番黑格尔式的论证,而旨在说明孔子儒学超越意识淡薄、哲学思辨缺乏之短。正因为如此,陈来才说:"在中国的这一过程(轴心时期的文化突破)里,更多的似乎是认识到神与神性的局限性,而更多地趋向此世和'人间性',对于它来说,与其说是'超越的'突破,毋宁说是'人文的'转向。"③翻阅《论语》,我们会看到孔子谈仁说礼,并非超拔到性命天道的层面立言,如《公冶长》:"夫子之文章,可得而闻也;夫子之言性与天道,不可得而闻也。"《论语》作为一"交谈性经典",其所以区别于"启示性经典",就在于它所体现的是一种"交谈的哲学""场所的哲学",它为我们展示的是一幅人类生活世界的图景,它所重视的是人之作为一"活生生的实存而有"这样的存在④。显而易见,基于《论语》所展现的生活世界图景,"孔子儒学超越意识淡薄"当为中肯之论。

孔子儒学中超越精神的淡薄甚至缺失,其后学对此并非全然无察,《易传》《孟子》《中庸》中就充满了这种理论自觉和反思,《易传》言"与天地合其德",《孟子》讲"尽心知性知天",《中庸》也说"诚者,天之道也;诚之者,人之道也"。"易孟庸"试图为儒家心性伦理学说寻求形上的论证,然《易传》所论之天道秩序只是"易有太极,是生两仪,两仪生四

---

① 王国维:《孔子之学说》,载姚淦铭、王燕编《王国维文集》第3卷,北京:中国文史出版社,1997年版,第108页。
② 梁启超:《论中国学术思想变迁之大势》,上海:上海古籍出版社,2001年版,第25—26页。
③ 陈来:《古代宗教与伦理:儒家思想的根源》,北京:生活·读书·新知三联书店,1996年版,第4页。
④ 林安梧:《儒学革命:从"新儒学"到"后新儒学"》,北京:商务印书馆,2011年版,第7页。

象，四象生八卦"的宇宙生成图式；孟子虽能推本于天，但这种本源之天只有生成论之意义，未及本体论的层面；《中庸》之诚颇具本体之意蕴，然因其回答不了天道为何具有伦理属性的问题，"诚"实难归于本体论的范畴。不过，《易传》与"孟庸"虽然未能构筑起儒家形而上学的本体论体系，但开启了儒家哲学化的两种不同路向。遗憾的是，汉唐儒者却未能接续此学以扩而充之，以至于汉唐儒学持久开展却终未能实现儒家哲学化的建构。正是基于这种认识，程志华将先秦至汉唐间的儒学定为"实存道德描述形态"，他认为此一时期的儒学以对实存道德的描述和对道德理想的设计为特征，"在根本上是非玄思的，而是实存描述的；是非本体抽象的，而是道德实践的"①。应该说，实存描述的道德实践之学，比较准确地把握了汉唐儒学的基本精神。

汉魏以降，在与佛道长期的争鸣竞逐中，实存道德描述形态下的儒学，其形上超越精神缺失的弱点暴露无遗：乏于抽象之哲思，既经不住玄风吹拂，又挡不住般若妙智的冲击；宗教超越精神淡漠，既不足以与道教羽化飞仙、长生久视之道相论争，更难于与佛教因果报应、生死轮回之说相抗衡。"儒门淡薄，收拾不住，皆归释氏"，势所必然。儒家欲振衰继绝，回应佛道，必得对症下药，入室操戈，取长补短，援引释老，和合创新，以成一"圆教式"新文化合体。形上超越世界的开拓、哲学思辨精神的提升，便成了儒学所面临最切实之问题情境。依循"问题——答案"之逻辑，真正为谋求儒学新动向而开出答案的是宋代诸儒。所以说，真正接着"易孟庸"讲的当是宋儒，他们超迈汉唐，远溯先秦，遥接孔孟易庸，再次开启了儒家哲学化之历程。这就是王国维所说的："儒家之有哲学，自《易》之《系辞》《说卦》二传及《中庸》始。……故至于宋代，此书遂为诸儒哲学之根柢。周子之言'太极'，张子之言'太虚'，程子、朱子之言'理'，皆视为宇宙人生之根本，与《中庸》之言诚无异，故亦特尊此书，跻诸《论》《孟》之列。"②

此一过程，可以"道学之首"周敦颐推本于天道以明人伦的"太极"

---

① 程志华：《"中断性"语境下的儒学发展"三期说"》，《学习论坛》2006 年第 10 期，第 58—62 页。
② 王国维：《书辜氏汤生英译〈中庸〉后》，载姚淦铭、王燕编：《王国维文集》第 3 卷，第 44 页。

之说为起点，然真正有较大创见的当首推张载。荀子曾以"蔽于天而不知人"概括庄学之短，张载却以深刻的洞见，自觉"知人而不知天"为儒家大蔽①，以此尽揭先秦汉唐儒学形上超越精神缺乏的弱点。正是基于这种一针见血的深刻批判和反思，张载对症切弊，进行了卓有成效的理论创构。张载之学以"太虚即气"的气论思想最为著名，其气本论的学说无疑开拓了儒家形上本体论的新境界。然就儒家宗教超越精神的提升而言，其天地之性与气质之性的划分则更具价值。他说："形而后有气质之性，善反之，则天地之性存焉。故气质之性，君子有弗性焉。"② 在区分了天地之性和气质之性两个层面后，张载遂以超越于具体善恶的"纯然至善"作为天地之性的基本规定，这样，"如果说气质之性表征了现实人生之实然基础一面，那么，天地之性则揭示了人生的形上根底与超越性的理想一面。对宋明理学来说，这无疑是一个新世界的开辟。……张载对理学最大的贡献，就是从实然世界掘发了这一先验而又超越的理想世界；而理学之所以超越于汉唐儒学，也就主要表现在对这一价值理想的承认与守护上"③。可见，自张载明人性天地、气质之别，儒家之学超越与实然、理想与现实、本体与现象、形上与形下两个世界方由此得以分野。

张载"天地之性"的提出，掘发了实然世界之上一个先验而又超越的理想世界，虽有大功于儒学，却未能对这个世界做一番本体论式的论证，而这个空白正是由程颢、程颐二程填补起来了。二程之学接续张载而有精进，在张载"太虚即气"和"两个世界"划分的基础上，将其"太虚即气"转为太虚是道。道者，理也，二程以无形的太虚为理，为形而上之道，气只是形而下之器，"阴阳，气也，形而下也。道，太虚也，形而上也"④。更重要的是，二程在区分形上、形下的基础上进一步突出了道的本根地位，这就表现在他们对阴阳之气和"所以阴阳者"之道的划分。"离了阴阳更无

---

① [元] 脱脱等：《宋史》卷四二七，北京：中华书局，1977年版，第12724页。
② [宋] 张载：《正蒙·诚明篇》，载 [宋] 张载著、章锡琛点校：《张载集》，北京：中华书局，1978年版，第23页。
③ 丁为祥：《从宋明人性论的演变看理学的总体走向及其内在张力》，《陕西师范大学学报》（哲学社会科学版）2006年第5期，第72—80页。
④ [宋] 程颢、程颐著，王孝鱼点校：《二程集·河南程氏粹言》卷一，北京：中华书局，2004年版，第1180页。

道,所以阴阳者是道也。"① 这里,二程虽也承认道气不离,但道既为"所以阴阳者",就把其本体意义彰显出来了。换言之,二程那里虽有"两个世界"的划分,却明显偏重对形上"天理世界"的超拔和提升。理学之为理学,二程之为二程者,其关键正在于此。所以,他们当然可以自豪地宣称:"吾学虽有所受,天理二字却是自家体贴出来。"② 可以说,自二程言"天理",终于原创性地构筑了儒家形上超越的本体世界,其所谓"自家体贴出来"之理,就是指把理提升为形上的本体论范畴。

如果说张载偏重讲气、二程偏重言理,作为理学之集大成者,朱熹的最大贡献则在于综合理、气,构筑了较为圆满的"理气"宇宙论模式。他说:"天地之间,有理有气。理也者,形而上之道也,生物之本也;气也者,形而下之器也,生物之具也。是以人、物之生,必禀此理,然后有性;必禀此气,然后有形。"③ 与二程相类,朱熹虽也有形上、形下之区分,却更重"生物之本"的形上之理,这主要表现在其理气先后的论说上。朱熹虽也承认"天下未有无理之气,亦未有无气之理""理未尝离乎气"④,却又强调:"然理形而上者,气形而下者,自形而上下言,岂无先后?"⑤ 朱熹晚年对这个问题的认识就更加成熟深刻了,"或问'理在先,气在后'。曰:理与气本无先后之可言,但推上去时,却如理在先,气在后相似"⑥。这就是说,理气无所谓先后,但逻辑上有一种先后关系。所谓理在气先是指逻辑上在先,而不是时间上在先。这种逻辑在先的思想实际上还是强调理是本,是体,是第一性的,气是第二性的⑦。总之,程朱之学重形上、形下两个世界的区分,又特别强调形上天理世界的超越意义。若我们再细致考察朱学体系中"理气"关系统摄下天地之性、气质之性的区分,这一点就更加明显了,他说:"论天地之性,则专指理言;论气质之性,则以理与气杂而言之。"⑧ 天地之性既以"纯然至善"为基本规定,理的超越意义就不言

---

① [宋] 程颢、程颐著,王孝鱼点校:《二程集·河南程氏遗书》卷十五,第162页。
② [宋] 程颢、程颐著,王孝鱼点校:《二程集·河南程氏外书》卷十二,第424页。
③ [宋] 朱熹:《朱文公文集》卷五十八,《四部丛刊》本。
④ [宋] 黎靖德编、王星贤点校:《朱子语类》卷一,北京:中华书局,1986年版,第2页。
⑤ [宋] 黎靖德编、王星贤点校:《朱子语类》卷一,第3页。
⑥ [宋] 黎靖德编、王星贤点校:《朱子语类》卷一,第3页。
⑦ 陈来:《宋明理学》,上海:华东师范大学出版社,2003年版,第129页。
⑧ [宋] 朱熹:《朱文公文集》卷五十六,文渊阁《四库全书》本。

自明了。

程朱理学本体论的建构，为儒家道德学说奠定了坚实的形上基础，实现了儒学形态由"实存道德描述"向"道德形上学"的转变，这就极大地提升了儒家的哲学思辨水平，开拓了儒家形上超越的世界，由此也就成功回应了佛道的挑战，重建了中华人文价值理想。理学之所以为理学，其所以超迈汉唐儒学之处，正在于形上超越之理想世界的开拓与守护。从周敦颐、张载到二程、朱熹，大概就走完了这一历程。至朱子出，理学造极，同时也标志着其理论建构趋于停滞。程朱对天理世界的不断拔举和提升，虽成功回应了儒学所临"佛道挑战，人伦颓丧"的困境，然当朱熹极言"理在事先"的时候，也就将儒学引上了形上超越的极端，所带来的不仅是使儒学日益脱离活生生的生活世界而沦为空谈心性的玄学清谈；在绝对超验的"天理世界"统治下，更造成了道德本体之超我对自我的压抑和束缚。朱熹说："未有这事，先有这理。如未有君臣，已先有君臣之理；未有父子，已先有父子之理。"① 君臣父子夫妇之理既先于人而存在，人生就只有被动地去接受这个理，即毫无条件地去遵循践履儒家"三纲"之教了。这正如杨国荣所说："正统理学以性体为道德本体，并以此为前提，要求化心为性。在性体形式下，普遍的道德规范构成了涵摄个体的超验原则，本体被理解为决定个体存在的先天本质，自我的在世成为一个不断接受形而上之规范塑造、支配的过程。由此导致的，往往是先验的超我对自我的压抑。"② 朱熹之后，程朱之学已无太大活力可言，衰落之势不可避免，正是在这种背景下出现了明代的"反理学"思潮。明代理学之基本精神，一言以蔽之，即是对正统理学的否定和拨正，此可以心学、气学两种路向论之，心学之理论追求在于解构程朱形上学，把人从虚玄高远的天理世界解放出来，复归现实之生活世界；气学之理论追求则在于消解程朱抽象本质的天理世界，面对一具体、实存的物质世界。

我们先由阳明心学说起。程朱追求超乎形器之上那个超越的天理世界，由此而成两个世界的二分甚至根本对立，朱熹"即物穷理"之工夫又难于

---

① [宋]黎靖德编、王星贤点校：《朱子语类》卷九十五，第2436页。
② 杨国荣：《心学的理论走向与内在紧张》，《文史哲》1997年第4期。

实现其通贯为一。理气二分之逻辑延伸必然是知行也分而为二，程朱学强调"即物穷理"，要先明道德之理才有道德之行，由此出现了道德知识与道德践履之间的巨大鸿沟。也就是说，程朱虽把儒家道德学说安放于形上超越的理之上，然对这个"理"的坚守，只愈使儒家道德形上学教人一种心性修炼的内向工夫，并不能为其道德学说提供一种根源性的实践动力。经过"格竹之理"的失败，王阳明深刻认识到了程朱此蔽，转而接续陆九渊之学，开始了其"心世界"的建构。他认为只有在"心"形上、形下两个世界才能获得一致和统一，由此也才能真正从本源上克服程朱之"蔽"。陆九渊说："万物森然于方寸之间，满心而发，充塞宇宙，无非此理。"① 王阳明对此做了更进一步的发挥："此心在物则为理。"② 这样，在阳明心学中就根本不存在那个超乎人心和具体器物之上的形上世界。

对于王阳明解构理学形上学的巨大思想意义，张世英在将之与海德格尔进行比较后，提出了精彩深刻的论说。他认为："阳明的这些思想颇与海德格尔相似。海德格尔反对旧形而上学的本体论，反对有超时空的抽象的本质世界，类似王阳明之反对程朱的理学，反对有抽象的理……海德格尔在西方哲学史上起了打破旧形而上学本体论的传统，把人从抽象本质世界中解放出来的作用，人的独立自主性被海德格尔拉回到了现实的具体的世界中，王阳明在中国哲学史上也有着打破形而上学观点，把人心从抽象的理的世界中拉回到唯一现实的具体世界中的首创精神。"③ 林安梧也指出，王阳明此一番的思想革命，"打破了此带有专制性的形式性原理，而开发了道德主体的实践动力，将整个儒学引到平民百姓的伦常日用中。自此，儒学不再只是要去归返形上的本体，不再只是要去符合社会的规范；而是要由存在当下真实的感动去开启'一体之仁'的伦常日用之业。这是面对存在真实的主体能动性而走向活生生的生活世界，使得人之为人，成为一活生生的实存而有的'生活学'"④。这或许就是王阳明自己所宣称的，其学可"不离日用常行中，直造先天未画前"。

---

① ［宋］陆九渊著、钟哲点校：《陆九渊集》卷三十四，北京：中华书局，1980年版，第423页。
② ［宋］王守仁著、王晓昕等点校：《阳明先生集要》卷二，北京：中华书局，2008年版，第127页。
③ 张世英：《程朱陆王哲学与西方近现代哲学》，《文史哲》1992年第5期。
④ 林安梧：《儒学革命——从"新儒学"到"后新儒学"》，北京：商务印书馆，2011年版，第73—74页。

王阳明之后，其后学进一步将这一消解理学形上学、回归生活世界的思潮推向了高峰，最后甚至出现了王学反面的"异端"之学。此一过程以泰州王艮之"百姓日用即道"为中转过渡，后由颜山农、何心隐、李贽等推向极端。黄宗羲有言，泰州学派传至颜山农、何心隐一派，"遂复非名教之所能羁络矣"，"诸公掀翻天地，前不见有古人，后不见有来者"①。如果说王艮百姓日用与圣人之道的结合多少还有点对儒家人文价值理想的执守，自李贽倡"穿衣吃饭，即是人伦物理"，又言"无私则无心""自然之性乃自然真道学"，儒家人文价值理想就趋于黯淡无光了。其"不以圣人之是非为是非"之论，虽有冲决网罗的进步意义，却也有怀疑一切价值之嫌疑。这正是梁启超先生所说的："王阳明这边的末流，也放纵得不成话，如何心隐、李卓吾等辈，简直变成一个'花和尚'。他们提倡的'酒色财气不碍菩提路'，把个人道德、社会道德一切藩篱都冲破了。"②张立文也认为，王艮、李贽之学是阳明思想逻辑发展的必然，当王阳明大讲"人人皆可为尧舜""满街都是圣人"时，便无形中破坏了圣人的超人的神光，圣人便下降为凡人。圣人泛化也就无所谓圣人，丧失了超人的光环和神圣，也就意味着价值理想的失落、精神家园的没落，"它造成了以主体自我去否定孔子之言的真理性，客观上起着反对旧权威、旧教条的思想解放的作用；另外，高扬自我心去代替外在的'天理'的人们解除了外在的枷锁，获得自我心的自由，即心灵世界的自由，亦必然与现实社会的一切规范发生冲突，而被目为异端"③。总之，当阳明后学王艮、李贽专言百姓日用、穿衣吃饭之理时，以超越性为基本追求的理学也就不成其为理学了。所以，我们可以这样说，阳明心学解构程朱理学还只是理学内部的一次调整和补救，而心学本身的分化、解构，则标志着整个理学走向了解构。

明代对程朱理学解构而与阳明心学并重的是气学，此种路向由明初的曹端、薛瑄开其端，中经罗钦顺、王廷相，而由王夫之集其大成。程朱理学形上超越的天理世界主要是立基于其"理先气后"之说上，明代气学解构程朱理学就是由针对性地否定"理先气后"而言"理在气中"开始，此

---

① [清]黄宗羲撰、沈芝盈点校：《明儒学案》卷三十二，北京：中华书局，2008年版，第703页。
② 梁启超：《中国近三百年学术史》，天津：天津古籍出版社，2004年版，第4页。
③ 张立文：《宋明理学研究》，北京：人民出版社，2002年版，第32—33页。

以薛瑄为主要代表。薛瑄对朱熹"理在天地之先"的种种说法提出了质疑，主张理涵乎气中，不可分先后，"理只在气中，决不可分先后。如太极动而生阳，动前是静，静便是气，岂可说理先而气后也"①。薛瑄之学虽未摆脱程朱理本论的基本立场，却是明代气学发展的基础环节。薛瑄之后就出现了以罗钦顺、王廷相为代表的气本论思想，罗钦顺讲"气本一也"，至于"理"只是"依于气而立，附于气以行"，而反映"四时温凉寒暑""万物生长收藏"的具体物之理，由天理到物理，理之超越意义被彻底消解了，所谓理学就不能成其为理学而只是器物之学了。这样一来，正如丁为祥所指出的那样，气学就将面临人生无形上依据、人生的至善追求以及人与动物区别何在的问题。于是，王夫之出而纠其偏。作为气学之集大成者，他一面强调"性者，生之理也"，一面又试图以"日生日成"来说明人性之善的形成。但事实上，船山之学并未能克服气学之蔽，其"性，日生日成"之论，"本来是要加重人的自我选择与后天努力的比重，但当他将人性追溯到禀气赋形之'生理'层面时，儒家自孟子以来的性善论基础就要发生动摇了，儒家仁爱思想的形上依据——普遍必然性也就不复存在了；与之相应，那些曾经引导人们无止境追求的'道'、'正义'，也就淹没于宇宙的气机生化与历史的器识轮转中了"②。由此可见，气学发展至罗钦顺以"四时之温凉寒暑，万物之生长收藏"为理、王夫之讲"性者，生之理"时，理学中的超越价值理想（天理世界、天地之性）尽被丢弃，所谓气学就很难说不是沉溺于物、落于世俗的器识之学了。

回溯宋明理学发展之历程，宋代、明代理学之开展呈现两种相反的哲学致思路向：从周敦颐、张载到二程、朱熹等宋儒，由下到上层层推进和提升儒家形上超越价值理想的追求，此一路向以朱熹为峰，至朱熹言"理在事先"，将理学之天理世界引向超越极端，程朱之理学遂日成远离生活世界、虚玄高远的清谈玄学，此即立理学之"形上绝对""纯粹超越"之极。明代以气学、心学为代表的"反理学"思潮，反其道而行，要求面对一具有物质性的真实的实存世界，要求由超越先验的天理世界层层下降回归至

---

① [清] 黄宗羲撰、沈芝盈点校：《明儒学案》卷七，第119页。
② 丁为祥：《从宋明人性论的演变看理学的总体走向及其内在张力》，《陕西师范大学学报》（哲学社会科学版）2006年第5期，第72—80页。

真真切切的生活场景，此一路向分以罗钦顺、李贽为峰，至罗钦顺以万物之生长收藏为理，李贽倡穿衣吃饭之理，分别将理学形上超越之价值理想消解，以超越性著称的理学也就不成其为理学而全被解构了，此即立理学之"形下绝对""纯粹经验"之极。由此可见，在佛道挑战、人伦颓丧的时代语境下，程朱所着力建构的儒家道德形而上学，虽可为其道德学说确立坚实的形上根底，对重建儒家人文价值理想，抚慰人心、净化心灵等有深远意义，然形而上学的追求和提升也可能会使儒学蜕变为超然于世、藐视世俗、流于空谈、乏于践行的玄虚之学。与此相反，明代以反理学面目出现的心学、气学，虽可把人从抽象高远的天理世界中解放出来，复归真切的生活世界、实存的物质世界而言人伦物理、百姓日用，对发展社会经济、增进人之幸福等发挥重要影响，然形而下学的拓展和推进也可能使儒学蜕变为专注于物、滞于世俗、淡漠人文价值理想的功利器械之学。诚所谓"前事不忘后事之师"，有鉴于宋明儒学形而上、下两极游走的偏执，我们在思考后新儒学的致思路向时，徐复观先生之"形而中学"实值得珍视和阐发。

二、 后新儒学展开之可能向度——形而中的生活儒学

无论有多少人非难现代新儒家"内圣开出新外王"的理论追求，亦不论有多少人讥讽其为良知的傲慢，我们都不得不承认这样一个事实：今天我们在探求儒家思想新的发展动向时，现代新儒学都是一个不可逾越的儒学传统。换言之，所谓儒家思想新发展动向的问题，更准确地说就是后新儒学时代儒家思想何去何从的问题。对后新儒学展开之可能向度的探研，就必须从新儒学的理论立场出发，对其做一番批判继承、创造发展的工夫，在深究其成败利钝的基础上，结合新的时代语境，去故取新，融化新知，以为儒家思想的新开展找到一可通可行之路径。

论及现代新儒学展开的思想路径，冯友兰先生"接着宋明讲"一语较为形象、贴切。宋明理学以形上超越为其主要理论追求，现代新儒学之主流系统熊十力、唐君毅、牟宗三一系主要就接续了宋明理学形上超越的路径，唐君毅之道德理想主义的追求、牟宗三之道德形上学的创构无不如此。当然，欲对现代新儒学形上超越化之路径有较真切的理解，或许不需要多

么精湛高深的哲思，而更需要一番历史发生原因的考察。现代新儒学所起之时代语境，可以"西学东渐""文化危机"概之。近代以来，国门洞开，泰西之学挟兵威而至，中学阵地层层退失，从"中学为体，西学为用"，到"西学为体，中学为用"，直到最后"全盘西化，尽弃中学"，当五四新文化运动中"打倒孔家店"之论调甚嚣尘上时，中国文化就到了岌岌可危的地步。值此学绝道丧之时，梁漱溟、熊十力等人物出而欲扭此颓势，接续斯文，其所以如此就必要说出令人信服之理由。简言之，现代新儒学的理论建构就是要回答儒家思想存活于世的合法性问题，其理论预设就是要回应古今中西的问题。

"古今""中西"之问题相互纠葛，虽难全分，却各有偏指。所谓古今问题，就是在传统宗法专制社会向现代民主法制社会巨大转型、儒教中国全面解体的时代境遇下，儒家思想何以存活的问题。对此，现代新儒家以拔举提升儒学超越性的方式应之。这就是说，现代新儒家虽承认，儒家全面安排人间秩序的时代已经结束，它已不能像以前那样在社会、政治、经济各个方面发挥影响了；但同时他们更强调，儒学可以超越任何特定的社会政治经济形态，作为一种价值信仰系统存活于世而不为时空所限①。

关于这一点，我们可从牟宗三对中国文化"两个层面""两种内容"的划分中获得较为清楚的认识。在牟氏看来，中国文化分为现实与理想两个层面：现实层面对应政治、经济、科学等实质性的文化内容，属形而下之器，是经验的、常变常新的；理想层面对应价值理想、终极关怀等空灵性的文化内容，属形而上之道，是超越的、恒常不变的。他说："实质性的文化内容是'事'，空灵性的文化内容是'理'。一个民族的文化活动，不能只有'事'而没有'理'，也不能只有'理'而没有'事'。凡事都是经验的，必当随着时代的需要作适当的调整与变动。此即古人所说'可与民变易者也'。理是超越的、定然的。千百年前的人生而即当孝、悌、忠、信，今天的人生而即当孝、悌、忠、信，千百年以后的人也是生而即当孝、悌、忠、信。既无所谓调整，也无所谓变动。这即古人所说'不可与民变易者

---

① 余英时：《现代儒学论·序言》，上海：上海人民出版社，1998年版。

也'。为人之道怎么可以随便变易呢?"① 按牟宗三的说法,儒家孝、悌、忠、信等超越价值是不随古今之变而动摇的,由此也就应对了儒学危机,回答了儒学可存活于现代的问题。

所谓中西问题,这里主要是指,儒学如何面对西方哲学挑战,在与之沟通、对话的基础上谋求现代发展的问题。具体说就是,儒学要存活于世就必要以一种哲学的方式存在,而其要成其为哲学就必要接受西方模式的形塑与改造。因此,对中西之问题,儒学也就只能本于自家传统(主要就是宋明理学),援引西学(主要是西方哲学形上学),实现自身的哲学化以应之,而这也就是林安梧所说新儒家开出的对中国文化形而上保存的方式。林先生认为,以熊十力、牟宗三为主要代表的现代新儒家,其最大贡献在于挺立道德主体,克服整个存在的意义危机,他们对此是通过一种形而上保存的方式来实现的。这就是"通过宋明理学、陆王心学的整个传统,重新去验证它,而这样验证的方式基本上就是把整个当代儒学接到宋明理学的陆王心学,而把陆王心学往上提,通过熊十力到牟宗三把它提到一种超越的层面,比较形式地来谈这个道德本心,而最后往上提,几乎把它提到一个超越绝对的地步"②。可见,所谓"形上保存"也主要是一种超越性提升的方式。

以形上超越为主要路径展开的新儒学,在继承、保存、发扬、创新中国文化方面无疑做出了极其重要的贡献。然而,当牟宗三把"接着宋明讲"的新儒学"提到一个超越绝对的地步"时,儒家之道德价值理想就很难"落实在整个历史社会总体间"(林安梧语)而作为一现实道德实践的开启。如比之于宋明理学,我们或许会更清楚地认识到这点。其实,新儒学发展至牟宗三,有类于宋明理学发展至朱熹立"形上绝对""超越至上"之极,理学遂日成超然于世、清高脱俗的清谈玄学。与此相类似,牟宗三先生的道德形而上学也有此特点,难怪林安梧会称其为高狂俊逸的哲学家,"康德意义下的智的直觉只有上帝才有这样的可能,在牟先生的系统中,却把人提到上帝的层次,再从上帝下返到人间,就好像已经究竟地证道了,再作

---

① 牟宗三:《中国文化大动脉中的终极关心问题》,载牟宗三著《牟宗三先生全集》第23卷,台北:联经出版事业公司,2003年版,第427—428页。
② 林安梧:《儒学革命——从"新儒学"到"后新儒学"》,第286页。

为菩萨下凡人间，而开启现代化的可能性。这样的理解方式，我以为可以用蔡仁厚所说的'高狂俊逸'这句话来形容，牟先生是一高狂俊逸的哲学家，果然！"① 诚然，牟先生此高狂俊逸之哲学，难免有疏离生活世界，以心性修养代替道德实践的偏执。

或许正是洞见了这种偏执，牟宗三之后所谓批判的新儒学所由出，遂成护教的新儒学与批判的新儒学之分野。所谓批判的新儒学，就是指对新儒学持一批判继承、创造发展的态度，在批判继承之基础上创构一面向生活世界、面向历史社会总体之道德实践的后新儒学，从而开启一个后新儒学的时代，林安梧即是其中主要代表，当然成中英也早有此理论自觉。不过，我们在这里并不打算引述林、成两位先生有关后新儒学的具体论说，而重在探讨宋明理学理论走向启示下后新儒学展开之可能向度的问题。有鉴于宋明理学两极游走的偏执，我们认为在批判继承新儒学探求后新儒学开展之方向时，为避免再立纯超越、纯经验的两极，而使后新儒学沦为专注于物、滞于世俗、淡漠人文价值理想的功利器械之学，我们应反身向后去看，着力去回顾和阐发现代新儒学中一个被忽略的传统，此即徐复观先生的"形而中学"。

徐复观先生可谓现代新儒家中的"异端人物"，他并不同意以唐君毅、牟宗三为代表的主流派援引西方哲学形而上学来形塑和改造儒家形而上学的做法。在他看来，"这种比附多系曲说，有没却儒家真正精神的危险"②。所以，他要求儒家形而上学的构建，"须由其基本性格上做工夫"，而儒家的基本性格就在于它其实是一种形而中学。对儒家形而中学的基本性格的界定，完全是其"自家体贴出来"，是在对儒家中庸之道深刻把握后发明出来的。

徐复观指出："儒家思想以道德为中心，而《中庸》指出了道德的内在而超越的性格，因而确立了道德的基础。"中庸之道为何能确立儒家道德价值的根基呢？他认为，《中庸》开宗明义，"天命之谓性，率性之谓道"就说明了这个问题。"率性之谓道"，此道即系后面所说的五伦的达道。人道

---

① 林安梧：《儒学革命——从"新儒学"到"后新儒学"》，第295页。
② 徐复观：《儒家精神之基本性格及其限定与新生》，载李维武编《徐复观文集》第2卷，武汉：湖北人民出版社，2002年版，第62页。

之所以成立，据《中庸》的说法，乃根源于每一人内在之性，而非仅依靠来自外在的条件。若如经验主义者，以道德为来自外在的条件，则道德将决定于条件，而不决定于人的意志，人对道德便缺乏了主宰性。因此，人对于道德，没有必然的关系，道德即在人的身上生不稳根。《中庸》说"率性之谓道"，乃指出道即系每人的内在之性，有是人，必有是性；有是性，必有是道。至于《中庸》"天命之谓性"的意义，徐复观接着进行了这样的解读，他说："然若仅指出道德之内在性，固可显见道与各个人之必然歇着，但并不能显见人与人，及人与物之共同关系。人我及人物之共同关系不显，则性仅能成为孤明自照，或仅成为一生理之存在，而道德之普遍性不能成立，于是所谓道德之必然性，亦成为无意义的东西。所以《中庸》在'率性之谓道'的上面，要追溯出一个'天命之谓性'。"对于徐氏之看法，我们可以这样来理解，《中庸》为何能确立儒家道德之基础，就在于其所说的性。性是儒家道德价值的根源，它是超越而内在的，"天命之谓性"是就其超越性而言，由此就立定了儒家道德的普遍必然性；"率性之谓道"是就其内在性而言，性即内在于人就获得了具体性、现实性、生活性的保证。性唯具超越又内在之性格方可确立人道之基，纯经验无超越之性只是生物本能之存在；纯超越无内在之性只是抽象空洞的名词。儒家道德价值之挺立就在于其内在而超越的中庸性格，唯有坚守此道，无过无不及，恰如其分，不偏不倚，方可避免纯超越、纯经验上下两极对立之情形，这也正是徐复观所指出的，"道德必在群体中显见，不能形成群体，遂及至于不承认道德存在的权利，这便是今日纯经验的个人主题所发的问题。从纯超越的观点去认定道，道便不能内在于每一个人生命之中以成就个体的价值，结果，群体和某种较高的价值，皆成为脱离现实生活的抽象而空洞的名词，再由少数人掌握住此类名词以君临恣睢于万人之上……人类历史，一直是在上下两极的对立搏斗之中，互相激荡，互相起伏，看不出一条根本解决的道路"。以上就是徐复观先生对儒家中庸之道的理解和肯认，在他看来，儒家道德的基础在于内在而又超越的性，而将此内在于人的（心）性设定为人生价值的源泉，正是儒家中庸之道的基本要求，也是儒家为解决纯经验、纯超越上下两极对立所开出的良方。这正是他说的："从纯文化理念的观点来说，中国内在而起来的超越性的文化，将个体价值与群体要求融合在一起，实际为人类提供了此一道路。在此一内在而超越的文化中，一个人的生理与理性合为一体，流到外面的作用上去，个体与群体同时得到和谐。中庸之所谓中和，即指的是这种内在与超越合一的'性'，及由此性所发生的成己成物的和谐作用。内在而言'致中和，天地位焉'，乃有其真实的内容与其确实地条贯，而不是浮言泛语。这是中国文化的核心，这是《中庸》承先启后的第一贡献。"[1] 基于对儒家"致中和"之基本性格的深切体认，徐复观提出了"心的文化"和"形而中学"的著名论说。

他认为，"文化是人性对生活的一种自觉态度，而这种态度本质上是一种价值判断"，文化既作为一种价值系统，就避免不了价值根源设定的问题，而这也正是把握文化性格的关键。依托于自己对儒家"致中和"之基本精神的理解，他指出，儒家道德的基础在于内在而又超越的（心）性，而以此（心）性作为价值根源的中国文化就是一种心的文化。这个"心"既非外在于人上的道，亦非外在于人下的器，而是真正存于人生命中的心，所以这种"心"的文化既非形而上学，亦非形而下学，而是形而中学。他说："《易传》中有几句容易发生误解的话，'形而上者谓之道，形而下者谓之器。'这里所说的'道'，指的是天道，'形'在战国中期指的是人的身体，即指人而言，'器'是指为人所用的器物。这两句话的意思是说在人之上者为天道，在人之下的是器物，这是以人为中心所分的上下。而人的心则在人体之中，假如按照原来的意思把话说全，便应添一句'形而中者谓之心'。所以心的文化、心的哲学，只能称为'形而中学'，而不应讲成形而上学。"[2] 形而中学是一种对形而上学和形而下学的兼顾与扬弃，它是同时相对于形而上、下而言的，相对于形而上学，它更注重经验界、现象界和人的实存，排斥宗教以及神秘的治学倾向；相对于形而下学，它强调精神境界的中和之美，从而贬抑物质性、实证性以及工具性的宰制。它是一种辩证中和的方法，其基本要求在于：从两极到中介，执两用中；寓道于

---

[1] 徐复观：《论中庸的地位问题——谨就正于钱宾四先生》，载徐复观著《中国思想史论集》，上海：上海书店出版社，2004年版，第61—62页。
[2] 徐复观：《心的文化》，载徐复观者《中国思想史论集》，上海：上海书店出版社，2004年版，第212页。

器，以器载道；体用合一，明体达用；极高明而道中庸；既穷极思辨又不离日用常行；既要求真又要寓俗；既能上得来又能下得去①。徐复观认为这才是儒家之真精神，所以他主张儒家思想的新开展须在其"致中和""形而中"的基本性格上做工夫去实现。

在我们看来，有鉴于宋明理学游走于纯超越、纯经验的上下两极，后新儒学的开展就必要对形上、形下有所兼顾和扬弃，做到既有形而上之道又有形而下之器，以器载道，道器不离，有本有末，本末相即，明体达用，体用合一，此即形而中学的基本要求。所以，徐复观先生之"形中儒学"应可作为后新儒学展开的可能向度，而以此路径展开的儒学其实就是生活儒学，这点在徐复观先生那里早已有了明确论说。他指出，形而中学充分体现了中国文化的中庸之道，其主要内容在于：

第一，形而中学不是由推理中推出来的，而是在生命中、在生活中体验得来的，且可在生活、生命中得到证明的。第二，形而中学不仅从生命、生活中来，而且还要在生命、生活中落实。也就是说，它是从实践中来，向实践中去，它不只是理论，还要落实到实践。第三，形而中学是社会性的道理，即，它不仅由个人来实行，而且社会大众都能实行②。首先，形而中学在生命、生活中体验得来又在其中得到证明，此即黄玉顺所认为的，儒家的态度是一种对生活的领悟与肯认，儒家是一种由生活感悟所导出的立场，其本源乃在于生活情感，正是在这样的生活情感的本源上，儒家建构着儒学③。其次，形而中学不仅从生命、生活中来而且又要落实于其中，这种落实不仅是个人的又是大众的，此即强调形而中学要面向生活世界，面向历史社会总体之实践。形而中学与生活儒学之相类相通可见一斑。如果在进一步引述生活儒学的有关论说，我们对此或许会有更为深切的认同。黄玉顺指出：生活儒学是儒家的一种当代主义思考，其所以提出这样的致思路向，主要意图就是要实现三个超越：超越关注形而层面的原教旨主义（前现代主义）的危险、悖谬；超越关注形而上层面的现代主义的漂浮无根；超越拒斥形而上学的后现代主义的价值虚无。因此，在他看来，我们

---

① 邱本：《形中法学论纲》，中国法学网。
② 程志华：《中国近现代儒学史》，北京：人民出版社，2010年版，第184页。
③ 黄玉顺：《儒学当代复兴的思想视域问题——儒学三期新论》，《周易研究》2008年第1期。

今天的任务不是彻底拒绝形而上学，而是重建儒家形而上学，并且在这个基础上重建形而下学。至于怎么重建？黄玉顺认为：我们需要一种新的思想视域，去超越那种传统的形上学、形下学。必须回到儒家的一种真正的、比形上学和形下学更原初的思想视域，回到那样一种作为真正的大本大源的观念之中，然后再来重新建构形上学、形下学，此即生活存在的思想视域①。至此，我们发现，黄玉顺以生活存在的思想视域展开生活儒学的思考，与徐复观依儒家形而中学的基本性格做功夫去建构其形而上学的设想是完全一致的。

此外，龚鹏程对生活儒学应该性的界定，更加彰显了生活儒学与形而中学的契合。龚先生以对古典儒学的考察为基础，提出生命儒学转向生活儒学的主张。在龚氏看来："生活儒学的应该性可由两方面得到说明：第一，儒学的本来结构就是上下一贯的，儒学既有形而上的部分，也有形而下的部分，既有"道"的部分，也有"器"的部分；第二，由儒学发展历史看，明清以降，之所以出现反道学、反礼教的言论，正说明儒学关注生活、走向生活之必要。而且，生活儒学不仅是儒学本有特质，对于儒学的现代开展也有价值，现今应将生命的儒学，转向生活的儒学。"②

由此可见，形而中的儒学其实就是生活儒学，更准确地说，生活儒学就是以形而中学为路径而展开的儒学：生活儒学既有本源情感的发问，此可贬抑物质性、实证性和工具性的宰制；又有生活世界的落实，此即注重经验界、现象界和人的实存。这就是说，生活儒学灌注着形而中学的基本精神，也正因为如此，形而中的生活儒学似可作为后新儒学展开之可能向度。总之，后新儒学时代，我们期许这样一种形而中的生活儒学：以出世的精神成就入世的事业，以入世的方式求达出世的境界；构建彼岸世界以改造此岸世界，关心此在以通向彼在；倾心反思批判以指导实践实证，立足实践实证但融入反思批判；追问人生本义又关心柴米油盐，关注日用常行又求安身立命之本；充当人类导师当能通明世事人情，奔忙于世事俗务

---

① 黄玉顺：《儒学复兴的两条路线及其超越——儒家当代主义的若干思考》，《西南民族大学学报》2009年第1期。

② 李承贵：《当代儒学的五种形态》，《天津社会科学》2008年第6期。

而不怠于精神教化；发明本心但能形之于器具，诉诸器具但能倾听良智的呼唤①。

三、"执两用中"与儒学重构

笔者以形中生活儒学作为在当代实现儒学重构的主要路径，也是对儒学"执两用中"原则的秉持和发扬。笔者认为：贵和尚中是中国文化精神的基本表达，儒道两家哲学之神髓尽在于此，儒守中庸，道法自然。儒家讲中庸之道，反对"过"和"不及"，力图做到恰如其分，恰到好处，以此维持事物稳定和社会和谐；道家道法自然之旨则反对瞎折腾，强调自然而然，顺势而为，"治大国，若烹小鲜"，此一精神与儒家中庸之旨多有暗合。当然，作为中国文化之主脉，贵和尚中之精神在儒家那里表现得最为充分、完整。"中"的思想萌于三代，在儒家创始人孔子那里得到了创造性发展，孔子不仅首次将"中"与"庸"连用，提出了"中庸"的概念，而且还将中庸提升为一种至上的道德行为准则和哲学方法论，《论语·雍也》："子曰：'中庸之为德也，其至矣乎！民鲜久矣。'"对于"中庸"的哲学方法论，孔子也有明确的界说，《论语·先进》："子贡问：'师与商也孰贤？'子曰：'师也过，商也不及。'曰：'然则师愈与？'子曰：'过犹不及。'"《中庸》转述孔子的话有云："舜其大知也与！舜好问而好察迩言，隐恶而扬善，执其两端，用其中于民，其斯以为舜乎！"在孔子看来，中庸的方法就是要先执"过"与"不及"两端，然后取法乎中，不偏不倚，恰到好处。所谓"执两用中"一语最能概括孔子中庸之微旨。

孔子的中庸之道并不止于一种论说，此一精神现于孔子思想学说、日用常行的各个方面。在文化教育方面，《论语·雍也》："子曰：'质胜文则野，文胜质则史。文质彬彬，然后君子。'"所谓"彬彬"就是一种合乎中庸的状态。《论语·子路》："子曰：'不得中行而与之，必也狂狷乎！狂者进取，狷者有所不为也。'"最为重要的是，孔子整个思想体系也是以中庸之法来贯穿协和的。众所周知，孔子整个思想学说以礼、仁、中庸为三大

---

① 邱本：《形中法学论纲》，中国法学网。

要件，其思想的起点是礼，他创立儒学起于补礼纠礼的致思路向。春秋之世，周文疲敝，礼乐不兴，孔子欲兴亡继绝，接替斯文，就必要对礼有一番因时制宜、损益革新的处理。孔子之为孔子，就在于他敏求善思，自家体贴出了礼背后那个更为重要的根本——仁。孔子述礼作仁，纳仁于礼，为古老的礼乐文化重新注入了生机与活力。由此，礼学得以存，仁学得以立，儒学得以开。这里值得指出的是，当面临文化保守与创新的困惑与纠结时，孔子应之于述而有作之道，礼是述中来，仁是作而得，仁礼合一，谓之儒学。这样，他就基本回应了文化保守与创新两极分疏的问题，而其述而有作的致思路向也已在自觉不自觉中展现了"执两用中"的睿识。

如果说孔子述而有作，纳仁于礼，还未有"执两用中"的方法自觉的话，其在和合礼仁、冶为一炉的理论创制过程中则明确表现了"执两用中"的慧思。述礼作仁是孔子创立儒学的基本线索，但这并不意味着仁、礼简单拼凑相加就自然化生儒学，言礼不及仁，非儒也；言仁不及礼，亦非儒也；仁礼和合，真儒之谓。所谓调和礼、仁，就是要对礼、仁关系做一番明确的论说，以实现两者的和谐互动、感通为一。当然，这种论说并非一般意义上的关系界定、逻辑说明，而是涉及传统资源与现代精神如何沟通为一化生新的文化合体的深层问题。那么，该怎样实现这种古今的对接呢？孔子虽把仁界定为礼之本，但并未因仁而废礼。在孔子看来，仁与礼是不可偏废、内外合一的。如果仁不外化为礼而现于日用常行间就不能实现其价值，此即《论语·颜渊》所谓"克己复礼为仁"。同样，如果外在的礼失去了内在之仁做支撑，那么礼就流于形式、虚文，此即《论语·八佾》所谓："人而不仁，如礼何？人而不仁，如乐何？"《论语·阳货》所谓："礼云礼云，玉帛云乎哉？乐云乐云，钟鼓云乎哉？"我们可以说，孔子是以平衡互济来界定二者关系的，而正是在仁、礼的互济平衡中，他发现了事物相互依存、相互渗透的那个度，当他借用古语"允执厥中"的"中"来界定这个度时，"执两用中"的中庸睿识就豁然明朗了。可见，礼、仁、中庸代表了孔子思想的三个发展阶段，正是出于对礼、仁关系的调和界定"逼"出了孔子的中庸之思[①]。言至此，如果我们再反观孔子的整个思想架构就会

---

① 张秉楠：《礼、仁、中庸——孔子思想的演进》，《中国社会科学》1990年第4期。

发现，礼和仁代表了他思想的两极，中庸则贯穿其间，整合礼、仁，实现二者的平衡互济、沟通和谐。

孔子以中庸"执两用中"为指导，成功实现了礼、仁两极的统合为一，化生了仁礼和合的儒学。如果我们把孔子礼和仁的两极做进一步分解，就会析出文化的保守与创新（传统与现代）、外在的礼法约束与内在的道德自觉、他律式的遵从恪守（克己复礼）与自律式的自觉主动（人能弘道）、规范建设与情感建设、社会存有与心性修养、超越理想与世俗价值等多重分疏。在这样的两极分野中，孔子以执两用中的高超智慧将之沟通为一，不偏不倚，恰到好处，取法乎中，无过无不及，遂避免了游走两极的偏执，成就了仁礼合一的原始儒学这一阳刚劲健、元气淋漓、生生和谐、可大可久的思想系统。难怪方东美将原始儒家判为最健康的生命腔调，他说："儒家思想乃是一发挥生命创造、阳刚劲健、元气淋漓、生机弥漫而广大和谐之哲学体系。"①

时至今日，当我们在新的时代语境下反思儒家的困境，为其摆脱游魂之命运、实现重构与新生而劳神伤思时，儒家"执两用中"的睿识，或可为我们提供一种借鉴和指引。今天谈儒学的重建，仍不可回避自鸦片战争以来文化上一直纠结的"古今中西"整合的时代主题，儒家传统的现代性转化、儒家思想与世界各大文明传统的对话沟通，应是儒学复兴的题中应有之义。正像杜维明先生所认为的，第三期儒学发展的核心课题已经不仅是儒学传统自身在中国这一范围内如何进行转化和更新的问题，还包括如何进入中文世界以外的整个世界，而与以西方文明为代表的其他文明进行对话沟通的问题②。这就是说，儒学重构与复兴需要我们着力回应传统与现代、本土性与世界性两极分疏的问题。就传统与现代的分疏而言，如何避免传统与现代两元对立的思维模式，深陷纯然保守复古的迷局，亦或坠入断裂精神继承、彻底文化否定的误区，这就要我们在传统与现代的两极之间取一平衡，把握一个度，无所偏倚，恰到好处。这正是儒家"执两用中"睿识的基本要求。以此慧思指导我们破解传统与现代两极分疏的难题，就

---

① 黄克剑、钟小霖编：《当代新儒学八大家集·方东美集》，北京：群言出版社，1993年版，第244页。
② 彭国翔：《宗教对话——儒学第三期开展的核心课题》，《孔子研究》2006年第3期。

是要我们在回应文化保守与创新的纠结时能够秉持这样一种态度：文化之民族性继承必以时代性为指引，文化之时代性转换必以民族性为依托①。

同样，创造性诠释儒家"执两用中"的睿识，以破解世界性与本土性两极分疏的问题，就要我们避免非此即彼的选择，"不是只走全球化，而把根源性的问题取消；也不是回到根源性的原初性的联系而不顾及全球化。这两方面必须兼顾"②。这就是说，一方面，在全球化的大潮下，"独白的时代"已然成为历史，"对话的时代"已经到来。在对话的时代，"不对话，即死亡"（史威德勒语）或显言过其实，然一个文明传统要想真正找到其所以存活于世的理由，就必要积极参与文明对话，唯其如此，才能明自身之优劣短长，亦可收互惠互利、交流互济之效；另一方面，在融入世界大潮、参与文明对话的同时，又要始终保持高度的文化自觉，文明对话的参与和文化主体性之坚守并行不悖，无所偏倚。可见，儒家所临中西整合的问题，在这种整合中要重视儒家文化主体性之确立。这其中包括"中华民族在与世界多元文明交流融汇过程中，要先确立中国文化的主体性，再强调和而不同、和平共处等；在当今中国文化内部多元思潮和思想观念、学术流派纷杂的情况下，要确立儒学的主体性"③。因此，全球化时代的儒学，不仅是中国的，更是世界的，本土性的意义与世界性的意涵两方面都要有所观照，不可偏废。林安梧认为：无本土性的儒学是无根的儒学，无世界性的儒学是无眼的儒学。

当然，儒学的重建与复兴所临之问题情境，除却"古今中西"的文化论争外，还应包括对当代新儒家的超越省思，思考超越意义与世俗价值、创造进取与收敛保聚、心性修养论与社会存有论、个体修养与社会正义等两极分疏的问题，合而言之，就是境界理想如何与现实生活结合的问题。欲破此种种分疏，我们仍然完全可以借鉴孔子和合礼仁、创立儒学的成功经验，援引儒家"执两用中"的睿识以提供某种方法论上的指引。这样，我们就会发现"执两用中"的原则其实就体现为牟宗三先生所说"尊乾法坤"的具体方法。"尊乾法坤"的构想是牟氏晚年对新儒学反思内省所取得

---

① 傅永聚、郑治文：《文化发展的"变"与"常"》，《光明日报》2011 年 12 月 30 日。
② [美] 杜维明著、彭国翔编译：《儒家传统与文明对话》，北京：人民出版社，2010 年版，第 23 页。
③ 韩星：《中国文化通论》，西安：陕西师范大学出版社，2010 年版，第 302 页。

的成果。或许是深刻洞见了将儒学引向形上超越一隅，带来脱离历史社会总体，以心性修养代替道德实践的偏执，牟先生才有了"法坤""贵成"的思量。所谓"法坤""贵成"就是强调要收敛保聚、要实践落实。他说："从宇宙论立场讲，乾元是创造性原则，坤元是保聚原则。假定没有这个保聚原则，乾元那个创造就像火车头横冲直撞，就是虚无主义。无收敛的创造就是虚无主义。上帝创造，一定创造万物，离开万物不能讲创造。……这个时代，你不要轻视这个'成'字，不要轻视坤元所代表的这个'成'。……现实人生一定要取法于坤道，不取法于坤道，你不能开发，也不能有所完成。儒家的精神、道德实践讲道德修养，统统在坤卦里面、在坤象里面、在坤文言里面，所以，道德实践就是法坤。人需要道德实践，你这个生命就有坤元。我们人的生命有创造性，也有实践性，上帝只有创造性，上帝不需要实践。实践就是通过修养工夫把道德体现出来，儒家讲实践都在坤元里。"[①] 以儒家"执两用中"的原则观之，牟先生尊乾法坤、乾坤并建的致思路向实值得我们坚守和开拓。因为尊乾法坤正是儒家"执两用中"之旨的具体应用。

总之，创造性地诠释儒家"执两用中"的精义以指导儒学的重构与建设，或可像刘述先阐发"理一分殊"的睿识那样，收到"两行之理"不断回环的效果："由内在到超越，由超越到内在；由局部到全体，由全体到局部；由具体到抽象，由抽象到具体；由对立到统一，由统一到对立；由多到一，由一到多……不断回环，无穷无已，永不封闭，永远开放。"[②] 这样广大和谐、元气淋漓的儒学系统或许才能够合乎时代的要求，与时偕行，生生不息，可大可久，绵延不辍。"形中"生活儒学，正秉持和发扬"执两用中"这一儒学传统，应该成为当代儒学重构的重要取向。

（原载于《文史哲》2014年第3期；合作者：郑治文）

[①] 牟宗三：《儒家"动力因"、"目的因"的表示及两种层次之说明问题》，载牟宗三著《牟宗三先生全集》第31卷，第37—39页。
[②] 刘述先著、东方朔编：《儒家哲学研究——问题、方法及未来开展》，上海：上海古籍出版社，2010年版，第10页。

理一分殊与儒学重建

——兼与蒋国保先生商榷

近来蒋国保先生发表《儒学三次复兴的当代启示》一文,认为"通过对儒学三次复兴历史的分析与总结,说明当代(当下生活的时代)循宗教的、哲学的、生活的路向复兴儒学都不足取,'世俗化'应是其所应遵循的路向。"[①] 同样是基于儒学三次复兴历史的考察,对此我们却有不同看法。首先,针对蒋先生"循世俗化路向复兴儒学"的说法,我们提出,鉴于儒学三次复兴游走于世俗与神圣、现实与理想、形下与形上两极之偏执,儒学重建要回归孔子之道,以"极高明而道中庸"为其普遍规约(理一);其次,就蒋先生当代儒学复兴"宗教的、哲学的、生活的路向不可取"的观点,我们认为,当代社会问题的纷繁复杂以及儒家传统本身的多层面、多维度决定了儒学的当代重建可以而且也应该是多元的(分殊);最后,我们揭示了"理一分殊与儒学重建"的主题,强调宋儒"理一分殊"的睿识可以作为儒学当代重建的方法论指引。

一、"两极游走,取法乎中"——三次儒学复兴的当代启示

以汉武帝"罢黜百家,表彰六经"为标志,儒学在汉代实现了第一次复兴。对此,蒋先生认为,这次儒学复兴运动的结果是化"学"为"术",

---

① 蒋国保:《儒学三次复兴的当代启示》,《孔子研究》2013年第3期。

将原始儒家的世俗儒学变为汉唐儒家的工具儒学,"儒家世俗精神的失落,使儒学丧失了收拾人心的影响力,让普通民众一时难于寻找精神寄托"。与此相反,我们认为,从原始儒家到汉唐儒家并非由世俗儒学向工具儒学,而是由重道德价值理想的儒学向世俗儒学、工具儒学、政治化儒学的蜕变;也并非因为世俗精神失落使儒学丧失了收拾人心的影响力,而恰恰是因为太过世俗,忘却了对原始儒家超越之价值理想的守护,才会有此心灵家园失守的困境。这种以政治化来谋求儒学新发展的尝试,在推动儒学走向复兴的同时,也造成了其自身的封闭和僵化,这主要表现在以下两个方面:第一,遗失了原始儒学"以道抗势""从道不从君"的抗议精神,沦为与专制政体合流的工具儒学;第二,这种失落超越价值理想的世俗儒学,难有收拾人心的效果,普通民众唯有另觅精神依托。

与专制政体结合的工具儒学,因没有了对道的坚守,没有了以人文道德理想来转化现实政权的强烈追求,极容易屈从于政治权威,为专制政治所腐蚀。正如有论者指出的,这种和封建主义汇流的政治化儒家的一个重要特征就是:在社会上引发成为保守主义,基本上是对权威的依赖和信任,没有革命精神,也没有抗议精神[1]。成中英先生也认为,"两汉之后,儒学的生命不足以救助中国社会和政治上的流弊,根本缺乏了反省批判精神,以后就变成挂漏度日了"[2]。显然,缺乏反省批判精神的工具儒学自然不能再奢求"在本朝美政";而这种失落超越价值理想的世俗儒学亦难实现"在下位美俗"。东汉末年,外戚、宦官交替专权,政治黑暗,社会动荡,经济凋敝,民不聊生,苦不堪言的人们唯有另觅精神他途,以抚慰心灵、安顿灵魂,于是佛老之学趁势而起。

魏晋以降,在与佛道长期的争鸣竞逐中,这种"实存道德描述形态"下的儒学,形上超越精神缺失的弱点暴露无遗:乏于抽象之哲思,既经不住玄风吹拂,又挡不住般若妙智的冲击;宗教超越精神淡漠,既不足以与道教羽化飞仙、长生久视之道相论争,更难于与佛教因果报应、生死轮回

---

[1] 奚刘琴:《第三代新儒家的儒学诠释与创新》,北京:中国社会科学出版社,2011年版,第189—190页。
[2] 成中英:《现代新儒学建立的基础——"仁学"与"人学"合一之道》,载李翔海、邓克武主编《成中英文集》第2卷,武汉:湖北人民出版社,2006年版,第398页。

之说相抗衡。"儒门淡薄，收拾不住，皆归释氏"，势所必然。儒家欲振衰继绝，回应佛道，必得对症下药，取长补短：援引释老，和合创新，以成一"圆教式"新文化合体。诚然，形上超越世界的开拓、哲学思辨精神的提升，便成了儒学所面临最切实之问题情境。依循"问题——答案"之逻辑，真正为谋求儒学复兴而开出答案的是宋代诸儒。他们超迈汉唐，远溯先秦，遥接孔孟易庸，重新建构儒家超越之道德价值理想。

此一过程，以"道学之首"周敦颐推本于天道以明人伦的"太极"之说为起点，然真正有较大创见的首推横渠。横渠之学以"太虚即气"的气论思想最为著名，其气本论的学说无疑开拓了儒家本体论的新境界，然就超越精神的提升而言，其天地之性与气质之性的划分则更具价值。"如果说气质之性表征了现实人生之实然基础一面，那么，天地之性则揭示了人生的形上根底与超越性的理想一面。对宋明理学来说，这无疑是一个新世界的开辟……张载对理学最大的贡献，就是从实然世界掘发了这一先验而又超越的理想世界；而理学之所以超越于汉唐儒学，也就主要表现在对这一价值理想的承认与守护上。"① 可见，自横渠明人性天地、气质之别，儒家之学超越与实然、理想与现实两个世界所由分也。

张载"天地之性"的提出，掘发了实然世界之上一个先验而又超越的理想世界，虽有大功于圣门，却未能对这个世界做一番本体论式的论证，而这个空白正是由张载后学"二程"填补起来的。二程之学接续横渠而有精进，在张学"太虚即气"和"两个世界"划分的基础上，将其"太虚即气"转为太虚是道。道者，理也，二程以无形的太虚为理，为形而上之道，气只是形而下之器，"阴阳，气也，形而下也。道，太虚也，形而上也"②。更重要的是，二程在区分形上、形下的基础上进一步突出了"道"的本根地位，这就表现在他们阴阳之气和"所以阴阳者"之道的划分。"离了阴阳更无道，所以阴阳者是道也。"③ 这里，二程虽也承认道气不离，但"道"既为"所以阴阳者"，这就把其本体意义彰显出来了，换言之，二程那里虽

---

① 丁为祥：《从宋明人性论的演变看理学的总体走向及其内在张力》，《陕西师范大学学报》（哲学社会科学版）2006年第5期。
② [宋] 程颢、程颐著，王孝鱼点校：《二程集》，北京：中华书局，1981年版，第1180、162页。
③ [宋] 程颢、程颐著，王孝鱼点校：《二程集》，北京：中华书局，1981年版，第1180、162页。

有"两个世界"的划分,却明显偏重对形上"天理世界"的超拔和提升,理学之为理学,二程之为二程者,其意在此也。

作为理学之集大成者,朱熹的最大贡献在于收容"理""气",构筑了较为圆满的理气宇宙论模式。他说:"天地之间,有理有气。理也者,形而上之道也,生物之本也;气也者,形而下之器也,生物之具也。是以人、物之生,必禀此理,然后有性;必禀此气,然后有形。"① 与二程相类,朱熹虽也有形上、形下之区分,却更重"生物之本"的形上之"理",这主要表现在其理气先后的论说上。朱熹虽也承认"理未尝离乎气",却又强调:"然理形而上者,气形而下者,自形而上下言,岂无先后?"② 这就是说,理气逻辑上有一种先后关系,所谓理在气先是指逻辑上的在先,不是时间上在先。这种逻辑在先的思想实际上还是强调理是本体,是第一性的,气是第二性的。总之,程朱之学重形上、形下两个世界的区分,又特别强调形上天理世界的超越意义。

程朱"理"本论的建构,为儒家道德学说奠定了坚实的形上基础,实现了儒学形态由"实存道德描述"向道德形上学的转变,这就极大地提升了儒家的哲学思辨水平,开拓了儒家形上超越的世界,由此也就成功回应了佛道的挑战,重建了中华人文价值理想,实现了儒学的第二次复兴。理学之为理学,其所超迈汉唐儒学之处,正在于形上超越之理想世界的开拓与守护,从濂溪、横渠到二程、朱熹大概就走完了这一历程,至朱子出,理学造极,标志着其理论建构趋于停滞,程朱对天理世界的不断拔举和提升,虽成功回应了儒学所面临"佛道挑战,人伦颓丧"的困境,然当朱子大言"理在事先"的时候也就将儒学引上了形上超越的极端,所带来的不仅是使儒学日益脱离活生生的生活世界而沦为空谈心性的玄学清谈;在绝对超验的天理世界统治下,所造成的是道德本体之超我对自我的压抑和束缚。朱熹说:"未有这事,先有这理。如未有君臣,已先有君臣之理;未有父子,已先有父子之理。"③ 君臣父子夫妇之理既先于人而存在,人生而就

---

① 朱杰人、严佐之、刘永翔主编:《朱子全书》第23册,上海:上海古籍出版社;合肥:安徽教育出版社,2002年版,第2755页。
② 朱杰人、严佐之、刘永翔主编:《朱子全书》第14册,第115页。
③ 朱杰人、严佐之、刘永翔主编:《朱子全书》第17册,第3204页。

只有被动地去接受这个理,即毫无条件地去遵循践履儒家"三纲"之教了。正如杨国荣先生所说:"正统理学以性体为道德本体,并以此为前提,要求化心为性。在性体形式下,普遍的道德规范构成了涵摄个体的超验原则,本体被理解为决定个体存在的先天本质,自我的在世成为一个不断接受形而上之规范塑造、支配的过程。由此导致的,往往是先验的超我对自我的压抑。"① 由此可见,这种形上超越的追求和提升,也可能会使儒学蜕变为超然于世、藐视世俗、流于空谈、乏于践行的玄虚之学。

继宋明理学后,现代新儒学可以算是儒学的第三次复兴。论及现代新儒学展开的思想路径,冯友兰先生"接着宋明讲"一语较为形象、贴切。宋明理学以形上超越为其主要理论追求,现代新儒学之主流系统熊十力、唐君毅、牟宗三一系主要就是接续宋明理学形上超越的路径,熊十力之新唯识学、唐君毅之道德理想主义、牟宗三之道德形上学无不如此,这也就是林安梧所说新儒家开出的对中国文化的形上保存方式。林先生认为,以熊十力、牟宗三为主要代表的现代新儒家,其最大贡献在于挺立道德主体,克服整个存在的意义危机,对此他们是通过一种形而上保存的方式来实现的。这"就是通过整个宋明理学、陆王心学的整个传统,重新去验证它,而这样验证的方式基本上就是把整个当代儒学接到宋明理学的陆王心学,而把陆王心学往上提,通过熊十力到牟宗三把它提到一种超越的层面,比较形式面地来谈这个道德本心,而最后往上提,几乎把它提到一个超越绝对的地步。"② 可见,所谓形上保存也主要是一种超越性提升的方式。

以形上超越为主要路径展开的新儒学,在继承、保存、发扬、创新中国文化方面无疑做出了极其重要的贡献。然而,当牟宗三把"接着宋明讲"的新儒学"提到一个超越绝对的地步"时,儒家之道德价值理想就很难"落实在整个历史社会总体间"(林安梧语)而作为一现实道德实践的开启。如比之于宋明理学,我们或许会更清楚地认识到这点。其实,新儒学发展至牟宗三,有类于宋明理学发展至朱熹立"形上绝对""超越至上"之"极",理学遂日成超然于世、清高脱俗的清谈玄学。与此相类,牟宗三先

---

① 杨国荣:《心学的理论走向与内在紧张》,《文史哲》1997 年第 4 期。
② 林安梧:《儒学革命——从"新儒学"到"后新儒学"》,北京:商务印书馆,2011 年版,第 286、295 页。

生的道德形而上学也有此特点，难怪林安梧会称其为"高狂俊逸的哲学家"，"康德意义下的智的直觉只有上帝才有这样的可能，在牟先生的系统中，却把人提到上帝的层次，再从上帝下返到人间，就好像已经究竟地证道了，再作为菩萨下凡人间，而开启现代化的可能性。这样的理解方式，我以为可以用蔡仁厚先生所说的'高狂俊逸'这句话来形容，牟先生是一高狂俊逸的哲学家，果然！"① 诚然，牟先生此高狂俊逸之哲学，难免也有疏离生活世界、以心性修养代替道德实践的偏执。

或许正是洞见了这种偏执，牟宗三之后所谓"批判的新儒学"所由出，遂成护教的新儒学与批判的新儒学之分野。所谓批判的新儒学，就是指对新儒学持一批判继承、创造发展的态度，在批判继承之基础上创构一面向生活世界、面向历史社会总体之道德实践的后新儒学，从而开启一个后新儒学的时代，林安梧先生即是其中主要代表。不过，这里我们并不打算引述林先生有关后新儒学的具体论说，而重在探讨三次儒学复兴启示下后新儒学（当代儒学）展开之可能向度的问题。对此，蒋国保先生认为，宗教的、哲学的、生活的路径皆不足取，当代儒学应向世俗化推进。坦白地说，在后新儒学的时代语境下，我们完全理解蒋先生期望儒学走出书斋、切入当代社会的良苦用心，然民间化与世俗化两个概念虽有交叉却不能混同。所谓儒学民间化是指让儒学走出书斋，走出讲堂，"来到我们身边，活在我们中间"，即以大众喜闻乐见的形式令妇孺皆知，如春风化雨般教化国民；而所谓世俗化则是指儒家将理论重心从神圣世界转向世俗世界的问题。恰如刘伟先生所指出的，"世俗化是对神圣性日益消退的概括，不等于所谓高深理论的平民化。平民化的学术取向与精英文化相反，它强调思想学术应该以民众的语言、思维方式、实际需求作为参照和目的，反对烦琐的义理架构与文本考证，主张通俗易懂、简洁明快的话语风格，进而适应民众的生活日用。儒家应该以谨慎的态度应对世俗化的危机，在现代社会中恢复神圣价值的应有地位，发挥儒家的教化作用，防止出现民粹主义倾向，在精英与平民之间搭建共通的桥梁，真正推进儒学的现代转化。"② 由此可见，

---

① 林安梧：《儒学革命——从"新儒学"到"后新儒学"》，北京：商务印书馆，2011年版，第286、295页。

② 刘伟：《儒家应当慎重应对世俗化挑战》，2012年2月1日，儒家网。

即便是出于对宋明理学、现代新儒学之道德形上学的批判和省思，后新儒学时代的儒家论说也应以民间化、平民化、大众化、生活化为宜，径直以儒学走世俗化道路是一种危险的尝试。有鉴于三次儒学复兴两极游走的偏执，我们认为在批判继承新儒学探求后新儒学开展之方向时，为避免再立纯经验、纯世俗的两极，而使后新儒学沦为专注于物、滞于世俗、淡漠人文价值理想的功利器械之学。由此，我们反身向后去看，回归源头，接上孔子之道，光大儒家"极高明而道中庸"的真精神。

二、"极高明而道中庸"——孔子之"道"与儒学之"常"

孔子之"道"是仁礼合一之道，其主要特点在于：既高举远瞻，又平实切近；既是终极关怀，又不离人伦日用；既是形上超越之道，又是百姓日用之道。《论语》中论"道"多与"仁"相连，比如：

子曰："富与贵，是人之所欲也；不以其道得之，不处也。贫与贱，是人之所恶也；不以其道得之，不去也。君子去仁，恶乎成名？君子无终食之间违仁，造次必于是，颠沛必于是。"①

子曰："志于道，据于德，依于仁，游于艺。"②

曾子曰："士不可以不弘毅，任重而道远。仁以为己任，不亦重乎？死而后已，不亦远乎？"③

上引数语明白地指出了道与仁不可分割的关系，据此，以孔子之道为仁道也似无不可。这个仁道，一方面是孔子的终极托付之所在，"朝闻道，夕死可矣"，可以清楚地看到道作为人的终极关怀的宗教意涵；另一方面"人能弘道，非道弘人"又分明地揭示了"道不远人"的重要特点，所谓"仁远乎哉？我欲仁，斯仁至矣。"（《论语·述而》）"为仁由己，而由人乎哉？"（《论语·颜渊》）此之谓也。当作为礼之本的内在的仁显发为用而成为外在的礼时，又可化民成俗，落实于穿衣吃饭、日用常行之间。小至视听言动、举手投足、婚丧嫁娶、送往迎来，大至行军作战、为政治国皆要

---

① 《论语·里仁》。
② 《论语·述而》。
③ 《论语·泰伯》。

合乎礼。《论语》有言如是：

  颜渊问仁。子曰："克己复礼为仁。一日克己复礼，天下归仁焉。为仁由己，而由人乎哉？"颜渊曰："请问其目。"子曰："非礼勿视，非礼勿听，非礼勿言，非礼勿动。"①

  孟懿子问孝。子曰："无违。"樊迟御，子告之曰："孟孙问孝于我，我对曰：'无违。'"樊迟曰："何谓也？"子曰："生，事之以礼；死，葬之以礼，祭之以礼。"②

  子曰："能以礼让为国乎？何有？不能以礼让为国，如礼何？"③

当我们一言一行、待人接物都依礼而行时，自可"求仁得仁""从容中道"，此即孔子所谓"克己复礼为仁"。其实，这也正是芬格莱特所说的礼的神奇魅力、魔术效应。他认为，人们纯熟地实践人类社会各种角色所要求的礼仪行为，最终便可以从容中道，使人生焕发出神奇的魅力。圣人境界就是人性在不离凡俗世界的礼仪实践中所透射出的神圣光辉。④ 概而言之，"即凡而圣"四字恰切地表述了孔子仁礼合一之道的深层意涵，凡俗与神圣相即不离正是其最为显著的特点。

孔子的以上思路在《中庸》中得到了更加淋漓的体现。人与道的关系是《中庸》所关注的中心问题之一，而其立论的基点，则是道非超然于人，"道不远人。人之为道而远人，不可以为道"。道并不是与人隔绝的存在，离开了人的为道过程，道只是抽象思辨的对象，难于呈现其真切实在性。而所谓为道，则具体展开于日常的庸言庸行："君子之道，造端乎夫妇；极其至也，察乎天地。"道固然具有普遍性的品格，但它唯有在人的在世过程中才能扬弃其超越性，并向人敞开。正是在此意义上，《中庸》强调"极高明而道中庸"。中即无过无不及，"庸者，常也"。极高明意味着走向普遍之道，道中庸则表明这一过程即完成于人在生活世界中的日用常行。⑤ "极高明而道中庸"一语虽非出自孔子之口，却最能表述孔子道之本旨，可以说，

---

①《论语·颜渊》。
②《论语·为政》。
③《论语·里仁》。
④ [美] 赫伯特·芬格莱特著，彭国翔、张华译：《孔子——即凡而圣》，南京：江苏人民出版社，2002年版，第1—13页。
⑤ 杨国荣：《思想的长河——文化与人生》，北京：北京师范大学出版社，2010年版，第94页。

这也正是儒学之真精神所在。儒家传统一方面能"与时偕行""日新又新"（变），另一方面又"万变不离其宗"，终不改其"极高明而道中庸"之底色（常），这或许正是其穷变通达、可大可久的依据。恰如颜炳罡先生所言，"'极高明而道中庸'体现了儒家的精义、儒家的真精神，是儒家有别僧、道、耶、回处"①。当我们回归孔子之道、重建当代儒学时，一定要守住儒家的根，切实把握儒之为儒的真精神，致力于建构一种和合超越与内在、凡俗与神圣、理想与现实的新型儒学。

三、儒学一元化，还是多元化

与蒋先生不同，我们虽强调以"极高明而道中庸""凡俗与神圣两行平衡"作为儒学当代重建的普遍规约，却没有妨碍多元开展的排斥性观点。以下，我们主要从两方面展开具体论述：

其一，作为一博大精深、源远流长之思想系统，儒学本身是多层面、多维度的，它要有第三期发展的前景，能真正切入当代社会生活，就要掘井及泉、深掘自家资源对纷繁复杂的当代问题做出一种儒家式的回应，交上一份儒家的答卷。就此而言，当代儒学的开展应该是多元多样的，政治的、宗教的、哲学的、生活的、伦理的、民间的、对话的、诠释的、生态的等路径都值得尊重和尝试。诚如成中英先生所认为的：

> 如就现代儒学应该关注的对象而言，它的包含面可以遍及自然与社会各种活动，除传统的思辨、伦理与政治活动外，还涉及生态、气候、用能、经济、管理、商业、工程、医疗、运动、销售、消费、贸易、金融、工作、娱乐等等方面的人类活动……在此一新的认知基础上，我们可以分别建立生态儒学、环境儒学、低碳经济儒学、各种管理儒学、各种经济活动的经济儒学、医疗儒学、运动儒学等，把儒学中的形上学、本体学、伦理学与知识学导向的价值灌输到这些个别特殊具体的行为活动之中，形成可欲的价值、可行之轨范、可求之目标、

---

① 颜炳罡：《民间儒学何以可能？》，载国际儒学联合会编《国际儒学研究·第14辑 2005年国际儒学高峰论坛专集》，北京：九州出版社，2006年版。

与激励人的心志的理想。①

可见，儒学的重建是可以而且也应该是多元开放的。一定要避免那种"人皆不足取"、自我膨胀、自家独好的封闭心态，以为单凭一己之说即可包打天下、包治百病。仅仅政治、宗教、哲学、伦理、生活、世俗等一维儒学的建构都不足以推动儒学实现当代重建与复兴。事实上，那种倚恃一家之学而"全面安排人间秩序"（余英时语）的时代早已经成了历史。未来有前景和希望的儒学必然是多元和合型的儒学，真正能促成儒学实现伟大复兴的也必是集大成式的儒家无疑，而这显然是以尊重和鼓励儒学多元开展为前提的。

其二，虚无主义蔓延、世俗化不断渗透的现实世界亟待儒家的道德价值理想来实现转化，因此，在儒学复兴的过程中儒家思想系统本身所包蕴的宗教的、信仰的、超越的、理想的、超功利的维度尤其需要珍视和守护。从宗教与社会之间来看，现时代的最大特色就是世俗化。在足够世俗化的今天，谈理想、讲超越、说信仰似乎已成奢谈，信仰缺失、失却道德价值理想的坚守，结果是道德相对主义盛行、虚无主义蔓延，其现实表征就是人情淡薄、人性堕落、道德滑坡、诚信缺失、拜金享乐、精神空虚等严峻的社会问题。张立文教授在为《中华伦理范畴丛书》（中国社会科学出版社，2006年版）所写的序中说："市场经济大潮冲击下，金钱万能的魔障使人们形形色色非伦理道德的灰色心态泛滥成灾，社会日常生活中充斥着假、恶、丑。信仰危机、道德滑坡、伦理失范、良心泯灭、亲情断绝、人性乖戾……达到了触目惊心的地步！心病还要心药医！'燃灯''救心'遂成为当代有识之士的强烈呼吁和神圣使命。"沈清松先生也指出："如果问我们当代人精神上最大的危机是什么？可以用一个词语加以概括，那就是'虚无主义'。一种普遍弥漫着的生命缺乏值得奉献的价值的心灵状态，只有继续追逐眼前的快乐，尤其在所谓后现代的文化运动当中愈形凸显……其结果是今天的人类正在走过虚无主义的幽谷，而其中最值得关切的问题，就是'值得生命奉献的理由'的再发现和价值的重建与创造。"②

---

① 成中英：《当代儒学的多元发展与多元整合》，2010年12月19日，国际儒学网。
② 沈清松：《中国人价值观的传承与重建》，载沈清松主编《中国人的价值观》，北京：中国人民大学出版社，2012年版，第1页。

我们去哪儿再发现这"值得生命奉献的理由"呢？恐怕不是世俗化、政治化、功利化的儒家那里，这个理由的寻求只能诉诸讲求理想、注重超越的儒家。可见，当代儒学的出路是在以儒家的道德价值理想来转化现实，而不是以儒学的世俗化来顺应本已足够世俗的现实，以牺牲儒学超越理想、宗教信仰的祈向为代价来换得所谓儒学的普世化。事实上，遗失了超越祈向的儒学不过是空有其表的道德说教、伦理条目，甚至其作为一种道德学说都难以完全成立。众所周知，道德、政治、宗教、哲学是儒家传统四个交叉难分的基本向度，其中道德是基础，其余三者某种程度上可以说是道德之扩展和延伸。诚然，道德并不一定非要关系着政治，但对于道德是不是要包蕴宗教、哲学的问题就需要详论一番了。一种道德学说总要面对"我为什么要道德"的拷问，即凭什么来保证人们不断追求道德的进步，尤其是在德福不一致的时候，这个问题就会愈加凸显出来。怎么解决这种"二律背反"呢？康德以为，圆善（德福综合兼备）在现实人生中难以实现，因此圆善不能只期望于现象界而必须在智思界中寻求其可能性依据。这样，康德是以肯定智思界之无限存有来保证圆善实现的。肯定智思界之无限存有不外两途：一是设立上帝（人格神）存在，一是道德形上学。以为智的直觉只属上帝，不归人类，故康德取前者以论证圆善之可能。"至于儒家对无限存有的肯定则兼具上述两种形态。大体言之，孔孟以前的儒家经典较偏向于第一种形态。孔、孟则兼具第一和第二两种形态。宋儒的道德形上学则偏重于第二种形态。"[①] 比如，专就孔子学说而言，一方面以仁为礼之本，确立道德自律之旨趣，彰显个体理性之道德自觉；另一方面，为应对德福不一致的困局，以天作为道德之最终保证者，这样其道德形上学又蒙上了神学道德论的阴影[②]。当然，中西比较并非我们的论旨所在，之所以要谈圆善问题的解决之道，不过是为了说明一种道德学说既然无法绕过"我为什么要道德"的追问，其本身就应兼摄宗教的、超越的、哲学的向度。这至少提醒当代儒者去思考：在回应现实之道德困境而致力于伦理儒学、世俗儒学的建构时，是不是也有必要多倾听来自信仰儒学（宗教儒

---

① 龚道运：《儒家道德形上学解决圆善问题的现代意义》，《社会科学战线》1996年第5期。
② 王巧玲：《康德与孔子道德形而上学的比较》，《天府新论》2000年第4期。

学)、哲学儒学倡导者的声音?

可见,儒学的当代复兴与重建,宗教的、超越的、哲学的路径是可以鼓励和提倡的,更准确地说这至少应是当代儒学需要兼顾的维度,只是我们不能为宗教而宗教、为超越而超越、为哲学而哲学,全然无视世俗的价值和追求,陷入纯粹超越、形上绝对、理想空灵的误区,使儒学或难逃游魂的命运而沦为托之空言、束之高阁的无用论说,或栖身书斋会堂、高等学府、科研机构,成为少数知识精英把玩的文化奢侈品。也就是说,世俗追求(凡俗)或超越理想(神圣)本身应该是无高低优劣之分而同等重要的两个方向,切不可单向拓展,引向极端。觅求超越与内在的动态平衡、理想与现实的辩证互动、形上与形下的兼顾并进、终极关怀与人伦日用的和合为一或可成为儒学当代重建的指导性原则。这也正是刘述先先生一再强调的,"和合超越内在才是最高境界","圆满的人生是两行兼顾","两行兼顾才是安身立命之道"①。对此,回溯了儒学三次复兴的历史,我们或许已经有了深切的体认和共鸣。

四、 理一分殊与儒学重建

"理一分殊"本是伊川在解答杨时有关《西铭》的问题时所提出的睿思,他说:

> 《西铭》之为书,推理以存义,扩前圣所未发,与孟子性善、养气之论同功,岂墨氏之比哉!《西铭》明理一而分殊,墨氏则二本而无分。分殊之蔽,私胜而失仁;无分之罪,兼爱而无义。分立而推理一,以止私胜之流,仁之方也。无别而迷兼爱,至于无父之极,义之贼也。子比而同之,过矣。且谓言体而不及用。彼欲使人推而行之,本为用也,反谓不及,不亦异乎?②

朱熹继承伊川,进一步丰富了理一分殊的哲理意涵,并以之作为其形上学的重要原则。朱子以禅宗"月印万川"之喻释理一分殊,形象地说明

---

① 刘述先:《理想与现实的纠结》,长春:吉林出版集团有限责任公司,2011年版,第157、180、191页。
② [宋] 程颢、程颐著,王孝鱼点校:《二程集》,第609页。

了理一分殊即"一理而多相",也就是说,经验界之百理纷呈(众理)不过本体界之天理(理一)的各种相,作为理一的天理与分殊的众理并非两个理,亦非整体与部分的关系。"本只是一太极,而万物各有禀受,又自各全具一太极尔。如月在天,只一而已;及散在江湖,则随处而见,不可谓月已分也。"①

在今天新的时代语境下,刘述先先生以充分的问题意识给予理一分殊以创造性诠释,赋予其崭新的现代意义。他察觉到,走向二十一世纪,世界上有两种不同的趋势在同时进行着:一方面整个世界越来越变成了一个地球村,第一、二和第三世界不可分割地紧密关联在一起;另一方面民族主义、多文化主义的热潮正给予我们强大冲击,有越演越烈之势。统一与分裂、一元与多元、向心与离心,两方面竟然有同样强大的吸引力,造成了一种紧张与回避,令人难以适从。正是为了回应这个问题,近年来刘先生致力于给予理一分殊以全新的现代诠释,在宰制划一的绝对一元主义与分崩离析的相对多元主义的对立的两极之外,另觅第三条路。既寻求通贯的共识,又鼓励多样的表现,在两方面找寻一种动态的辩证的均衡。② 在通贯的共识与多样的表现之间觅求一种辩证动态的均衡就构成了理一分殊之旨的主要意涵,此正如刘先生自己所说的"容许表现层面的差异与矛盾,而不会妨碍精神层面上的契合与感通"③。

说到这里,我们不禁要问,理一分殊的哲理意蕴对儒学的当代重建到底有何启示呢?事实上,上文我们对蒋国保先生所谓"当代循宗教的、哲学的、生活的路向复兴儒学都不足取,'儒学世俗化'应是当下复兴儒学所应遵循的路向"的说法做出的两点回应,本身就切合了理一分殊之旨,或者说这应该就是理一分殊启示下的论说,只是我们还尚未直接点透罢了。以"理一分殊"作为儒学当代重建的方法论指引,就是既要鼓励当代儒学的多样表现,又要寻求某种通贯的共识。鼓励多样之表现,就要允许当代儒学的百家争鸣、百花齐放,政治的、宗教的、哲学的、伦理的、生活的

---

① 朱杰人、严佐之、刘永翔主编:《朱子全书》第 17 册,第 3167—3168 页。
② 刘述先:《理想与现实的纠结》,《自序》第 1 页。
③ 刘述先:《"理一分殊"与道德重建》,载东方朔编《儒家哲学研究——问题、方法及未来开展》,上海:上海古籍出版社,2010 年版,第 182 页。

种种路径都值得被尊重和提倡；寻求通贯之共识，就要求儒学重建要回归儒之为儒的"常"道，此即孔子说的仁。《中庸》"道并行而不相悖""极高明而道中庸"二语正好完整地概括了这两重意涵。一方面以"道并行而不相悖"（分殊）为依据，鼓励当代儒学的多元开展，使儒家价值系统各维度之合理性能够充分凸显，儒学尽可能多地为当代社会的发展提供智力保障和思想助援；另一方面有了"极高明而道中庸"（理一）的共识，当代儒学的开展既可避免游走理想与现实两极的偏执，又不会因多元而流于相对、各行其是，这样才能实现多元整合，成就多元型儒学向融合型（和合型）儒学的提升和飞跃。由此，我们也就顺便揭示了"理一分殊与儒学重建"的主题。

（原载于《孔子研究》2014年第2期；合作者：郑治文）

谁是轴心时代文化突破的主体

雅斯贝斯在《智慧之路》中认为，公元前八百年至前二百年是人类历史上的轴心时代，在此一时段整个人类精神不约而同地获得了飞跃。中国文化的转折点在春秋时期，标志是孔子和老子的出现。雅斯贝斯的这一观点充满了真知灼见，早已为文化界普遍认可。现在的疑问是：为何春秋时代成为中国文化突破的关键时期？引发这次文化突破的主体是谁？真如一些学者认为的那样，是由一批横空出世的士引爆了这次文明突破吗？

在殷商、西周的大部分时间里，中央王朝拥有绝对的文化主导权，掌握知识的祝、卜、史、宗等王官环绕在最高统治者身边为他服务。在浓重的神巫色彩的笼罩之下，春秋以前文化观照的核心其实是治政之术。中国文化的若干基因那时渐次生成，如对祖先的崇拜、对象征性仪式的重视、对天帝的敬畏、对社会等级秩序的追求，等等。春秋时期，文化下移，形成了所谓"天子失官，学在四夷"的局面。春秋时代的主题是诸侯争霸，国力强盛与否成了生死存亡的关键。如此严酷的形势之下，各国的执政卿大夫都拼命汲取前代的政治经验和统治智慧，以达到富国强兵的目的，因此《尚书》《诗经》《周易》等典籍受到重视。王官之学于贵族阶层普泛化，迅速变成了执政卿大夫阶层的思想武器。

那时的执政卿大夫阶层无论是讨论国事还是进行外交，都要对这些经典随时加以征引。从《左传》和《国语》对《尚书》援引的内容看，主要是围绕着礼展开，落脚点在德。在春秋时代的执政卿大夫看来，要想维持国家稳定，就要维护等级差别，只有这样才能很好地"使民"；维护秩序的方式是礼，以礼行政，才能保持和谐的局面；而要维护礼，就要落实于德，没有德的维护，礼就难以生根，难以延续。《左传·庄八》中鲁庄公引用

《尚书·夏书》中的一句话"皋陶迈种德，德乃降"。为政者有了德，民众就会顺从，而让民众听从指挥，才是政治成功的根本。当然要做到"使民"，对统治者要做出若干规训。在《尚书》中，德治思想已经萌芽，在春秋时期这一思想被执政卿大夫阶层反复言说、探讨和深化，并贯穿到政治实践之中，逐渐变成了贵族阶层的文化无意识。春秋时代，《诗》被纳入礼的范畴之内。无论是提出自己的政治观点，还是在外交场合，执政卿大夫经常要用《诗》来隐曲地表达，"不学《诗》，无以言"。由此可以看出，无论是《尚书》还是《诗》，都是当时以礼为核心的政治文化的一个有机构成部分：既是政治文化的思想资源，也是借此发展政治文化的跳板。礼是春秋时期最为核心的文化概念。春秋五霸明明是比拼武力，却还要打出"尊王攘夷"，因为尊王才合乎礼。

春秋时期还是中国文化走向世俗化的一个重要转折点。《小雅·雨无正》上就说："浩浩昊天，不骏其德。降丧饥馑，斩伐四周。"面对天下大乱的局面，某些统治者表现出对天的怨恨和质疑。春秋时期中央王权更为衰落，很多人开始认识到所谓的"天命""帝"或"上帝"的支撑有点靠不住，宗教文化开始动摇，现实世界受到更大关注。而春秋执政卿大夫更自觉地关注的焦点从天上移到地上，把更多的精力集中在现实统治智慧上，因此政治文化获得了空前的发展。这些执政卿大夫包括楚国的申叔时、椒举、令尹子文、老子，晋国知武子（知䓨），齐国的管仲、晏婴、陈文子，卫国的石碏、蘧伯玉，宋国的向戌，郑国的子皮，鲁国的臧僖伯、孟僖子、季武子、孟献子、臧文仲、孔子、季康子、曹刿，等等。儒家的那些基本文化观念都已经形成了，只是在春秋末年孔子出现以后，通过《论语》以及《春秋》把这些观念加以明确化、固定化和理论化；特别是引入了仁学观念，为礼文化找到人性基础，为礼文化的合法性提出了非常有力的证明。可以说，孔子是中国礼文化的集大成者。

春秋时代，诸侯分裂造成了政治的混乱，却为思想的多元化提供了条件。执政卿大夫们具有不同的个人气质，身处不同的国度、不同的职位，面临着不同的生存处境，思想倾向就会有所差异。大部分执政卿大夫的思想都近于儒家，齐国杰出政治家管仲却以强烈思想个性开辟了法家的一个源头。管仲作为国相看到了礼对于维护整个社会秩序的重要意义，但是通过道德和舆论来支撑过于乏力，因此他把法作为强有力的支撑。《管子·任法》上载："有生法，有守法，有法于法。夫生法者，君也；守法者，臣也；法于法者，民也。君臣上下贵贱皆从法，此谓为大治。"无论贵贱，都应该受到法的约束。《管子·重令》上说："亏令者死，益令者死，不行令者死，留令者死，不从令者死。五者死而无赦，唯令是视。"可见他的执法是十分严厉的。法家的苛严历来受到舆论谴责，但历代帝王也都在暗处模仿。此时还崛起了另一个思想家：老子。老子的思想也是以礼为核心的政治文化参照，不过"知雄守雌"，在批判中走到了主流政治文化思想的反面。他认为"道之尊，德之贵，夫莫之命而常自然"，主张尊重生命的自然状态，讲究无为而治，开启了自觉的生命意识。

（原载于《光明日报》2014年12月23日第16版）

颜母的教子智慧

颜母即颜征在，是春秋时期我国古代伟大教育家、思想家孔子的母亲，也是孔子的第一位启蒙老师。颜征在作为中华民族的伟大母亲，她所取得的主要成就就是培养造就了至圣孔子。

颜征在代姐出嫁并在早年丧夫后仍能一手将孔子培养成才，这都足以表现她的不平凡。《孔子家语·本姓解》记载了孔子之父叔梁纥向颜氏家族求婚和颜征在应婚的史实："伯夏生叔梁纥。虽有九女而无子。其妾生孟皮，孟皮一字伯尼，有足病。于是乃求婚于颜氏。颜氏有三女，其小曰征在。颜父问三女曰：'陬大夫虽父祖为士，然其先圣王之裔。今其人身长十尺，武力绝伦，吾甚贪之。虽年长性严，不足为疑。三子孰能为之妻？'二女莫对，征在进曰：'从父所制，将何问焉？'父曰：'即尔能矣。'遂以妻之。征在既往，庙见，以夫之年大，惧不时有男，而私祷尼丘之山以祈焉。生孔子，故名丘而字仲尼。"代姐出嫁，既反映出颜征在的孝心，即解除父亲当时面临的"二女莫对"的尴尬，又显示了颜征在在婚姻选择上的眼界和勇气。不幸的是，颜征在在小孔丘三岁时丧夫，成了单亲母亲，此后她或从事纺线织布或从事洗衣谋生，含辛茹苦将儿子抚育成人，并使儿子最终成为深刻影响中华文化精神的首位思想家，这些都足以昭示颜母本身就是一位不平凡的女性。了解和学习这样一位伟大母亲的教子智慧，对我们今天广大父母育子成才具有重要的启示。

家庭是孩子的第一所学校，父母是孩子的第一任老师。可孔子3岁时，父亲叔梁纥就去世了，这不仅给颜征在母子带来了巨大的不幸，而且也将教育儿子的重任完全交由母亲一人承担。由于颜征在的名分和她与叔梁纥正妻施氏之间的矛盾等原因，她们母子在叔梁纥家族中明显是受到歧视的。

她和儿子甚至不能参加叔梁纥的祭祀。可想而知，在这种局面下，她们的生活自然过得十分艰难。《论语·子罕》篇载："太宰问于子贡曰：'夫子圣者与？何其多能也？'子贡曰：'固天纵之将圣，又多能也。'子闻之，曰：'太宰知我乎？吾少也贱，故多能鄙事。君子多乎哉？不多也。'"孔子的这种"夫子自道"，就明确说明了这点。不过，在如此艰难的情况下，强忍悲愤、坚强勇敢的颜母却能将儿子培养成身高九尺三寸、以博学闻名的英才，应该说，那都是因为她在教育眼界、教育内容和教育理念等方面都做出了不平凡的抉择。颜母所留下的教子智慧告诉广大父母，子女教育必须在以下几个方面有所注意：

其一，营造良好的教育环境。颜母的育子眼界不平凡。她毅然改变孩子的成长环境，择良而居，从乡下的鲁源村搬到"周礼尽在鲁矣"的城里。教育环境的优劣，对孩子的成长具有重要的影响。叔梁纥去世以后，大家庭中关系复杂，矛盾甚多，鲁源村又远离鲁都中心，文化水平偏低，这对幼小孔子的成长与教育显然十分不利。于是颜母便带着儿子离开夫家，前去鲁都。颜征在认为：颜家素为鲁都大姓，父亲颜襄和颜氏族人对这对孤儿寡母肯定会施以援手的；更主要的还因当时鲁都是鲁国政治、经济、文化的中心，所谓"周礼尽在鲁矣"，文化典籍丰富，名师众多，能给儿子日后的成长提供良好的学习环境。颜母择良而居，把儿子从一个文化不发达区域带到了文化高度发达的区域。这绝非一个简单的环境的变化，而是一个诞育栋梁之材的文化大氛围的质变。

其二，选择正确的教育内容。教育内容的选择，对孩子将来成为一个有什么样知识结构的人，具有重要作用。颜母作为孔子的第一任老师，亲自施教。颜母懂得学习兴趣是孩子最好的老师的道理，也就是孔子后来悟出的"知之者不如好之者，好之者不如乐之者"。由于他们母子的居处与宗府不远，所以每到祭礼，颜母都会想办法让孔子前往参观，"孔子为儿嬉戏，常陈俎豆，设礼容"（《史记·孔子世家》）。颜母成功地将儿子的学习兴趣聚焦在前代尤其是文王周公留下的高度发达的礼乐文明上，这就奠定了孔子从小继承弘扬传统文化的志向和能力。孔子从小学习的鲁国与宗周一脉相承的礼乐文明所浸润的浓郁的尊尊和亲亲、崇尚德治、重文崇文、尊重文化传统的基本文化精神，正是孔子成年后开创的宏大的仁学体系的历史源泉。

其三，学习先进的教育理念。教育理念先进与否，对孩子创新精神的培养起到弥足轻重的作用。小孔丘到该上学年龄时，由于家境贫寒，颜母无力送他到正规学校接受系统教育，在亲临施教礼仪的同时，只能让儿子在"少也贱"的艰苦条件下，在"多能鄙事"的同时，以自学为主，养成了"入太庙，每事问"的习礼传统。"丘之好学"，自学成才，更能体现颜母对儿子独立自主精神养成的良苦用心。颜母对孔子性格的影响是全方位的：忍辱负重，坚强自立，文质彬彬，温文尔雅。孔子成人后"斯文在兹""期月可成"的历史担当风骨，正是颜母从小精心塑就。同时，为了开阔视野，颜征在还充分利用娘家的教育资源，让父亲颜襄参与对孔子的家教。颜襄是一位饱学之士，博古通今，能够让女儿识字识礼，可以见其开明。父亲的直接传授，使颜征在不仅仅积累了丰富的见识和学养，而且在教育理念和礼仪操守上也有很高的修养。她把父亲的全部书籍都搬运到自己的新家，选三间房子的一间做书房，在孔丘满五岁的时候教他念书。同时，颜氏家族是一个富有文化底蕴的家族，天资聪颖、好学不倦的外孙，就是在这样的文化沃土中茁壮成长的。颜母亲教、广博自学、外公培育，良好的家教使孔子养成了高尚的人格，积累了渊博的知识，树立了远大的理想，锻炼了非凡的能力。

综上，选择良好的教育环境、正确的教育内容和先进的教育理念充分表现了颜母育子的不平凡，而这也正是一位中华圣贤母亲留下的弥足珍贵的教子智慧。父母是孩子的第一任老师，子女教育是天下父母的必修课，要修好这一课不妨多借鉴颜母为代表的圣贤母亲的教子智慧，以优秀的家训家风哺育儿女成长成才。

（原载于《光明日报》2018年12月15日第11版）

儒家生生不息思想是中华传统革新思想的动力源

国学的主流是儒学。长期以来,儒学一直被贴上了"保守"的标签,湮没了其内在的生生不息的革新精神。

历史上,中华民族历经磨难,却能"苟日新,日日新,又日新",延续文明,正是因为儒家生生不息的深邃生命智慧和普遍的生活智慧为中华传统革新提供了强大的动力源。

一、儒家保守吗

儒家本来并不保守。儒家被污为保守的历史原因有四:一是对孔子"述而不作"的误解;二是对保守与守成的混淆;三是近代尤其是新文化运动以来传统文化断裂、二元对立思维盛行的严重影响;四是改革开放以来西方自由主义、新自由主义对国人文化观的毒害。

(一)历史上对孔子"述而不作"的误读

攻击儒学保守的人总是抓住《论语·述而》"子曰:'述而不作,信而好古,窃比于我老彭'"这样一段话来断言儒家的创始人孔子"信而好古",只会传承,不会创新。这给后世正确评价孔子儒家的革新精神造成了严重的误导。其实孔子这句话纯粹属于"伟大的谦虚"。就如同一些德高望重的硕儒方家经常挂在嘴边上的"敝人有何德何能"一样自谦罢了。孟子以降的文人,都公认孔子为圣人、至圣,而孔子本人却一直强调"若圣与仁,则吾岂敢!"(《论语·述而》)但后世对孔子"述而不作"的误读却令人瞠目:"谓只阐述别人成绩,自己无所创新。"(《辞海》),"阐述别人的成就,而自己没有新的见解"(《新华成语词典》)。

事实上，一种文化的发展，既需要传承，又需要创新，二者缺一不可。对文化发展保守与革新的关系问题的正确回应，实乃孔子对中华文化的一大思想贡献。春秋末年，当面临古今之变、重建文化认同的时代课题时，孔子应之以述而有作之道，述礼作仁，一方面继承礼，一方面创新仁，亦传统亦现代，由此礼乐得以存、仁学得以立、儒学得以开。孔子述而有作的文化智慧揭示了文化发展保守与革新的基本张力，即文化的发展应该有保守，也有革新。有革新无保守的文化是无底蕴的浮萍文化；而有保守无革新的文化则是无生气的原教旨文化。中国文化久而不老，它包容开放、与时偕行、与日俱进，不断注入新元素、新内容，故能成其大；它出新而不废推陈，一以贯之的精神始终承传，故能成其久。如果说是儒家述而有作、返本开新的文化品格成就了中华文化的博大精深、延绵不辍，那是因为这种文化品格揭示了人类文化发展的普遍规律：文化之保守与创新是文化发展的双重张力，两者相辅相成，对立统一，汇融而推动文化前行。文化保守就是文化之民族性继承；文化创新则是文化之时代性转换。文化之民族性继承必以时代性为指引；文化之时代性转换必以民族性为依托。恩格斯所谓"它（学说或思想）必须首先从已有的思想材料出发，虽然它的根源深藏在经济的事实中"，说的就是这个道理。

孔子对中华文化创新的功劳诚如柳诒征先生所说：中华五千年文明史，前2500年赖孔子总结、发扬；后2500年受孔子思想的深深影响。孔子者，中国文化之中心；无孔子，则无中国文化。自孔子以前数千年之文化赖孔子而传，自孔子以后数千年之文化赖孔子而开（《中国文化史》）。汉代以后两千多年中国政治思想、社会发展的基本框架奠基于春秋时代的孔子，儒家高瞻远瞩的未来学的创新意义不言而喻。

孔子的文化革新思想可以从《春秋》和《易传》这两部代表作中鲜明地体现出来。曲阜息陬村迄今矗立着一块高大的石碑——孔子作《春秋》处。那是历史上孔子著作春秋的地方。"世衰道微，邪说暴行有作，臣弑其君者有之，子弑其父者有之。孔子惧，作《春秋》。《春秋》，天子之事也；是故孔子曰：'知我者，其惟《春秋》乎？罪我者，其惟《春秋》乎？'""孔子成《春秋》，而乱臣贼子惧。"（《孟子·滕文公下》）"《春秋》之义行，则天下乱臣贼子惧焉。"（《史记·孔子世家》）"夫春秋，上明三王之道，下辨人事之纪，别嫌疑，明是非，定犹豫，善善恶恶，贤贤贱不肖，存亡国，继绝世，补敝起废，王道之大者也。""《春秋》采善贬恶，推三代之德，褒周室，非独刺讥而已也。"（《史记·太史公自序》）

大一统观念彰显了儒家远见卓识的爱国观。维护大一统、反对和制止分裂是儒家留给中华民族疆域辽阔、版图统一、民族团结、和平发展的最可宝贵的爱国主义精神财富。有人总把大一统的功劳记在秦始皇统一六国身上，其实，秦始皇从事的大一统实践，思想渊源于儒家的春秋大一统观念。春秋笔法彰显的儒家独立人格和刚直无私的史学精神，更是中华民族刚直不阿、顶天立地气节养成的命脉源泉。中国史脉能瓜瓞绵延至今而不断，与孔子当初所赋予的那股宏阔坚韧之气息息相关。

《易传》是孔子为向弟子系统讲《易》而作。其中与革新有关的思想有：

生育、生息。"有天地，然后万物生焉。""天地氤氲，万物化醇。男女构精，万物化生。""至哉坤元，万物资生，乃顺承天。坤厚载物，德合无疆。""刚柔始交而难生。动乎险中，大亨贞。"《易传》特别强调宇宙变化生生不已的性质，说"天地之大德曰生""生生之谓易""天地感而万物化生。与时行也"。生育、生息本身就是新生命的创造。

变化、变动。子曰："知变化之道者，其知神之所为乎？""坤，至柔而动也刚，至静而德方。后得主而有常，含万物而化光，坤道其顺乎，承天而时行。"革卦专讲去故，鼎卦专讲取新。提出"穷则变，变则通，通则久"，发挥了物极必反的思想，强调事物的变化过程，指出渐变和突变的关系："积善之家，必有余庆；积不善之家，必有余殃。臣弑其君，子弑其父，非一朝一夕之故，其所由来者渐矣！"从而重视居安思危的忧患意识。

自强不息。通过变革以完成功业。"唯君子为能通天下之志。""其德刚健而文明，应乎天而时行，是以元亨。""文明以止，人文也。观乎天文，以察时变；观乎人文，以化成天下。""天地感，而万物化生"，"与时行也"。

而《系词下传》中提及的上古圣王包羲氏作八卦："作结绳而为罔罟"；"神农氏作，斫木为耜，揉木为耒，耒之利，以教天下"，"日中为市，致天下之民，聚天下之货，交易而退，各得其所"；"黄帝、尧、舜氏作，通其变，使民不倦，神而化之，使民宜之"，"刳木为舟，剡木为楫，舟楫之利，以济不通，致远以利天下"；"服牛乘马，引重致远，以利天下"；"重门击柝，以待暴客"，"断木为杵，掘地为臼，臼杵之利，万民以济"，"弦木为弧，剡木为矢，弧矢之利，以威天下"，"上古穴居而野处，后世圣人易之以宫室，上栋下宇，以待风雨"，"古之葬者，厚衣之以薪，葬之中野，不封不树，丧期无数，后世圣人易之以棺椁"；"上古结绳而治，后世圣人易之以书契，百官以治，万民以察"等，显然都是在不断地进行创新。可见创新是社会发展的动力。

汉代以后儒学成为中国文化的主流，主要原因在于诸子百家中唯有儒家更好地处理了文化保守（传承）与革新的关系（而像战国时期曾与儒家平分天下的墨家思想终于式微，主要原因在此），从而满足了古代中国文化认同的需要。对文化发展保守与革新的关系问题的正确回应，实乃孔子对中华文化的一大思想贡献。这对后代人正确认识文化传统与当代的关系，具有醍醐灌顶的启迪：人们常说"守正出奇"，守正就是保守住传统文化的精华部分，不走入歧途邪路；出奇就是根据新的时代条件有所创新，不囿于泥古僵化。从社会发展道路来说，就是既不走封闭僵化的老路，也不走改旗易帜的邪路，而是走适合时代特色的中国人自己的道路。从文化发展方向来说，就是既牢牢植根于民族传统文化，又始终着眼于传统文化在新的历史时代条件下的创造性转换和创新性发展。

（二）对守成与保守的混淆

守成与保守不是一个概念。让我们举出生动的历史例证来说明这个道理。上（唐太宗）问侍臣："创业与守成孰难？"房玄龄曰："草昧之初，与群雄并起角力而后臣之，创业难矣！"魏征曰："自古帝王，莫不得之于艰难，失之于安逸，守成难矣！"上曰："玄龄与吾共取天下，出百死得一生，故知创业之难。征与吾共安天下，常恐骄奢生于富贵，祸乱生于所忽，故知守成之难。然创业之难，既已往矣；守成之难，方当与诸公慎之。"玄龄等拜曰："陛下及此言，四海之福也。"创业艰难百战多，鹿死谁手变数难测，流血牺牲，确实不易，但这些都已经成为过去。"大风起兮云飞扬，威加海内兮归故乡，安得猛士兮守四方！"（刘邦《大风歌》）像刘邦、唐太宗这样从刀光剑影中冲杀出来的有为之君一直担忧的正是社稷的守成。而守成就要调整、改革前朝的政失，这就要不断地革新。换言之，守成需要不断创新，只有依靠革新才能做到有效地守成，不革新就守不住好不容易才成就了的江山。如果只是保守式地守成，不去大力调整政策，缓和社会矛盾，不去积极争取民心，那么得来的政权也会迅速丧失掉，秦和隋的二世而亡就是明显的前车之鉴。

（三）一个多世纪以来对传统文化的破坏，新文化运动尤其是"文革""批林批孔"，二元对立思维扭曲人心

20世纪中国的主要任务是救亡图存，因而是一个以反传统为主潮的时代，对自己民族文化采取全盘否定的自污式的绝对主义态度盛极一时，使中华民族许多优秀传统濒临断裂。自从1840年鸦片战争以来，西方列强的坚船利炮轰开了古老中华的大门，新文化运动以前章太炎、梁启超、谭嗣同等人与传统决裂的思想，虽然有冲决罗网之进步性，但也初显出彻底否定传统之弊，且已经深深影响着当时和后世。"五四"提倡民主、科学，启蒙之功，功不可没！但也存在绝对主义反传统、全盘西化的过激立场，全盘否定中国传统文化，犯有片面"归约主义"式的错误：一方面把中国社会的落后统统归因于儒家思想，认为封建专制主义根源在儒家；另一方面又把现代化简化为西化，以西式发展道路作为人类发展的唯一模式，从而确立了古今对立、传统与现代对立的二元对立思维模式，掀起了一场"断裂精神继承和彻底否定本民族文化"的文化批判运动，影响了一个世纪，致使中华文化几遭灭顶之灾。杜维明认为：儒家的传统在鸦片战争以来，特别是"五四"以来所受到的摧残，在人类文明的过程中从来没有出现过，各种宗教都没有。但是它所有的阴暗面都被用特大的放大镜给照查出来，本身不是阴暗面，我们也找出它的阴暗面。而长达十年之久的"文革"破四旧是中国文化五千年以来的最大浩劫。叶剑英元帅在1978年12月12日中共中央工作会议闭幕式上曾经深刻指出："'文革'使中国几千年来的优秀传统文化遭到了毁灭性的破坏，其负面影响恐怕几代人也难以消除。"我们对"五四"反传统的当代再反思，就是既要肯定"五四"民主、科学的

时代进步性，又要超越"五四"彻底反传统的偏激态度，重新确立对中华民族文化的认同与自信，肯定中国道路与中华文化的密切相关，现代化不等于西方化。西方现代性模式并不代表现代性的唯一真理。这才是真正地继承"五四"精神。

(四) 传统文化受冲击

改革开放后，资产阶级、资本主义腐朽的东西跟着商品进来了，对传统文化、伦理道德造成严重冲击，以至于很多社会现象让人感慨：人心不古。西方自由主义思潮在挑战和毁灭中国人尤其是年青一代文化观价值观方面产生了非常恶劣的影响。自由主义与资本主义、资产阶级相伴而生。其特征是以个人主义和利己原则为前提、旨归的。自始至终认定人性的自私之恶，否定人之为人的本质绝不是等同于动物的兽性；主张人性天生堕落、下达，需要丛林法则，讴歌弱肉强食，对其他民族进行赤裸裸的侵略和掠夺，为强权政治奠定理论基础。个人主义虽然伸张了人权，却张扬了极端个人主义；物质主义虽然实现了物质上的丰富，却导致了精神道德性的缺失。欲灭其国，先去其史。不管是杜勒斯的和平演变计划、亨廷顿的文明冲突论，宣扬西方价值观至上（所谓"西方中心论"），为美国霸权制造理论依据；还是美国新保守主义理论的代表人物福山宣称的美国的民主制度是人类历史的终结，人类社会最终都要建立美国制度，即所谓"历史终结论"，其目的都是寄希望于"当中国人民开始抛弃了他们的文化，他们的传统，他们的信仰，他们的价值观并普遍接受我们的文化和价值观，我们就不战而胜了"（尼克松《1999 不战而胜》）。在西方自由主义思潮的严重冲击下，一些社会成员尤其是部分年轻人理想信念淡漠，人生价值观扭曲，是非、善恶、美丑界限混淆，拜金主义、享乐主义、极端个人主义有所滋长，以权谋私、造假欺诈、见利忘义比比皆是；贪腐之风严重，坏心、恶心、害人之心比比皆是；善心、良心、助人之心极度萎缩；损人利己公开化、正当化，甚至人性冷漠、见死不救的现象时有发生，这些问题冲击着社会的道德底线，拷问着人们的道德良知，严重败坏社会风气，损害正常社会秩序，也严重危害着人们对生活、对未来的信任感。"什么也不信，只信钱；什么也不缺，只缺德"的评说绝非危言耸听。跌破伦理道德底线是社会最大的毒瘤。毒瘤生成原因在于当代绝大多数中国人相信金钱就是上帝，就是生活的全部。不再相信任何理想、道德的东西，社会逐利之风泛滥、私德公德全面滑坡，人文精神萎缩、社会风气弥漫着粗鄙化。虽然资本逐利和个人谋利是市场经济的两个起点，但当人们为了逐利而跌破伦理道德底线，"天下熙熙，皆为利来；天下攘攘，皆为利往"，达到走火入魔疯狂境界时，什么坏事都可以干得出来，人性就彻底丧失了；当"异化"到兽性泛滥的时候，人类就真的面临灭亡了。

有鉴于此，2013年11月26日，习近平总书记来孔子故乡曲阜视察，反复强调："我到这里来，到曲阜，到孔子研究院，就是体现中央弘扬传统文化、建设社会主义核心价值体系的决心！""国无德不兴，人无德不立"，只要我们一代接着一代追求高尚的道德境界，我们这个民族就大有希望。

二、儒家深邃的生命智慧与普遍的生活意义

（一）仁学体现了儒家深邃的生命智慧

"仁"字本身的含义就有"核心""内核"的意义。叶秀山在《西方哲学研究中的中国视角》一文中释"仁"说：所谓"仁"就是"核心"，"仁儿"就是"核儿"，就是"心儿"。孔子针对不同弟子的发问的具体情况，对此也有不同的解释，但究其根本，与西方的所谓"本质"，意义相通。"仁儿""核儿"有"种子""始基"的意思，更有"理念""存在"的意思。朱熹也以"心"（儿）、"种子""始基"释"仁"。《朱子语类》说："仁者，天地生物之心。""心譬如谷种，生之性便是仁也。""譬如一树一根，生许多枝叶花实，此是'显诸仁'处。及至结实，一核成一个种子，此是'藏诸用'处。""孔门之学，所以必以求仁为先，盖此是万理之原，万事之本。"

孔子论仁，实涵天道与人道或宇宙界与人生界通而言之。《论语》中的仁，以人道、人生界为重点；《易传》中的仁，则以天道、宇宙界为重点，与"天地之大德曰生""生生之谓易"的含义相通。因此，仁是一个根源性、普遍性、根本性的范畴，体现了"天人合一""内圣外王"的精神，是

孔子仁学的内核或基石。《易传·系词》："生生之谓易。""天地之大德曰生。"《论语·阳货》："子曰：'天何言哉？四时行焉，百物生焉，天何言哉？'"《论语·子罕》："子在川上曰：逝者如斯夫，不舍昼夜。"戴震《原善》："得乎生生者谓之仁。"《孟子字义疏证》："仁者，生生之德也。"《易传·象》："君子以自强不息。"孔子仁学中蕴涵的生命智慧有两个维度：生命的当下性与可持续性。精心维系当下的生命和创造生命的可持续都植根于生生不息的智慧。所以即使是被一些人诟病的"克己复礼"，也不是在提倡开历史倒车，不是复古，而是着眼于"一日克己复礼，天下归仁焉"。要求人们在生命的维系中通过严格约束自己的言行，践行生命的高度和长度，修养成仁，亦即"成人"，成为一个有人性（德行）的人。

(二) 仁学体现了儒家普遍的生活智慧

儒家入世，重视活在当下。仁学就是教人在世俗生活中如何做一个有道德的人的学问。"仁也者人也""仁者爱人"。仁学即人学，道出了人之所以为人的根本特性——人是道德的社会的万物之灵。仁者，人也，凝聚着对人类的爱；是"为己之学"，是"涵盖式人文主义"，包括普遍的人类慈悲、善良、同情、温和等人文精神；关注人的心灵世界，追寻生命的意义，通过内在超越，为个体找到最适合的存在方式，实现人与自己内心的和谐发展。"大学之道，在明明德，在亲民，在止于至善。""智仁勇三者，天下之达德也。""天命之谓性，率性之谓道，修道之谓教。"《论语·颜渊》："樊迟问仁。子曰：爱人。"《论语·八佾》："人而不仁，如礼何？人而不仁，如乐何？"《论语·颜渊》："己所不欲，勿施于人。"《论语·雍也》："己欲立而立人，己欲达而达人。"《易传·说卦》："立人之道，曰仁与义。"《孟子·离娄上》："道二：仁与不仁而已矣。"德之本在仁。人之道德为仁之表现于外。故"不仁"是对一个人的全面否定。儒学在人伦日用中关注生命，体现入世性；在道德修养上，关注人之为人，体现教化的向善性。在终极关怀上关注为仁由己，体现内在超越的能动性和可行性。儒家对生命修持和道德教化的原则是：命运在自己手里，不在上帝；修德从自己做起，不靠别人。向上、向善的终极动力在自己。日用即道。在世俗生活中，通过自身努力，确立道德良知，遵循内在超越，成为一个有道德的人，这是儒家于世俗情怀中（非宗教形式）实现人生终极关怀的大智慧。

（三）儒学对生命之新与生活之新的追问求索精神是促进历代仁人志士独立人格养成和践行中华革新精神的强劲的动力源

孔子曰："朝闻道，夕死可矣。士志于道，而耻恶衣恶食者，未足与议也。吾道一以贯之。""苟志于仁，无恶矣。""富与贵，是人之所欲也，不以其道得之，不处也。贫与贱，是人之所恶也，不以其道得之，不去也。君子去仁，恶乎成名。""志士仁人，无求生以害仁，有杀身以成仁。""三军可夺帅也，匹夫不可夺志也。"曾子说："士不可以不弘毅，任重而道远，仁以为己任，不亦重乎！死而后已，不亦远乎！"孟子说："古之贤王好善而忘势，古之贤士何独不然？乐其道而忘人之势，故王公不致敬尽礼，则不得亟见之。见且由不得亟，而况得而臣之乎？""故士穷不失义，达不离道。""穷不失义，故士得己焉；达不离道，故民不失望矣。""居天下之广居，立天下之正位，行天下之大道；得志，与民由之；不得志，独行其道。富贵不能淫，贫贱不能移，威武不能屈，此之谓大丈夫。"

孔子仁学中蕴含的"道尊于势""以德抗位""以道抗势"的精神，不仅成为儒家以道为价值尺度批判历代黑暗政治、形成儒家抗议精神的思想源泉，而且也是历代儒家为改变天下无道的政治局面而倡导改制与革命的精神动力。历史上公羊学家以"三世大同"说为政治理想的尺度对当时霸道、苛政的批判；东汉末年太学生的抗议运动；朱熹、陆九渊、王阳明、顾炎武等对虚伪的社会礼俗、腐败的科举考试制度以及官僚制度的批判；宋明谏议官们的犯颜直谏；王安石变法；东林党人的正义精神；黄宗羲对专制皇权的批判；康有为的公车上书，推动维新，其《孔子改制考》中明确主张"改制立度，思易天下"。不论是革命或者改制，其目的都是改变天下无道的局面。谭嗣同殉身变法，以自己的宝贵生命唤起国人革新意识；孙中山摧毁封建专制王朝的革命；历代农民起义的领导人不仅绝大多数是知识分子，而且提出的口号不外于儒家的均平思想。孔子：不患寡而患不均。《礼记·礼运》："大道之行也，天下为公。选贤与能，讲信修睦。故人不独亲其亲，不独子其子。使老有所终，壮有所用，幼有所长。鳏寡孤独废疾者，皆有所养。男有分，女有归。货恶其弃于地也，不必藏于己。力恶其不出于身也，不必为己。是故谋闭而不兴，盗窃乱贼而不作。故外户而不闭。是谓大同。"现代史上中国共产党人领导国人推翻三座大山黑暗统治的斗争所运用的农村包围城市、统一战线、全民族抗战等策略，都是对孔子"以道抗势"革新精神的继承与弘扬。所以毛主席才说：从孔夫子到孙中山，我们都要给予很好地继承，珍惜这一份宝贵的历史遗产。习近平主席在纪念孔子诞生2565周年大会上向世界上一些有识之士介绍的包括儒家思想在内的中国优秀传统文化中蕴藏着解决当代人类面临的难题的重要启示中就强调了道法自然、天人合一（生生不息）的思想以及"苟日新，日日新，又日新"、革故鼎新、与时俱进的思想（革新创新）的思想。

《易传·革卦》："天地革，而四时成。汤武革命，顺乎天而应乎人。革之时大矣哉！"很明显，儒家不仅主张维新，而且发明"革命"一词。革命是革新的最高和最激烈的形式，这哪里还有什么"保守"？

总之，孔子儒家仁学中所蕴含的"道尊于势"、"以道抗势"、"以道抗位"、改革图强的革新精神，哺育了历代先进的中国人，是他们批判当时腐朽势力和黑暗统治的精神动力，也是中华民族巍然屹立数千年、历经磨难而弥坚不屈、与时俱进、生生不息的强劲动力源！